그들은 왜
최후의 승자가
되지 못했나 2

그들은 왜 최후의 승자가 되지 못했나 2
한순구의 게임이론으로 읽는 역사: 리더십편

2025년 10월 24일 초판 1쇄 발행
2025년 11월 7일 초판 2쇄 발행

지 은 이 | 한순구
펴 낸 곳 | 삼성글로벌리서치
펴 낸 이 | 김원준
출판등록 | 제1991-000067호
등록일자 | 1991년 10월 12일
주   소 | 서울특별시 서초구 서초대로74길 4(서초동) 삼성생명서초타워 28층
전   화 | 02-3780-8213(기획), 02-3780-8074(마케팅)
이 메 일 | sgrbooks@samsung.com

ⓒ 한순구 2025
ISBN | 978-89-7633-143-4 03900

- 이 책은 저작권법에 따라 보호받는 저작물이므로 무단전재와 무단복제를 금지하며, 이 책 내용의 전부 또는 일부를 이용하려면 반드시 저작권자와 삼성글로벌리서치의 서면동의를 받아야 합니다.
- 가격은 뒤표지에 있습니다.
- 잘못 만들어진 책은 바꾸어 드립니다.

책을 내며

《그들은 왜 최후의 승자가 되지 못했나》라는 책을 냈을 때 실은 주변에서 많은 우려를 들었다. 경제학자가 자신의 전문 분야가 아닌 역사 쪽의 책을 쓰면 독자들이 관심을 보이겠는가 하는 말씀들이었다. 하지만 우려와 달리 경제학의 눈으로 역사적 인물들을 분석한 《그들은 왜 최후의 승자가 되지 못했나》는 독자들로부터 많은 사랑을 받았다. 정말 감사한 일이다.

실리를 따지는 경제학적 사고로 분석해본 역사 해설이 참신하다고 느낀 독자들 덕분에 역사 분야 베스트셀러 자리에까지 올랐다. 특히 매일 중요한 의사결정을 해야 하는 경영자들로부터 반응이 좋았다. 과거의 역사적 인물들이 최고 의사결정자로서 고뇌했던 과정이 현재의 최고 의사결정자의 고뇌와 큰 차이가 없기 때문일 것이다. 이렇게 좋은 결실을 맺은 덕택에 이번에 그 속편이라 할 책을 출간하게 되었다.

아무리 친구가 많아도 의사결정의 순간에 인간은 외로울 수밖에 없다. 의사결정의 성패가 갈리는 순간 아무리 친한 친구라 해도 그 결과를 나 대신 책임질 수는 없기 때문이다. 동시대를 살아가는 내 주변의 사람들은 분명히 나의 의사결정에 영향을 받을 수밖에 없다. 이해관계가 존재한다는 뜻이다. 그렇다면 내가 의사결정을 할 때 주변 사람들이 순수하게 '나의 관점에서 조언을 해준다는 보장 또한 없는 것이다.

그렇게 생각해보면 중요한 의사결정을 하는 순간 나의 가장 가까운 벗은 오히려 과거에 활약하던 역사 속 인물들이 아닐까 생각된다. 역사 속 인물들의 성공과 실패를 좌우한 의사결정을 학습하면서 당시 그들의 마음속에 존재했던 불안과 후회 또한 같이 느껴볼 수 있기 때문이다.

　다른 동물에 비해 인간은 뛰어난 두뇌를 가졌다는 장점이 있다. 그리고 두뇌가 인간의 주요한 생존 도구가 되는 이유는 뛰어난 두뇌를 써서 매 순간 합리적인 판단을 내릴 수 있기 때문이다. 이빨과 발톱이 무기인 호랑이는 이 무기를 날카롭게 유지하기 위해 나무에 갈며 끊임없이 손질할 것이며, 하늘을 날면서 먹이를 잡는 독수리는 자신의 비행 실력을 늘리기 위해 날개의 근육을 매일 단련할 것이다. 그렇다면 인간은 자신의 가장 중요한 무기인 두뇌를 활용하여 보다 정확한 의사결정을 할 수 있도록 끊임없이 학습하고 노력해야 한다.

　문제는 현실에서 우리가 의사결정을 연습할 기회는 매일 나와 내 조직에 닥치는 실전 상황밖에 없다는 점이다. 그런 의미에서 과거 역사적 인물들의 의사결정 과정을 살펴보는 것은 아주 유용한 모의 테스트 기회를 제공할 수 있으리라 생각한다.

　현실의 의사결정에서 고민이 많은 독자들이 이 책에 등장하는 다양한 역사 속 인물들의 의사결정 과정과 결과를 살펴보며 판단을 내리는 데 참고가 되기를 바라는 마음을 담아본다. 물론 새로운 시선에서 역사를 바라보는 재미를 만끽하는 것이 더 우선이지만 말이다.

2025년 가을
한순구

차례

| 책을 내며 | _4

| 제1장 |

결정적인 성공요인은 왜 치명적인 실패요인이 될까?
| '도원결의'라는 '담합'에 발목 잡힌 유비의 촉나라 | _11

| 제2장 |

'위험 감수' 측면에서 전략의 고수는 누구인가?
| 돌파한 오다, 계산한 도요토미, 기다린 도쿠가와 | _35

| 제3장 |

독식할 것인가, 상생할 것인가?
| 무신과 문신, '제로섬 게임'과 '윈-윈게임' | _55

| 제4장 |

위기 상황에서 필요한 지도자는 누구인가?
| J. P. 모건과 '잔여책임자' | _73

| 제5장 |

그들은 왜 세상을 있는 그대로 보지 못했을까?
| 연산군과 광해군으로 살펴보는 '베이지안 업데이트' | _87

| 제6장 |

조선을 구한 명장 이순신의 부하가 될 수 있다면?
| 30년 조직생활 후 다시 생각해보는 이순신의 리더십 | _101

| 제7장 |

적을 모두 제거하면 과연 친구만 남을까?
|미국독립전쟁으로 되새기는 '적과의 동침' 전략|_117

| 제8장 |

승산 없는 전쟁, 피해야 할까? 싸워야 할까?
|흥선대원군의 쇄국과 에도 막부의 메이지유신|_131

| 제9장 |

승리하고 돌아온 장군들은 왜 처형당해야 했나?
|아르기누사이 해전에서 드러난 '비대칭 정보'와 '대리인 문제'|_139

| 제10장 |

실패한 리더, 그런데도 매력적인 이유는?
|김상헌과 그 후손들의 '팃포탯 전략'|_149

| 제11장 |

리더의 의사결정, 얼마나 신중해야 할까?
|악티움 해전으로 본 '탐색이론'과 '최적중단문제'|_165

| 제12장 |

협상에서 상대를 제압하는 가장 중요한 요소는?
|뮌헨 협정과 '결렬 비용'|_179

| 제13장 |

협상에서의 우위가 통하지 않는 이유는?
|'예측 불가능성'에 무너진 브레즈네프의 데탕트 외교|_189

| 제14장 |

최고의 이익을 내는 비즈니스 전략은?
|태조 왕건과 빌 게이츠가 구사한 '네트워크 효과'|_199

| 제15장 |

전쟁에서 병사들을 움직이는 힘은 무엇인가?
|알렉산드로스 대왕과 다리우스 왕이 보여준 두 가지 '균형'|_213

| 제16장 |

리더의 거짓말, 경제학적으로 어떻게 봐야 할까?
|주몽과 호동왕자가 보여주는 선과 악|_227

| 제17장 |

실패한 전임자를 둔 리더, 정반대의 선택이 답일까?
|중종과 인조가 피하지 못한 '결과 편향'|_239

| 제18장 |

1%의 확률이라도 대비해야 하는 이유는?
|촉의 멸망과 '테일 리스크'|_253

| 제19장 |

수컷 공작새는 왜 목숨 걸고 화려한 깃털을 자랑할까?
|연나라 소왕의 '매사마골'과 진나라 상앙의 '시그널링'|_265

| 제20장 |

충성스러운 대리인들은 왜 배신자가 되나?
| 공민왕과 신돈을 통해 본 '커미트먼트 문제' | _ 281

| 제21장 |

중립적 입장은 왜 위험한가?
| 사무라이 헤이케의 흥망으로 본 '선형도시 모형' | _ 293

| 제22장 |

크게 이기고도 비참한 최후를 맞는 까닭은?
| 미나모토노 요시쓰네의 '돌연변이 전략'과 균형으로의 회귀 | _ 307

| 제23장 |

냉혹한 리더와 감정적인 리더, 어느 쪽이 더 나쁠까?
| 송시열과 윤증의 '회니시비' | _ 321

| 제24장 |

위기를 돌파하는 힘, 천재성일까? 경험일까?
| 명장의 총명한 아들이 참패한 이유 | _ 335

| 제25장 |

적수 없는 초강대국에서 내부 갈등이 커지는 이유는?
| 강대국의 고뇌와 '최적통화지역' 이론 | _ 349

| 제26장 |

리더십의 본질은 무엇인가?
| '코디네이션 게임'으로 분석한 정도전과 이방원의 리더십 | _ 363

독자들도 잘 알다시피 《삼국지연의(三國志演義)》의 세 주인공은 위(魏)나라의 조조(曹操), 오(吳)나라의 손권(孫權), 그리고 촉(蜀)나라의 유비(劉備)다. 지금부터 대략 1,800년 전이었으니 아주 오래전 중국(서기 184~280년)의 역사를 배경으로 한 이야기다. 이 시기의 역사는 한국의 역사와도 관련이 있다. 위나라 조조는 고구려와 우호 관계를 유지했지만 조조 사후 그의 아들 조비(曹丕)가 황제에 오르고 나서는 관구검(毌丘儉)이라는 장수를 보내 고구려를 침략했다. 이 침략으로 고구려는 수도 환도성(丸都城)이 함락되고 당시 고구려의 왕이었던 동천왕이 옥저(沃沮)로 피난을 갈 정도로 큰 피해를 입기도 하였다. 이러한 상황을 보면 위나라가 오·촉과 싸우는 데 그치지 않고 사방으로 영토를 확장하고자 한 게 아닐까 하는 생각이 든다.

    어쨌든 한(漢)나라가 멸망한 뒤 각지의 유력자들이 중국 전역의 패권을 차지하기 위해 군사를 일으켜 싸우다가 위, 오, 촉으로 일단 정리가 된 뒤에 이 세 나라가 서로 다투며 흥망을 거듭하는 과정을 흥미롭게 풀어낸 이야기가 《삼국지연의》이다. 《삼국지연의》를 읽는 많은 독자는 세 나라 중 가장 약하지만 유비·관우·장비라는 세 영웅과 제갈공명이라는 독보적인 인물을 보유한 촉나라를 절로 응원하게 된다. 그러나 촉은 결국 위나라에 의해 멸망한다.

촉나라의 멸망, 그 뿌리는 '도원결의'?

나 또한 중학생 시절부터 《삼국지연의》를 읽은 기억이 있다. 그런데 어린 시절, 《삼국지연의》를 읽다 보면 한 가지 이해가 가지 않는 문구가 있었다. "촉나라에는 인재가 부족하다."라는 말이었다. 촉나라 황제 유비는 의형제인 관우와 장비, 그리고 핵심 브레인 제갈공명 외에도 조자룡(趙子龍), 황충(黃忠), 마초(馬超), 위연(魏延), 이엄(李嚴) 등의 인재를 등용해 나라를 세웠지 않은가? 하지만 문제는 유비와 그 부하들이 나이 들거나 사망해 퇴장한 뒤, 이들을 이어갈 후속 세대에서 촉나라를 이끌 인재가 나오지 않았다는 점이다. 그 결과 촉은 멸망하게 된다.

물론 촉나라는 워낙 작은 나라라서 인구가 적었을 수 있다. 인구가 적으니 인재 또한 적을 수밖에 없었을지 모른다. 그렇지만 같은 시기 조조의 위나라에는 인재가 항상 넘쳐흐르는 느낌인데 유독 촉나라에만 인재가 현저하게 적었다는 것은, 인구 비례를 감안한다 하더라도 이해하기 어렵다. 위나라, 오나라와 군사적으로 상당히 대등한 수준의 전투를 벌인 것을 보면 촉의 인구가 그 두 나라와 비교해 무시할 정도로 적었던 것은 아니지 싶기도 하다. 촉나라의 인구가 위나라의 4분의 1이라고 한다면 인재 또한 위나라의 4분의 1은 되어야 하는데 《삼국지연의》에는 끝까지 관우, 장비, 제갈공명만 주로 활약할 뿐 다른 인재들 이야기는 비중 있게 다뤄지지 않는다. 초기의 개국공신 이후 그 뒤를 이을 만한 인재들이 없었던 것이다. 동서고금을 막론하고 뛰어난 인재는 한 지역에만 몰려 있지 않은 법이다. 머리 좋은 사람이 위나라에서만 태어나고 촉나라에는 재주 없는 사람만 태어났을

리 없다.

백번 양보해 만일 촉나라가 어떤 이유로 뛰어난 인재가 부족했다 하더라도, 다른 지역의 인재를 영입할 수도 있었을 것이다. 유비, 관우, 장비, 제갈공명 또한 촉나라 출신이 아닌 외지 출신이지 않은가? 촉나라가 인재를 크게 대우해준다는 소문이 널리 퍼졌다면 중국 전역에서 인재들이 입신양명을 위해 촉나라로 몰려들었을 것이다.

결국 촉나라에 인재가 부족했다는 것은, 곧 촉나라의 인재 등용 시스템에 문제가 있었다는 이야기가 될 수밖에 없다. 그리고 경제학자로서 보기에, 촉나라 인재 등용 제도의 가장 큰 문제는 《삼국지연의》의 독자들이 그렇게도 사랑해 마지않는 유비·관우·장비 세 사람이 의형제를 맺고 한날한시에 같이 죽기로 맹세했던 도원결의(桃園結義)에서 시작된다.

지위도 없고 세력도 없던 유비는 관우와 장비라는 능력 있는 두 장수와 도원결의를 맺음으로써 성공을 향한 첫걸음을 내디뎠다. 어떤 어려운 상황이 닥치더라도 절대로 자신을 배신하지 않을 사람이 두 명이나 있다는 것은 유비에게 엄청난 힘으로 작용했다. 유비를 상대로 싸우려는 사람은 누구라도, 결국 유비 한 사람만이 아니라 관우와 장비까지 세 사람을 상대해야 하는 상황이니 유비를 함부로 대할 수 없었을 것이다.

담합해야 하는 이유와 담합이 깨질 수밖에 없는 이유

경제학에서는 이렇게 의형제가 되어 마치 한 사람인 것처럼 한마음으로 행동하는 상황을 '담합(collusion)'으로 설명한다. 경쟁 관계에 있던 세 기업이 담합을 해서 한마음 한뜻으로 행동하게 되면 그 이윤이 세 배가 되는 것이 아니라 수십 배가 될 수 있다는 것이 담합의 매력이다. 즉 세 기업이 담합을 하면 그 이익은 1+1+1=3이 아니라, 30이 되기도 하고 300이 되기도 한다. 그래서 아무리 정부가 담합을 불법으로 간주하고 강력히 처벌해도, 현실의 비즈니스에서는 기업들이 담합의 유혹을 떨쳐내기가 어렵다.

그러나 현실 경제에서 담합이 오래 유지되는 경우는 극히 드물다. 왜냐하면 담합을 하면 큰 이윤을 얻지만, 사실 그 담합을 깨고 배신하면 더 큰 이윤을 얻을 수 있기 때문이다. 그래서 아무리 신뢰하는 친구들과 철석같이 약속하고 담합을 하더라도 일정 시간이 지나면 서로를 배신하기 시작하면서 담합은 깨지고 만다. 사람들은 흔히 못된 기업들이 몰래 담합해 막대한 부를 축적한다고 생각하며, 물론 실제로 그런 경우도 있다. 하지만 정작 현실에서는 기존의 담합이 한쪽의 배신으로 붕괴하는 상황이 더 많이 벌어진다. 담합이 지속된다 하더라도 내부적으로는 그 담합을 지속시키느라 상당히 많은 노력이 필요한 경우가 대부분이다. 요컨대 현실에서 담합은 시작하기는 쉬워도 지속하기는 정말 어렵다. 채 몇 년을 못 넘기고 담합이 깨지는 것이 보통이다.

《삼국지연의》에서도 조조가 관우의 인품에 반해 그를 자기 사람으로 만들려고 좋은 대우를 해주고 심지어 명마인 적토마까지 하사하였다. 만약 관우가 그저 평범한 장수였다면, 아마 세력도 없고 전망도 없던 유비를 떠나 조조에게 가지 않았을까? 이런 상황은 현실의 담합에서도 자주 볼 수 있다. 담합에 참여하는 기업들은 더 큰 이익이나 유리한 조건을 제시하는 유혹을 받을 수밖에 없고, 《삼국지연의》와 달리 현실에서는 관우와 같은 인품을 가진 사람이 별로 없기 때문에 현실의 담합은 내부의 배신이나 이탈로 쉽게 깨지곤 한다. 그런데 유비·관우··장비의 의형제 관계는 별다른 갈등 없이 평생토록 유지되었다고 하니 그 힘이 대단했을 것이다. 조조가 관우에게 큰 벼슬을 주겠다고 제안했음에도 이를 마다하고 관우는 유비를 찾아 떠나는데, 이처럼 배신자가 나오지 않는 담합은 지속적으로 큰 위력을 발휘한다.

'담합'의 관점에서 봤을 때, 유비·관우··장비가 도원결의를 통해 의형제를 맺었을 뿐 아니라 세 사람의 의리가 어려움 속에서도 변함없이 유지되었기 때문에 시골에서 돗자리나 짜던 유비가 황건적의 난에서 큰 공을 세우고 예주목(豫州牧)이라는 지방장관 자리까지 갈 수 있었던 것이다. 또한 제갈공명이라는 인재를 얻은 후에는 어떤 상황에서도 제갈공명의 전략을 믿고 따른 덕분에 결국 촉나라 황제의 지위까지 올랐으니, 사실 유비의 인생을 실패한 인생이라고 말할 수는 없다.

하지만 만일 유비의 목표가 촉과 같은 중국의 한 지방을 다스리는 데 그치지 않고 중국 천하를 지배하는 것이었다면 유비의 계획이 성공했다고 보기도 어렵다. 유비는 결국 중국의 중심부에는 진출하지도 못했으며 겨우 차지한 변방의 촉나라도 아들 세대로 이어지자마자 망했기 때문이다. 그리고 그 이유를 나는 유비가 초반에 거둔 성공의 기반이 되었던 도원결의, 즉 관우··장비와 맺은 의형제 관계의 부작용 때문이라고 본다.

K-pop 아이돌들이 '담합'을 한다면?

앞에서 철석같이 의리를 지키는 담합이 참가자들에게 얼마나 유리한지를 설명하였지만, 사실 경제학에서 담합은 반드시 적발하여 처벌해야 하는 사회악으로 간주된다. 한국에는 '공정거래위원회', 미국에는 '연방거래위원회(Federal Trade Commission)'라는 정부기관이 존재하여 수많은 공무원과 전문가가 담합을 적발하고 처벌하는 업무에 매진하고 있는 것만 보아도, 경제학에서 담합을 얼마나 해로운 것으로 인식하는지 알 수 있다. 그 이유는 명확하다. 담합은 자유경쟁을 해치기 때문이다.

담합이 사회에 해로운 것은 담합에 참가한 소수에게만 유리한 시스템으로 작동하기 때문이다. 담합 참여자들이 큰 이익을 얻는 이유는 담합이 기업들 간의 자유로운 경쟁을 제거하기 때문이다. 이를테면, 능력 있는 젊은 인재들이 새롭게 등장하더라도 기존의 지배층이 왕과의 의형제 관계라든지 어려운 시절 함께한 개국공신이라는 이유로 좋은 자리를 차지하고 있다면, 과연 젊은 인재들이 비집고 들어갈 틈이 있을까? 그렇다면 그것은 자유경쟁이 아니다. 경쟁으로 또 능력으로 뚫을 수 없는 유리천장이 존재하는 한 그것은 자유경쟁 국가가 아닌 것이다.

국가경제가 발전하려면 능력이 뛰어난 개인이나 기업이 어떠한 차별이나 장해도 없이 시장에 자유롭게 참여하여 치열한 경쟁을 벌일 수 있어야 한다. 2024년도 노벨 경제학상 수상자인 대런 애쓰모글루(Daron Acemoglu)와 제임스 로빈슨(James A. Robinson) 교수는 저서 《국가는 왜 실패하는가(Why Nations Fail)》에서 우리가 사는 세계 또는 국가에는 포용적 제도와 착취적 제도가 존재한다고 설명한다. 그에 따르면, 포용적 제도는 모든 사람이 능력을 발휘할 수 있도록 기회를 제공하는 시스템인 반면, 착취적 제도는 소수의 사람들이 권력을 독점하여 다수의 사람들을 통제하고 착취하는 시스템을 말한다. 포용적 제도만이 장기적 국가 발전을 가능하게 한다는 것이 이들의 주장이다.

K-pop이 전 세계적 인기를 얻을 수 있었던 것은 수많은 아이돌 지망생이 처절하리만큼 치열한 경쟁을 벌여 그중 소수만이 선발되는 적자생존 방식으로 작동하기 때문이다. 즉, 어떤 지망생이 매니저와 친하다고 해서 가창력도 부족하고 춤도 못 추는데 아이돌 그룹에 들어갈 수는 없는 시스템인 것이다. 또한 몇 년 전까지 유명한 아이돌 가수였다 하더라도 나이가 들고 실력이 떨어져 인기가 시들해지면 무대에 서기 어렵다. 경쟁이 치열하다 보니 완전한 경쟁에서 살아남은 지망생만 아이돌로 데뷔할 수 있지만, 이렇게 데뷔했다 하더라도 성공하지 못하고 중간에 사라질 확률 또한 높다. 더 큰 인기를 얻는 새로운 후배 아이돌이 등장하면 곧바로 밀려나는 것이 아이돌의 숙명이다. 이렇게 완전한 경쟁 시스템에서 육성되었기 때문에 K-pop이 전 세계적으로 그 실력을 인정받으며 큰 인기를 끌 수 있는 것이다.

그러나 이 같은 경쟁 시스템에는, 성공한 한 명의 아이돌 뒤에 수십 명의 실패한 아이돌 지망생이 생겨난다는 아픔이 존재한다. 이러한 아픔을 피하고 싶은 사람에게 가장 매력적으로 보일 수 있는 제도가 어쩌면 '담합'이 아닐까 한다. 가령, 아이돌 지망생들이 사전에 서로 경쟁하지 않기로 약속하고, 기획사나 방송국에 대해 단체로 로비를 하여 출연 기회를 독점한다면 어떨까? 또는 기존에 데뷔한 아이돌들이 자신들과 친분이 있는 지망생만 추천하고, 실력 있는 외부 인재는 '끼워주지 않는 문화'를 만들어 배제한다면, 그것 역시 하나의 담합이 될 수 있다. 이렇게 할 경우, 담합에 참여한 아이돌 지망생들에게는 성공의 길이 쉽게 열릴지 몰라도 K-pop의 인기는 떨어질 가능성이 높다. 치열한 경쟁을 통해 뛰어난 실력을 인정받음으로써 아이돌이 된 것이 아니라 담합이라는 꼼수를 써서 실력이 부족한 지망생이 아이돌이 되었기 때문이다.

유비의 촉나라에 인재가 부족할 수밖에 없는 이유

경제학자들은 담합이 나쁜 행동이라고 매도하지만 현실에서 담합은 그리 나쁜 일이 아닐 수 있다. 10년 전에는 인기 있었지만 이제는 여러모로 경쟁력이 떨어진 아이돌을 매니지먼트 회사가 방송사와 담합하여 여전히 무대에 서게 해주거나 방송에 출연시켜주는 경우를 생각해보자. 이는 분명 인간적으로는 아름다운 이야기일 수도 있다. 한때 높은 인기를 구가하며 큰돈을 벌어들여 회사에 큰 이익을 가져다주었던 아이돌이니 회사가 그 고마움을 잊고 그를 홀대한다면 배은망덕한 일일지도 모른다.

아마도 바로 이런 마음으로 《삼국지연의》의 유비도 한때 자신의 목숨을 지켜주고 십만 명의 적을 혼자서 물리쳐준 관우와 장비를 나이 들어서까지 오래도록 중용했을 것이다. 이것이 유비의 인간미다. 하지만 그 결과 관우는 형주 땅을 오나라에 빼앗긴 채 참수당했고, 유비는 도원결의의 맹세대로 사랑하는 아우 관우의 원수를 갚기 위해 무리한 전쟁을 일으켰다가 참패하고 촉나라의 국운을 기울게 만들었으며 결국 자신도 목숨을 잃는다. 분명 아름다운 이야기이지만 이런 방식으로는 결코 크게 성공할 수 없다. 관우와 장비가 자신을 다소 야속하게 여기더라도 그들 역시 젊은 세대의 유능한 장수들과 공정하게 경쟁할 수 있는 시스템과 문화를 유비가 미리 마련해두었다면 결말은 분명 달라졌을 것이다.

제갈공명의 경우에도 마찬가지다. "하늘이 내려준 책사"라지만 유비가 오로지 제갈공명 한 사람만 믿은 것도 문제였다. 제아무리 뛰어난 능력의 인재라 하더라도 경쟁이 없으면 마음을 푹 놓게 되고 노력을 덜하게 되는 것이 인지상정이다. 잔인한 일이지만 과거의 공은 다 잊고 오히려 새로운 경쟁자를 물색하여 제갈공명으로 하여금 더 많은 도전에 나서도록 했어야 하지 않을까. 물론 새로운 젊은 영재가 제갈공명을 이길 가능성은 크지 않았겠지만, 그러한 도전의 과정이 계속된다면 제갈공명도 현실에 안주하지 않고 긴장감을 유지하며 더욱더 노력했을 것이다.

다시 유비의 입장으로 돌아가서 생각해보자. 유비는 자신이 의리를 지키는 사람이라는 점을 자랑으로 삼았다. 그래서 관우나 장비가 실수를 한다 해도 꾸짖을 수는 있겠지만 결코 버리지는 못했을 것이다. 관우와 장비는 단순한 부하가 아니라 의형제, 곧 가족으로 맺어진 관계였기 때문이다. 실수 한번 했다고 가족과 형제를 버리는 것은 있을 수 없는 일이라고 유비는 생각했을 것이다. 다행히 관우와 장비는 무예가 뛰어난 장수들이었기에 크게 문제 되지 않았지만, 당시 백성들의 눈에는 관우와 장비가 높은 벼슬을 하는 것이 단지 실력 때문만이 아니라 유비의 의형제이기 때문이라고 비치지 않았을까. 즉, 촉나라에 등용되려면 출중한 실력보다는 유비와 의리로 맺어진 관계가 더 중요하다고 인식했을 가능성이 크다. 가령 무예가 출중한 젊은이가 유비를 찾아왔다고 해도 유비는 그를 관우와 장비만큼 대우해주지 않으리라는 것이다.

그렇기에 어떤 젊은 인재가 스스로 제갈공명보다 지략이 뛰어나다고 생각한다 해도 촉나라에 가기는 꺼려졌을 것이다. 유비가 삼고초려까지 해서 얻은 인재가 제갈공명이고 유비는 한번 정을 준 사람은 절대 버리지 않는 것으로 유명했기 때문이다. 반면, 조조는 의형제도 없고 철저하게 실력 위주로 인재를 등용했으니, 인맥은 없으나 능력은 뛰어난 젊은이라면 의리와 관계를 중시하는 촉나라보다는 능력 위주로 인재를 등용하는 조조의 위나라로 향했을 가능성이 매우 높다. 이미 의형제라는 담합 구조에 속한 기득권 세력이 존재하는 촉나라보다는, 담합 없이 자유롭게 실력으로 겨룰 수 있는 위나라에서 성공할 확률이 더 높아 보였을 터이니 말이다. 상황이 이렇다면 촉나라에는 당연히 인재가 부족할 수밖에 없다.

물론 실력 위주로 인재를 등용한 조조에게도 큰 위험 요소는 있었다. 바로 배신이다. 능력 위주의 인물 등용에는 반드시 배신의 위험이 수반된다. 아니나 다를까 결국 조조가 등용한 뛰어난 인재인 사마의(司馬懿)가 나중에 쿠데타를 일으켜 조조의 후손들을 제거하고 실권을 잡는다. 실력 위주의 등용 또한 위험성이 없을 수는 없는 것이다. 하지만 확실한 것은 의리에 집착해 뛰어난 인재를 새로이 등용하지 않는다면 결코 천하를 지배할 수 없다는 사실이다. 뛰어난 인재들의 배신이 두려워 의리에만 집착한다면 "구더기 무서워 장 담그지 못하는" 격이라 할 수 있다.

만일 유비가 능력을 보고 등용한 인재가 언젠가 자신을 배신할지도 모른다는 두려움 때문에 관우·장비·제갈공명과의 담합을 유지하기로 했다면 그 또한 유비의 선택이다. 하지만 그렇게 담합에 기대어 새로운 인재 선발의 범위를 극도로 좁힌 상태에서 중국 천하를 차지하는 일은 애초에 불가능했다. 결국 유비는 변방인 촉나라를 다스리는 데 만족한 인물이라는 평을 피하기 어렵다. 그것이 유비의 한계다.

유비가 도원결의와 의리를 기반으로 성공하여 촉나라 황제 자리에 오른 것은 담합이 얼마나 큰 이익을 주는지를 잘 설명해준다. 하지만 촉나라를 얻은 유비가 새로운 인재를 영입하지 못해 천하 통일에 실패한 이야기 또한 담합이 국가적 차원에서 얼마나 해로운 것인지를 잘 보여준다. 과거에 자신을 성공으로 이끈 전략이라고 해서 그것이 미래의 성공까지 보장해준다는 믿음은 큰 착각이다. 성공의 매 단계에서 기존의 전략을 과감히 버리고 새로운 전략을 택하는 결단이 필요하다. 즉, 상황이 바뀌었다면 의형제인 관우와 장비, 그리고 제갈공명조차 버리고, 평생 지켜온 의리마저도 저버리는 새로운 선택을 할 필요가 있었다.

유비를 위한 변명

그렇지만 나를 포함해 많은 사람이 유비의 인재 등용 방법을 써본 적이 있을 것이고, 그런 방법을 사용한 데는 또 나름의 이유가 있었을 것이다. 그래서 유비를 위한 변명도 한번 해보고자 한다. 사실 유비가 인재를 얻는 방식에는 한 가지 일관된 점이 있다. 관우와 장비라는 두 뛰어난 장수에게는 죽는 날까지 자신의 동생 신분을 주겠다고 미리 약속을 한 뒤 부하로 채용했다. 제갈공명은 삼고초려라는 예를 갖춘 끝에야 영입할 수 있었는데, 이는 곧 자기 부하로 들어오면 평생 최고의 지위를 보장하겠다는 강력한 의사 표현이었다.

유비는 어째서 미리 자리를 보장해준 뒤 인재를 등용했을까? 왜냐하면 그때 유비의 힘이 너무나도 미약했기 때문이다. 조조의 위나라와 손권의 오나라가 대기업이라면 유비의 촉나라는 중소기업이었다. 특히 촉나라를 세우기 전 단계에서는 도산한 중소기업 사장 정도의 신분이었다고 봐야 한다. 능력은 있지만 도산을 거듭해 현재는 자기 소유의 회사조차 없는 인물이 바로 유비였다.

현대사회에서도 중소기업은 자질이 뛰어난 신입 사원을 채용하기가 어렵다는 고충을 많이 토로한다. 조금이라도 나은 실력을 갖추고 있는 젊은이들은 대기업에 입사할 가능성이 있는 한, 중소기업에는 지원조차 하지 않기 때문이다. 야심 있는 젊은이들은 몇 번을 떨어지더라도 대기업의 문만 두드리는데, 이는 충분히 이해가 가는 행동이다. 사회인으로서 첫발을 중소기업에서 시작하는 것은 자신의 인생에 일정한 제약을 안고 사회생활을 시작하는 것과 다름없다는 인식이 현실 속에서 강하게 작용하기 때문이다.

그렇다면 삼성전자나 현대차에 취업이 가능한, 대학을 막 졸업한 젊은이를 중소기업으로 데려올 방법은 딱 한 가지일 텐데, 바로 중소기업 사장이 직접 나서서 "막 대학을 졸업한 당신에게 우리 회사에서는 곧바로 부장 자리를 주겠다."라고 파격 제안을 하는 것이다. 삼성전자나 현대차에 취업해 부장까지 가려면 10년 이상 고생을 해야 하고 그렇게 한다고 해서 부장이 된다는 보장도 없는데, 우리는 비록 중소기업이지만 입사만 해준다면 핵심 부서의 부장을 시켜주겠다고 한다면, 아마도 실력 있는 젊은이들의 관심을 끌 수 있을지도 모른다. 더구나 이렇게 나를 찾아온 '유비'라는 사장님이 워낙 인품이 훌륭하여 약속은 반드시 지킨다는 소문이 퍼져 있다면 중소기업 부장 자리에 더 큰 관심이 생기지 않겠는가. 이것이 유비가 관우와 장비를 동생으로 삼고 제갈공명을 삼고초려로 설득한 끝에 영입한 원리다.

나 역시 학과의 신임 교수를 뽑을 때 비슷한 경험을 한 적이 있다. 세상 사람들은 연세대학교에서 교수를 뽑는다고 하면 지원자가 구름처럼 모여들 것이라고 생각할 것이다. 물론 사실이 그렇다. 그런데 문제는 우리가 꼭 뽑고 싶어하는, 해외 유명 대학에서 근무하는 젊은 교수들은 정작 우리 학교에 거의 지원하지 않는다는 점이다. 지금 좋은 연구 환경 속에서 많은 급여를 받으며 잘 살고 있는데 한국의 연세대학교에서 교수 초빙 공고가 났다고 해서 서둘러 지원하는 경우는 거의 없다. 무엇보다 이들이 가장 염려하는 것은 자발적으로 지원했다가 뜻밖에 더 훌륭한 후보가 있어 낙방하는 상황이다. 세계 유수 대학에서 인정받는 학자로서, 한국의 연세대학교 채용에 지원했다가 탈락하는 것은 엄청난 망신이며 자신의 평판에도 흠집이 생기는 일이기 때문이다.

결국 유비가 제갈공명을 얻기 위해 삼고초려를 했던 것처럼 연세대학교도 유명한 해외 대학의 현직 교수들에게 삼고초려를 하지 않으면 그들의 자발적인 지원을 기대하기 어려운 것이 현실이다. 또한 객관적으로 보았을 때, 연세대학교가 한국에서 교수로서 가장 일하고 싶어하는 대학이 아닐 수 있다는 점도 고려해야 한다. 즉, 외국의 좋은 대학에서 근무하는 젊은 학자가 한국에 들어올 때에는 연세대학교 말고도 더 가고 싶은 대학이 있을 수 있다. 그런 이유로 정말로 채용하고 싶은 인재가 있다면 삼고초려를 하는 수밖에 없는 것이다. 때로는 파격적인 조건을 제시해야 할 수도 있다. 연세대학교도 세계적인 유명 대학들에 비하면 중소기업이기 때문이다.

그래서 유비가 도원결의를 맺고 삼고초려까지 하며 인재를 모아 성공한 과정은 충분히 이해할 수 있을 뿐 아니라 칭찬받아 마땅한 일이다. 문제는 유비가 약속과 의리에 지나치게 충실했다는 점이다. 아우들의 역량에 한계가 드러났을 때는 도원결의에만 얽매이지 말고 더 뛰어난 인재를 과감히 등용했어야 하고 제갈공명도 언제까지나 존경만 할 것이 아니라 새로운 경쟁자를 영입해 긴장감을 유지시켰어야 했는데, 유비는 그러한 전략적 판단을 끝내 내리지 않았다. 그는 중국 제패보다 자신의 양심과 도리를 더 중시한 인물이었다고 생각된다. 유비의 매력이면서 동시에 한계다.

그런데 이러한 인재 등용 방식은 유비에서 끝난 것이 아니라 그의 사후 제갈공명에게도 이어진 듯하다. '읍참마속(泣斬馬謖)'이라는 고사에 등장하는 마속은 제갈공명이 아끼며 가르치던 인재였다. 마속이 패전의 책임을 지고 처형된 후에는 강유(姜維)라는 새로운 인재를 발굴하여 키운다. 당연히 마속이나 강유 모두 능력이 출중하기에 제갈공명의 선택을 받았을 것이다. 하지만 과연 제갈공명이 어떤 방법으로 마속과 강유의 능력을 알아본 것인지는 의심이 든다. 이는 제갈공명에 대한 의심이라기보다는 아직 실전 경험이 부족한 젊은이를 시험과 면접만으로 등용시킬 경우에 대한 염려인데, 그러한 판단은 옳다는 보장이나 근거가 미약하다고 생각하기 때문이다.

베이스볼이 '머니볼'이 되려면!

경제학자들이 좋아하는 영화를 조사한다면 그중에 꼭 포함될 영화로 〈머니볼(Moneyball)〉을 언급할 수 있을 것이다. 2002년 메이저리그 실화에 바탕을 두고 제작된 이 영화는 가난한 야구팀인 오클랜드 애슬레틱스의 단장이었던 빌리 빈(Billy Beane)이라는 실제 인물이 평생 야구만 해온 야구 선수 출신의 전문가 대신 통계학을 잘 아는 경제학 전공자를 고용하여 팀을 운용한 결과, 다른 팀보다 훨씬 적은 돈을 쓰고도 놀라운 성적을 거둘 수 있었다는 이야기이다.

사실 많은 통계학자와 경제학자들은 야구 같은 스포츠 경기에도 통계학 분석과 경제학 원리를 적용하면, 같은 예산으로 더 나은 결과를 내는 팀을 만들 수 있다고 오래전부터 주장해왔다. 그럼에도 통계나 경제를 이해하지 못하고 평생 야구만 해온 야구팀 관계자들은 이런 주장을 무시해왔다. 그러다가 돈이 부족해 다급해진 빌리 빈 단장이 오클랜드 애슬레틱스 야구팀에 이러한 접근을 실제로 도입했고 그 결과가 놀라울 정도로 성공적이었던 것이다. 이런 상황을 지켜보다가 재빨리 현장에서 활용한 보스턴 레드삭스가 2004년 메이저리그 월드 시리즈에서 우승을 차지하면서, 그 후로 통계학과 경제학은 야구팀 운영에 일상적으로 활용하는 도구가 되었다.

야구에 통계학과 경제학이 어떻게 활용되었는지를 좀 더 구체적으로 설명하자면 이렇다. 야구팀을 구성할 때 중요한 것이 야구 선수들의 몸값, 즉 연봉인데 해마다 이 금액은 천문학적 수준으로 오른다. 물론 야구를 잘하는 선수가 몸값이 높은 것은 자연스러운 일이지만 과연 얼마나 높은 것이 적절한가에 대해서는 정확한 판단이 어려웠다. 이에 경제학자들은 지금까지 축적된 각 선수의 통계 데이터를 바탕으로 선수의 실제 가치를 추정하고, 이를 기준으로 적정 연봉 수준을 산출했다. 그리고 그렇게 산출된 연봉보다 낮은 금액에도 기꺼이 계약하겠다는 선수들만을 뽑아 팀을 구성했다. 다시 말해 통계적으로 평가된 가치보다 높은 연봉을 요구하는 선수는 뽑지 않은 것이다. 이렇듯 선수가 가진 가치보다 낮은 비용으로 팀을 구성하다 보니 이른바 '가성비가 완전 갑'이었고, 구단 입장에서는 더 적은 예산으로 더 좋은 성과를 내게 된 셈이다.

그런데 〈머니볼〉에는 또 다른 이야기가 등장하는데 바로 어떤 선수의 진정한 몸값은 과거 그 선수가 프로야구 경기에 나가 시합을 할 때 기록한 데이터만을 바탕으로 산출될 수 있다는 것이다. 이 말은 곧, 고등학교를 막 졸업한 선수는 그 가치 산출이 거의 불가능하다는 뜻이다. 프로야구팀에서 몇 년간 선수 생활을 했거나 최소한 유명한 대학 야구팀에서 선수 생활을 하면서 관련 데이터가 축적되어 있어야만 그 선수의 가치가 평가될 수 있으므로, 고등학교 시합에만 출전했던 어린 선수의 가치는 산출할 방법이 없다는 이야기다. 이는 평생 야구를 해서 어떤 젊은 선수를 딱 보면 그 선수가 대성공을 할 기질이 있는지 없는지, 즉 될성부른 나무는 떡잎부터 알아볼 수 있다고 주장하는 야구 전문가들의 주장과는 정반대되는 것이다. 결국 〈머니볼〉의 결론이나 실제 야구 산업의 결론은 고등학교 야구 선수를 보고 그 선수가 정말로 성공할지 실패할지를 판단하기란 불가능하다는 것이다.

《삼국지연의》에서 제갈공명이라는 젊은이는 여러 인물에 의해 천하의 책사(策士)라고 추천된다. 그리고 과연 그는 자신을 알아본 이들의 기대처럼 뛰어난 책사로 성장한다. 물론 현실에서도 이런 일이 가끔 일어나기는 하지만, 적어도 영화 〈머니볼〉에서는 전혀 다른 결론이 제시된다. 〈머니볼〉의 논리에 따르면 국가를 경영한 경험도, 군대를 지휘한 경험도 없는 제갈공명의 등용이 성공적인 결실로 이어진 것은 인재를 보는 유비의 안목이 뛰어났기 때문이 아니라 그저 운이 좋았을 뿐이라는 것이다.

현실에서는 아무리 천하의 책사가 될 인물이라고 추천을 받았다고 해도, 막상 전투 경험이 전혀 없는 제갈공명 같은 사람에게 실제 전투 지휘를 맡긴다면 아마도 성공 확률보다는 실패 확률이 클 것이다. 전투 현장에 나가 실제로 지휘를 몇 번 해보며 이기고 지는 모습을 보여주기 전까지는 그 사람이 훌륭한 책사인지 아닌지 절대로 알 수가 없다는 이야기다. 유비와 같이 주변의 추천과 자신의 인재 감별 능력을 믿고 덜컥 관우와 장비, 조자룡과 제갈공명에게 중책을 맡기는 것은 현실에서는 실패의 지름길이 될 수도 있다. 실전을 치러보지 않은 사람에게서 인재의 능력을 찾아내기란 사실상 불가능하다는 것이 경제학과 통계학의 주장이다.

달리기를 잘하고 공도 멀리 던지며 야구방망이로 공을 쳐서 시원하게 보내기까지 하는 고등학생이라면 프로야구 선수가 되어 성공할 확률 또한 높다고 볼 수 있다. 하지만 〈머니볼〉은 그런 일반적인 운동 능력이 좋다고 해서 실제로 야구를 잘한다는 보장은 전혀 없다고 말한다. 야구를 잘하려면 야구에 대한 센스가 있어야 한다. 달리기가 좀 느려도 상대 수비의 허점을 잘 파악하면 달리기가 빠른 선수보다 더 점수를 낼 수 있다. 반면 야구방망이로 공을 세게 치는 능력이 있다 하더라도 투수가 치기 어려운 볼을 던질 때마다 야구방망이를 마구 휘두를 뿐 공을 제대로 맞추지 못한다면 그 능력은 아무런 소용이 없다. 공을 별로 멀리 보내지 못하는 선수라도 '볼' 판정을 받는 공은 절대로 치지 않고 '스트라이크' 공이 올 때만 귀신같이 쳐내 안타를 만들어낼 줄 안다면 훌륭한 타자가 될 수 있다. 그런데 이렇게 볼과 스트라이크를 잘 구별하는 선구안은 단순히 타고난 운동 능력으로는 갖기 어렵고, 오랜 실전 경험을 통해서 길러지는 능력이다.

앞서 잠시 언급한 대로, 제갈공명도 비슷한 실수를 했다. 제갈공명은 마속이라는 젊은 인재와 이야기를 해보고 이 마속이 자신을 이어 훌륭한 책사로 성장할 것이라 기대했다. 마치 달리기를 잘하고 공을 멀리 잘 던지는 고등학생이 훌륭한 야구 선수가 되리라고 믿는 것과 유사하다. 하지만 마속은 가정(街亭)이라는 장소에서 벌어진 중요한 전투에서 지휘를 잘못해 촉군에 막대한 피해를 입혔고 이에 실망한 제갈공명의 손에 처형당하면서 '읍참마속'이라는 사자성어만 남기고 말았다. 그다음으로 제갈공명이 자신을 이을 책사로 키운 강유는 제갈공명이 병사한 뒤 어느 정도 역할을 하기는 했지만 결국 완벽한 역할 수행에 실패하여 촉나라의 멸망을 막지 못했다.

인재 감별력? 세상에 그런 기술은 없다!

경제학자로서 내가 하고 싶은 이야기는, 전쟁이든 국가 운영이든 그것을 잘해낼 훌륭한 인재를 미리 알 수 있는 능력, 즉 인재 감별력은 사실상 존재하지 않는다는 것이다. 실제로 군을 지휘하게 하거나 국가 재정을 운영하게 해보면서 그 사람이 얼마나 그 임무를 잘하는지를 최소 몇 년간 관찰해보기 전에는 누구도 그 능력을 확신할 수 없다. 따라서 국가나 조직에 필요한 인재를 얻는 방법은 무수히 많은 사람에게 기회를 주는 것밖에 없다. 한 명이 아니라 처음부터 백 명의 인재를 선발해 일을 시켜보고 일머리가 없는 사람은 차례로 탈락시키다 보면 최후까지 남는 사람이 있을 것이고, 그가 바로 진정한 인재라는 것이다. 앞서도 언급했듯, K-pop 아이돌 가수 양성 방식이 성공한 이유다.

실상 야구팀은 이런 방식이 쉽지 않은데, 왜냐하면 선수단 구성에 규정상 숫자 제한이 있기 때문이다. 그래서 데이터를 이용한 통계 분석을 통해 가장 높은 가치를 낼 수 있는 선수를 알아내야 하는 것이다. 하지만 국가나 조직을 운영할 때는 선발해서 테스트해볼 인재의 숫자가 야구팀만큼 제한되지는 않는다.

예전에 한국의 대학들도 〈머니볼〉과 비슷한 경험을 한 적이 있다. 1980년대 당시 전두환 대통령은 '졸업정원제'라는 새로운 제도를 도입하여 대학 정원을 갑자기 두 배 이상 늘렸다. 그 결과, 1970년대였다면 서울대학교에 합격하지 못했을 학생들이 서울대학교에 합격했고, 마찬가지로 이전 같으면 연세대학교에 합격하지 못했을 학생들도 연세대학교에 합격할 수 있었다. 정확히 말하면 졸업정원제를 시행하면서 성적은 이전보다 조금 낮은 학생들이 대학에 들어오게 된 대신 입학생의 숫자는 두 배 이상 늘었다.

그렇다면 그렇게 입학했던 대학생들은 지금 어떻게 살고 있을까? 결론부터 말하자면, 졸업정원제 시기에 대학을 나온 이들은 졸업한 후에도 선배들에 뒤지지 않은 성공을 누렸다고 볼 수 있다. 고등학교 성적만 놓고 보면 이들이 선배들보다 조금 낮았을지 모르지만, 학생 숫자가 두 배로 늘어난 만큼 졸업생들 중 크게 성공한 학생들의 절대적 숫자도 늘었기 때문이다. 이해하기 편한 비유를 들어보자.

1970년대에 성적이 아주 좋은 소수 학생들만 대학에 입학할 수 있었고 그 학생들 중 80%가 성공했다고 가정하자. 그런데 1980년대에 졸업정원제로 선배들보다는 성적이 다소 낮은 학생들도 입학할 수 있었고 이들 중 70%가 성공했다고 가정하면, 성공률은 조금 낮아졌지만 졸업생 수가 두 배로 늘어난 덕분에 성공한 졸업생의 숫자는 오히려 획기적으로 늘어나게 된다. 요컨대, 고등학교 성적만으로 그 사람 인생의 성공 여부를 단정 짓는 것은 매우 단편적이고 어리석은 판단이라는 말이다.

그래서 대학교 입학처에서는 소수정예, 즉 영어로 'A Few Good Men'은 틀린 말로 취급된다. 이 표현은 해병대나 특수부대처럼 정예 요원을 키운다고 주장하는 조직에서 많이 쓰는 용어인데, 정작 현실에서는 어떤 청년이 실제로 특수전을 잘해낼지 실제 전투를 해보기 전에는 알 수가 없기 때문이다. 아무리 소수정예 해병대 대원이 백 명 있다고 해도, 평범한 일반 육군 병사 천 명이 이들 백 명을 공격한다면 일반 군사들 쪽이 승리할 것이다. 따라서 인재를 등용할 때 소수정예로 선발해 특수한 교육을 시킨다는 것은 결코 효율적인 방식이 아니다. 가능한 한 많은 사람에게 기회를 주고 실전 상황에서 누가 성과를 내는지를 관찰해, 이러한 데이터를 바탕으로 최고의 인재를 추려나가는 것이 가장 효율적인 방법이다.

그런 의미에서 인재를 감별하는 뛰어난 눈으로 소수정예를 미리 뽑아 촉나라의 미래를 맡길 사람을 육성했던 유비와 제갈공명의 방식은 과학적이지도 효율적이지도 못했다고 판단된다. 위나라의 조조가 비록 적장이라도 관우처럼 능력만 있다면 자기 부하로 삼기 위해 노력했듯이, 자신이 만나는 모든 잠재적 인재들을 일단 부하로 삼아 경쟁시킨 다음 그중 가장 능력이 뛰어난 사람을 승진시켜 중책을 맡겨야만 군대와 국가가 성장할 수 있다. 물론 앞에서도 언급한 것처럼 이렇게 능력 위주의 무한 경쟁으로 인재를 등용했을 때 한 가지 위험성은 있다. 즉, 능력은 뛰어났지만 충성심보다는 권력을 중시했던 사마의 같은 인물이 중용될 경우, 조직과 수장을 배신하는 사태가 일어날 수 있다는 점이다. 그런 면에서 능력보다는 충성심을 우선시하고 끝까지 배신하지 않은 인재를 등용한 촉나라 유비와 제갈공명의 방식을 마냥 비난할 수는 없다.

결국 외진 곳에 위치한 촉나라를 안정적으로 다스리는 데 만족할 것인지 아니면 위험을 감수하고 중국 전체의 패권을 노릴 것인지에 따라 적합한 전략은 달라지는 것이라고 말할 수 있다.

승진을 포함해 출세와 금전적 성공을 결정짓는 요인은 크게 두 가지로 나눌 수 있다. 하나는 개인의 능력이고 다른 하나는 위험에 대한 태도다. 사실 노력 역시 능력의 한 형태라고 볼 수 있다. 꾸준한 노력을 기울이기 위해서는 강인한 체력이 필요하고 침착함과 인내심 같은 성품도 필요하다. 그래서 노력도 능력의 일종이라고 생각한다. 하지만 이런 능력은 성공의 필요조건일 뿐 충분조건은 아니다. 세상에서 흔히 말하는 도전정신, 즉 적정한 위험을 감수해내는 '리스크 테이킹(risk taking)'이 병행되어야만 성공을 거둘 수 있다.

인간은 매 순간 불확실한 기회와 안정 사이에서 선택하게 된다. 여유 자금을 안전한 정기예금에 넣을지 아니면 위험하지만 수익률이 높은 주식에 투자할지를 놓고 고민하기도 하고, 조직에서 위험하고 실패할 가능성이 상당히 높지만 성공할 경우 고속 승진이 가능한 신규 사업에 참여할지 말지를 결정해야 한다. 이런 매 순간 이뤄지는 위험에 대한 선택들이 쌓이고 쌓여 결국 우리 인생을 결정한다는 것이 경제학적 사고다. 당연히 같은 능력을 지닌 사람이라도 얼마나 위험을 감수하는가에 따라서 인생이 완전히 달라진다. 위험을 감수하다 실패해 영원히 회복하지 못할 수도 있지만 위험을 계속 피해 다니기만 하면 큰 성과를 낼 기회를 놓치고 그저 그런 평범한 삶을 살 수밖에 없다. 위험은 기회의 다른 이름이기 때문이다.

'울지 않는 새'를 울리는 세 가지 방법

이 장에서는 이렇게 '위험 감수'의 성향이 너무도 다른 일본 역사의 세 인물을 살펴보려 한다. 특히 '인재 등용'이라는 측면에서 이들이 각각 어떤 성과를 냈고 어떻게 실패했는지를 분석해보자.

일본 센고쿠시대(戰國時代)를 끝낸 세 사람은 오다 노부나가(織田信長), 도요토미 히데요시(豊臣秀吉), 도쿠가와 이에야스(德川家康)이다. 이들은 모두 현재의 나고야시와 그 인근 지역에서 비슷한 시기에 태어나 수백 개의 영지로 나뉘어 100년 넘게 서로 싸워오던 일본의 센고쿠시대를 종결한 주인공들이다. 하지만 이 세 사람의 성향은 너무나도 제각각이었다고 한다. 특히 좀처럼 울지 않는 새가 있다면 어떻게 하겠느냐는 질문에 대해 세 사람이 내놓은 답이 매우 달랐음을 보여주는 전설과도 같은 이야기가 있다.

"오다 노부나가는 새가 울지 않으면 쓸모없는 새이니 죽이겠다고 했고, 도요토미 히데요시는 온갖 방법을 동원해 새를 울려보겠다고 했으며, 도쿠가와 이에야스는 새가 울 때까지 언제까지고 기다리겠다고 했다."

이 대답으로 알 수 있듯 오다 노부나가는 성격이 급하고 오래 고민하기보다 과감하게 일을 저지르는 성향이다. 도요토미 히데요시는 자신의 능력을 과신하여 울지 않는 새도 울게 만들 수 있다고 믿는다. 반면 도쿠가와 이에야스는 세상 일이 뜻대로 되는 것이 아니므로 새가 울 때까지 기다려보겠다는 말인데, 이는 새가 울지 않으면 할 수 없다는 뜻도 담긴 것이다.

이 상이한 성격을 경제학 용어로 표현하면 오다 노부나가와 도요토미 히데요시는 위험 선호자(risk lover)에 가깝고 도쿠가와 이에야스는 위험 회피자(risk averter)에 가까운 인물이라 할 수 있다. 달리 표현하면 오다 노부나가와 도요토미 히데요시는 무리를 해서라도 성과를 내고자 하는 유형인 반면, 도쿠가와 이에야스는 무리하지 않는 수준에서 행동한다는 원칙을 지닌 인물이었다.

세 사람은 사람을 쓰는 방식도 달랐다. 오다 노부나가는 완전히 능력 위주의 등용을 한 인물이다. 적과 싸워 승리하면 자신과 싸웠던 적군의 장수들 가운데 가장 능력 있는 자를 곧바로 등용해서 썼다. 도요토미 히데요시는 적군을 적극적으로 등용하지는 않았지만 역시 자신과 출신 지역이 다른 인물이라 하더라도 능력만 있으면 주저 없이 썼다. 마지막으로 도쿠가와 이에야스는 자신의 할아버지, 아버지 때부터 가문에 충성해온, 정말로 믿을 수 있는 가신들만 중용했다.

'고위험 고수익' 전략으로 일본의 절반을 얻은 오다 노부나가

앞서 언급한 것처럼 이 세 인물은 현재의 나고야시 부근에서 비슷한 시기에 태어났다. 오다 노부나가는 지금의 나고야시에 해당하는 오와리(尾張) 지역 영주의 아들로 태어났고 도쿠가와 이에야스는 나고야시 동쪽, 오늘날 도요타 자동차 공장이 자리한 미카와(三河) 지역 영주의 아들로 태어났다. 도요토미 히데요시는 이들과 달리 미천한 무사 집안에서 태어났지만 오다 노부나가 밑에서 일하면서 능력을 인정받아 최하급 무사에서 노부나가의 오른팔로 승진한 능력자였다. 마치 고졸 알바 사원이 대기업 부회장까지 승진한 것과 같다.

가장 먼저 두각을 나타낸 사람은 오다 노부나가였다. 당시 이웃 영주 이마가와 요시모토(今川義元)가 오다 노부나가보다 10배나 많은 군사를 이끌고 쳐들어와 항복을 권유했다. 심지어 오다 노부나가의 부하들조차도 패배할 것이 뻔한 전쟁이니 피하자고 권했다. 상식적으로는 결코 승리할 수 없는 상황이었다. 하지만 26세의 오다 노부나가는 아무 말 없이 성을 뛰쳐나갔고, 부하들도 영문을 모른 채 그를 따라나섰다. 오다 노부나가는 그 길로 적진을 급습해 이웃 영주의 목을 베고 승리를 쟁취한다. 이것이 일본 역사에서 유명한 오케하자마의 전투(桶狭間の戦い)다. 젊은 오다 노부나가는 성공 가능성이 거의 없는, 도박에 가까운 전투를 감행해 승리했고 그 결과 일본 전역에 오다 노부나가라는 뛰어난 젊은 영주의 존재를 알리게 된다. 그 후 오다 노부나가는 한 번도 위험을 피하지 않고 매년 전투를 벌여 일본 땅의 절반 이상을 차지하게 된다.

오다 노부나가는 인재를 등용할 때 고향인 오와리 출신뿐 아니라 자신이 정복한 미노(美濃)와 오미(近江) 출신도 능력이 뛰어나면 등용했고 이들을 오와리 출신과 다름없이 대우해주었다고 한다. 지리적 배치를 조금 설명해보면, 오다 노부나가와 도요토미 히데요시의 출신지인 오와리 지역의 바로 동쪽 인접 지역은 도쿠가와 이에야스의 출신지인 미카와였다. 당시 일본의 중심인 천황이 거주하고 있던 교토는 오와리로부터 서쪽에 위치하였으므로 오다 노부나가는 서쪽으로 군사 작전을 계속해 결국 교토를 점령하는 것이 최우선 목표였다. 오와리와 교토 사이의 두 지역이 바로 미노와 오미였다.

　오다 노부나가가 전쟁을 불사했던 것은 사실이지만 그렇다고 무조건 무력으로 해결하고자 하지는 않았다. 그는 혼인 동맹으로 전쟁을 피하는 전략도 구사했는데, 미노 영주의 딸을 부인으로 삼았으며 오미의 영주에게는 자신의 여동생을 시집보냈다. 하지만 미노의 영주가 그 아들에게, 오다 노부나가의 입장에서 보자면 장인이 처남에게 죽임을 당하는 일이 벌어졌고, 새로이 영주의 자리에 오른 처남은 오다 노부나가를 적대시했다. 결국 오다 노부나가는 오랜 전투 끝에 처남을 물리치고 간신히 미노를 정복하게 된다. 이때 비록 적국이 되어 전쟁을 치르기는 했지만 미노의 우수한 인재들을 자기 부하로 삼았는데 그중 한 사람이 아케치 미쓰히데(明智光秀)였다. 나중에 다시 이야기하겠지만 오다 노부나가가 최측근으로 등용했던 아케치 미쓰히데는 훗날 돌연 반란을 일으켰고 그 바람에 오다 노부나가는 목숨을 잃게 된다.

　한편, 오다 노부나가의 매제인 오미의 영주는 오다 노부나가에게 우호적이었다. 그래서 오다 노부나가는 매제를 믿고 다른 지역으로 전투를 나섰는데 갑자기 매제가 그를 배신하고 후방에서 공격해왔다. 이로 인해 오다 노부나가는 죽을 뻔한 위기를 겪는다. 분노한 그는 매제와 전면전을 벌여 매제를 죽이고 오미 땅을 차지한다. 처남과도 싸워 이기고, 매제에게 배신당해 죽을 뻔한 고비를 넘겼지만 결국 살아남았고 전투에서도 승리했으니, 오다 노부나가에게는 능력과 운이 모두 따랐던 것 같다. 무엇보다도 오다 노부나가는 자신의 영지였던 오와리뿐 아니라 정복한 땅인 미노와 오미의 인재까지 두루 등용했으니 능력이 출중한 인재들이 그의 주위에 넘쳐났을 것이다.

이렇게 위험을 회피하지 않고 과감히 감수한 오다 노부나가는, 사망할 때인 49세 무렵에는 일본 통일을 거의 눈앞에 두고 있었다. 하지만 그의 강한 운도 인생 마지막에는 고갈이 되었는지 결국 자신이 정복한 미노 지역 출신이지만 최측근으로 등용할 만큼 신뢰했던 아케치 미쓰히데에게 암살당하고 만다. 이것이 바로 일본 역사에서 유명한 '혼노지의 변(本能寺の変)'이다. 당시 오다 노부나가는 아케치 미쓰히데의 영토를 지나던 중 혼노지라는 절에서 숙박하고 있었는데 돌연 아케치 미쓰히데가 그를 습격해 죽인 사건이다. 적국 출신이라도 뛰어난 인재라면 가리지 않고 등용했던 오다 노부나가는, 그런 폭넓은 인재 풀을 활용해 수많은 전쟁에서 승리할 수 있었지만, 서로 다른 지역 출신의 인재들 사이에서 일어난 갈등을 미연에 방지하지 못해 결국 부하의 손에 죽임을 당한 것이다.

오다 노부나가가 도요토미 히데요시를 등용한 것도 비슷한 이유였다. 도요토미 히데요시는 같은 오와리 지역 출신이기는 해도 조상 대대로 오다 집안에 봉사해온 가문 출신은 아니었다. 출신이 불분명하고 사무라이 집안 출신이 아닐 가능성도 높은 미천한 인물이었지만 오다 노부나가는 그의 출중한 능력만 보고 고속 승진시켰고 대군을 맡겼다. 이런 인재 등용 방식이 잘못된 것이라고 말할 수는 없다. 수백 명에 이르는 당시 일본의 영주들 중 오다 노부나가가 강력한 군사력으로 빠르게 주변을 정복하고 일본의 절반을 차지하게 된 것이 바로 그러한 능력 중심의 인재 등용 덕분이었다. 충성심이라는 측면에서는 다소 불확실성이 있더라도 각지에서 유능한 인물을 등용했기에 노부나가의 세력은 급속히 강대해질 수 있었다. 물론 그 단점도 명확했다. 그렇게 관계를 맺은 사람들이 배신을 하는 바람에 결국 그들과도 전투를 벌여야 했으며, 마지막에는 가장 믿었던 부하의 손에 죽고 말았다.

지나친 '위험 감수'로 멸문을 자초한 최고 권력자 도요토미 히데요시

오다 노부나가를 죽인 아케치 미쓰히데의 반란을 진압하고 그의 자리를 대신한 인물이 바로 도요토미 히데요시였다. 오다 노부나가가 사망했을 때 그의 부하들은 어쩌면 새로이 절대 권력을 쥐게 될지도 모르는 아케치 미쓰히데의 편이 될지 아니면 주군의 복수를 할지 고민했을 가능성이 높다. 정의나 윤리나 의리의 문제가 아니라 자칫 줄을 잘못 섰다가는 목숨을 잃을 수도 있는 상황이었기 때문이다. 하지만 도요토미 히데요시는 전혀 주저하지 않았다. 당시 먼 지역에서 치열한 전투를 벌이고 있었지만 즉시 전투를 중단시키고 군대를 밤낮으로 행군시켜 곧장 아케치 미쓰히데의 군대로 쳐들어갔다. 아케치 미쓰히데는 머나먼 전쟁터에서 싸우던 도요토미 히데요시가 그렇게 신속하게 쳐들어올 줄은 꿈에도 몰랐기에 아무런 대비도 하지 못한 채 전투에 패배하여 죽고 말았다.

뛰어난 능력을 지닌 참모로서 이름을 떨치던 도요토미 히데요시가 주군인 오다 노부나가의 사망 시점에서 일생일대의 모험에 뛰어들어 결국 일본을 차지하게 된 것이니 도요토미 히데요시도 위험을 피하기보다는 감수하는 성향을 지녔던 것이 분명하다. 그리고 망설이면서 주춤거리던 오다 노부나가의 다른 부하들을 상대로 전쟁을 벌여 그 전투에서도 모두 승리함으로써 도요토미 히데요시는 명실상부 일본의 주인이 된다. 오다 노부나가가 아끼던 부하가 여럿 있었지만 그중에서 망설이지 않고 바로 군대를 몰고 가 오다 노부나가의 복수를 한 사람은 단지 도요토미 히데요시뿐이었기에 결국 그가 오다 노부나가의 후계자가 될 수 있었다.

이렇게 결정적인 순간에 위험을 무릅쓴 군사작전으로 아케치 미쓰히데를 제거하고 일본의 최고 권력자가 되었지만 그다음에 도요토미 히데요시가 감수하려고 했던 위험은 지나치게 크고 성공 가능성은 너무 낮은 것이었다. 만일 그가 일본 통일에 만족했다면 도요토미 가문은 수백 년간 일본을 지배했을지도 모른다. 하지만 이 시점에서 도요토미 히데요시는 스스로 무모한 도박을 시작한다. 바로 조선을 정복하고 명나라까지 차지하겠다는 비현실적이고도 위험한 도박이었다.

도요토미 히데요시가 명나라까지 정복할 확률은 0에 가까웠다. 혹시 명나라 정복이 가능하다고 해도 수십 년에 걸친 전쟁이 불가피했을 것이다. 이미 50세가 넘은 도요토미 히데요시가 조선과 명나라를 모두 정복할 때까지 생존할 가능성은 당시 상황에서는 거의 없었으니 아무리 생각해봐도 무모한 도전이었다. 실제로 도요토미 히데요시는 임진왜란 중 병으로 사망했고, 전쟁 중 지도자가 사망한 혼란스러운 틈을 타 반란을 일으킨 도쿠가와 이에야스에 의해 그의 가문 또한 멸망하게 된다.

도요토미 히데요시 역시 뛰어난 인재라면 출신 지역을 가리지 않고 등용했는데, 특히 그의 부하들 중에는 자신과 같은 오와리 출신뿐 아니라 자신이 정복한 오미 지역 출신 인재들도 많았다. 그가 오다 노부나가의 부하로 있을 당시, 오다 노부나가는 자신의 매제였던 오미 지역의 영주에게 배신을 당하고 전쟁을 벌였다. 이 전투에서 가장 큰 공을 세운 이가 바로 도요토미 히데요시였고, 그 공로로 오다 노부나가는 그에게 오미 지역을 다스리는 직책을 맡겼다. 그래서 도요토미 히데요시의 부하들 중에는 과거 적국이었던 오미 출신 인물이 많았다.

문제는 도요토미 히데요시가 죽은 후였다. 오와리 출신과 오미 출신 부하들이 별개의 파벌을 만들어 내분을 벌였고, 이로 인해 도요토미 가문의 힘이 약화되었다. 안타깝게도 이 과정에서 오와리 출신 부하 중 일부는 도쿠가와 이에야스 편에 붙어 오미 출신 부하들과 전투를 벌였는데 그 결과 도쿠가와 이에야스가 어부지리로 승리해 일본을 얻게 된다.

조금 더 첨언하자면 도요토미 히데요시의 첫 부인은 오와리 출신이었지만, 도요토미 히데요시가 일본 열도를 차지한 후에는 오미 출신의 신분 높은 젊은 부인을 맞이해 아들을 낳게 된다. 유감스럽게도 오와리 출신의 첫 부인은 아이를 낳지 못했기 때문에 오미 출신의 젊은 부인이 낳은 도요토미 히데요리(豊臣秀頼)가 히데요시 사망 후 일본의 주인이 된다. 자연히 오미 출신 부하들은 출세하고 히데요시의 고향인 오와리 출신 부하들은 오미 출신 부하들 아래로 들어가게 되다 보니 이로 인한 불만이 점점 커졌다. 특히 오와리 출신의 조강지처 입장에서는, 아들을 낳았다고 거들먹거리는 오미 출신의 젊은 둘째부인을 증오하지 않을 수 없었을 것이다. 또한 오와리 출신 부하들도 이렇게 역전된 상황을 참아내기가 힘들었을 것이다. 그래서 오미 출신 밑으로 들어가느니 차라리 도요토미 가문을 배신하고 도쿠가와 이에야스 밑으로 들어가는 것이 좋겠다고 판단했던 듯하다.

여담이지만, 임진왜란 때 조선을 치는 선봉장으로 나선 일본의 두 장수가 한문을 그대로 읽어 '소서행장'이라 불리던 고니시 유키나가(小西行長)와 '가등청정'이라 불리던 가토 기요마사(加藤清正)이다. 고니시 유키나가는 오미에서 태어난 인물은 아니지만 오미 쪽에 붙었던 장수이고, 가토 기요마사는 오와리 출신이었다. 임진왜란 이야기를 보면 두 사람이 서로 사이가 좋지 않았음을 보여주는 에피소드가 많다. 제일 유명한 것이 이순신 장군이 선조의 노여움을 사서 백의종군한 사건과 관련된 이야기인데, 고니시 유키나가가 선조에게 가토 기요마사가 일본에서 부산으로 배를 타고 들어오는 날짜를 알려주면서 이순신에게 명해 가토 기요마사를 공격하라고 했다는 것이다. 선조가 이 정보를 이순신 장군에게 주고 공격 명령을 내렸지만 이순신 장군은 왜군의 계략일 수 있다면서 출진하지 않았고 이에 화가 난 선조가 이순신을 벌하고 백의종군을 시켰던 것이다. 겉보기에 일본의 장수가 같은 편 장수를 제거하려 했다는 점이 의아하게 느껴질 수 있지만, 오미 쪽 무사들과 오와리 쪽 무사들 사이의 불화는 그만큼 깊었다.

도요토미 가문의 오미 쪽 무사들이 중심이 된 서군과 도쿠가와 이에야스에게 붙은 오와리 무사들을 중심으로 한 동군은 '세키가하라'라는 마을에서 일본의 지배권을 놓고 하루 동안 전쟁을 벌이는데, 결국 서군이 패하고 동군이 이겨 도쿠가와 이에야스가 일본의 지배자가 된다. 세키가하라 전투에서 서군에서 싸웠던 고니시 유키나가는 참수형을 당한다. 그것이 1600년의 일이었으니 임진왜란이 끝나고 불과 2년 만에 고니시 유키나가는 죽음을 맞게 되었다는 이야기다. 동군이었던 가토 기요마사는 세키가하라 전투에서 살아남아 영주의 지위를 누리다 나이 들어 죽었다고 한다.

도요토미 히데요시는 미천한 신분에서 시작해 위험한 전쟁터에 앞장서서 나서면서 능력을 발휘해 마침내 일본 제일의 권력자가 된 인물이다. 하지만 평생을 자신의 능력과 행운으로 성공만 거듭해온 그가 마지막으로 시도한 도박인 조선 침공은 지나치게 위험한 도박이었고 성공 확률이 낮은 도박이 대개 그렇듯 실패로 끝나고 말았다. 인재 등용의 측면에서도 여러 지역 인재를 등용하다 보니 출신 지역에 따라 파벌이 형성되었고 내부 분열이 심화되었다. 결국 조선 정벌이라는 도박의 실패와 부하들 사이의 지역별 갈등이 맞물리며 도요토미 가문은 멸망하고 말았다.

이런 맥락에서 볼 때 도요토미 히데요시는 임진왜란을 일으킨 장본인이면서 동시에 임진왜란의 가장 큰 피해자이기도 하다. 왜냐하면 임진왜란을 일으킨 결과 자신이 평생 동안 피땀으로 쟁취한 일본 최고 권력자의 지위를 잃었기 때문이다. 비록 도요토미 히데요시 자신이 살아 있는 동안 지배권을 잃은 것은 아니지만, 1598년 도요토미 히데요시 사망 후 불과 2년이 지난 1600년에 도쿠가와 이에야스가 도요토미 가문을 누르고 일본의 최고 권력자가 되었고, 얼마 후에는 도요토미 히데요시의 아들까지 죽여 도요토미 가문은 대가 끊겼다.

도요토미 히데요시는 일본의 통일을 달성하자마자 조선을 침공했다. 만일 도요토미 히데요시가 임진왜란 7년, 즉 자기 일생의 마지막 7년을 조선 침공 대신 도쿠가와 이에야스 같은 일본 국내의 정적을 제거하는 데 썼다면 도요토미 가문은 어쩌면 수백 년간 지속되었을지도 모른다. 하지만 도요토미 히데요시는 성공 확률이 너무도 낮은 조선과 명나라 정벌이라는 무모하기 그지없는 도박으로 자신은 물론이고 가문까지 멸망시켰다. 소위 멈출 때를 알지 못했던 것이다.

반면 평생 낮은 자세로 위험을 피해만 다니던 도쿠가와 이에야스는 도요토미 히데요시가 사망하자 갑자기 일생일대의 도박을 벌여 세상을 깜짝 놀라게 한다. 일본을 놓고 도요토미 가문과 한판 승부를 벌인 것이다.

게임이론 측면에서 본 최고의 고수는 도쿠가와 이에야스

사실 도쿠가와 이에야스는 평생 겁쟁이라 할 만한 모습만을 보였다. 그는 오다 노부나가가 자신의 큰아들을 마음에 들어하지 않자 직접 아들에게 할복을 명령한다. 나쁘게 해석하자면 윗사람 마음에 들고 싶어 자기 아들을 죽인, 구질구질하게 목숨을 부지한 비겁한 아버지였던 것이다. 또한 도요토미 히데요시가 조상 대대로 살아온 땅을 버리고 동쪽의 황무지로 영토를 옮기라고 했을 때도 곧바로 그 명령을 따르기도 했다. 이때 부하들은 조상들이 대대로 목숨 걸고 지켜온 땅을 잃느니 차라리 싸우다 죽겠다고 했지만 도쿠가와 이에야스는 일단 살아남는 것이 중요하다고 부하들을 설득해 영토를 옮겼고 그 땅이 현재의 도쿄가 되었다. 흔히 사무라이는 명예를 위해서는 목숨까지 버리는 것을 긍지로 안다지만 도쿠가와 이에야스는 목숨을 부지하기 위해 아들의 목숨과 조상의 땅마저 망설임 없이 희생시킨 것이다. 부하들을 등용할 때도 자신이 믿는 미카와 출신 이외의 인물들은 거의 중용하지 않았다. 그런 겁쟁이 도쿠가와 이에야스가 도요토미 히데요시 사후 돌변하여 집안이 전멸당할 위험을 감수하고 건곤일척(乾坤一擲)의 결전을 벌인 것이다. 바로 일본의 패권을 결정지은 세키가하라 전투였다.

게임이론 측면에서 도쿠가와 이에야스가 뛰어나다고 볼 수 있는 건 바로 이 때문이다. 대부분의 사람들은 큰 위험을 기꺼이 감수하든지 아니면 작은 위험도 모두 피하든지 하면서 산다. 대체로는 '위험 선호' 또는 '위험 회피' 둘 중 한쪽만을 택한다는 말이다. 달리 표현하면 한번 가진 위험 성향이 평생 간다는 말이다. 하지만 도쿠가와 이에야스는 위험을 피해야 할 때에는 세상에서 가장 겁쟁이가 되지만 위험을 감수해야 할 때에는 세상에서 가장 무모한 사람이 되었다.

반면 오다 노부나가와 도요토미 히데요시는 평생 위험을 감수하는 삶을 살았다. 그러나 최소한 일본 최고 자리에 오른 시점에서는, 그들 역시 과거의 과감한 성향을 좀 누그러뜨리고 보다 신중한 태도로 전환했어야 했다. 어느 정도의 위험을 감수할지는 개인의 성향에 달렸다. 하지만 모든 위험을 감수하는 것도, 모든 위험을 회피하는 것도 답은 아니다. 때로는 위험을 회피하고 때로는 감수할 줄도 알았던 도쿠가와 이에야스처럼 유연한 판단력을 갖는 것이 전략의 고수가 되는 비결이다.

살다 보면 자주 듣는 말 중에 하나가 "타고난 성격대로 살 수밖에 없다."라는 말이다. 사실 경제학자들도 충분히 동의하는 논리이다. 왜냐하면 경제학자들이 다양한 사회문제의 원인을 분석하기 위해 여러 데이터를 모아 통계적으로 연구해보면 유전적 요인이 가장 강한 영향을 미치는 경우가 많다는 결과가 자주 나오기 때문이다.

어떤 가정의 자녀가 공부를 잘한다고 하면, 사람들은 그 부모가 어떻게 교육을 시켰을지 궁금해한다. 어떤 책을 읽혔는지, 어떤 음악을 들려주었는지, 어떤 학교에 보냈는지를 알아내 따라하고 싶어 한다. 하지만 데이터를 바탕으로 분석해보면, 자녀가 공부를 잘하는 가장 강력한 이유는 바로 부모가 공부를 잘했기 때문이라는 결과가 나온다. 즉, 공부 잘하는 아버지와 어머니가 만나 낳은 자녀는 대개 공부를 잘하게 된다는 뜻이다. 물론 성장 과정도 중요하겠지만 그보다는 선천적인, 즉 유전적 요인이 훨씬 중요하다는 결과를 얻게 된다.

그런 방식으로 본다면 내가 무모하고 위험한 도박을 많이 할지 아니면 매사 겁을 먹고 조심스럽게 행동할지도 많은 부분 유전적 요인에 의해 결정되는 것일 수 있다. 선천적 요인까지는 아니라도 어린 시절 용감하고 위험한 행동을 했다가 크게 성공한 경험 혹은 크게 실패한 경험에 따라 위험에 대한 자신의 태도가 이미 오래전에 형성되었을 가능성이 크다. 하지만 분명한 것은 인간과 관련된 모든 것이 100% 선천적으로 결정되어 한번 정해지면 절대로 바꿀 수 없는 것은 아니라는 사실이다. 평소 위험을 싫어하고 겁을 먹은 채 조심하는 성격이라 하더라도 인생에서 한두 번, 건곤일척의 큰 기회가 왔을 때는 겁쟁이 본성을 떨쳐버리고 위험을 감수하며 도박을 해보는 판단력이 필요하다는 것이다.

아마도 도쿠가와 이에야스가 그런 경우인 듯하다. 그는 위험을 싫어하는 성격을 타고났지만, 이런 자신의 본성을 인식하고 언젠가 일본 전체를 차지할 일생일대의 기회가 온다면 반드시 도전하겠다는 생각을 늘 가지고 있었을 것이다. 그러다가 도요토미 히데요시가 사망하고 도쿠가와 이에야스가 58세 되던 해에 도요토미 가문을 이길 수 있는 길이 보이자 그는 인생을 건 도박이라 할 세키가하라 전투에 나섰고 마침내 승리한 것이다. 본성이고 성격이라며 바꾸지 못한다면 인간은 바퀴벌레와 다를 것이 없다. '내 성질이 원래 그렇다'며 자신의 한계를 정당화하지만 말고 사고력과 판단력을 발휘해 그 한계를 뛰어넘을 방법을 모색해보는 것이 다른 동물과 다르게 높은 지능을 가지고 태어난 인간의 특권이라고 생각한다.

세키가하라 전투에서 도쿠가와 이에야스는 사람을 쉽게 믿지 않는 평소의 그답지 않게 도요토미 가문의 오와리 출신 무사들을 자기편으로 끌어들여 싸운다. 그런데 전투에서 도요토미 가문의 오미 출신 무사들을 패배시킨 후 도쿠가와 이에야스는 그 오와리 출신 무사들을 어떻게 했을까? 너무도 당연하다는 듯이 그는 자신을 위해 싸워준 오와리 출신 영주들을 수년에 걸쳐 차례차례 죽인다. 결국 그는 자신의 출신 지역인 미카와의 무사들 외에는 누구에게도 진실한 믿음을 주지 않았던 것이다.

그런 도쿠가와 이에야스도 세키가하라 전투에서 자신의 동군에 대항해 싸웠던 서군의 영주들을 모두 죽이지는 못했다. 당시 서군에는 모리(毛利) 가문이나 시마즈(島津) 가문처럼 여전히 강력한 세력을 지닌 영주들도 포함되어 있었다. 만일 이들이 전력으로 동군을 공격했더라면 세키가하라 전투에서 동군이 패배할 확률이 높았다. 하지만 도쿠가와 이에야스는 모리와 시마즈 가문에 계속 편지를 보내 세키가하라 전투에 참여하지 않으면 영토를 모두 보전해주고 이전과 동일한 대우를 해주겠다고 약속하며 괜한 싸움에 말려들지 말라는 메시지를 전했다. 모리와 시마즈 가문 역시 도요토미 가문을 위해 소중한 군사들을 희생할 필요가 없다고 판단해 세키가하라 전투에 참가하지 않았던 것이다.

　이러한 이유로 도쿠가와 이에야스의 반대편에 소속되어 있었지만 모리와 시마즈 가문은 도쿠가와 가문이 일본의 지배자가 된 이후에도 살아남을 수 있었다. 다만 도쿠가와 이에야스는 이들 가문을 일본의 가장 서쪽 변방 지역에 배치했다. 훗날 이들이 반란을 일으키더라도 도쿠가와 정권의 수도인 에도와 멀리 떨어져 있도록 함으로써 사전에 위협을 차단한 것이었다. 이때 모리 가문과 시마즈 가문이 억울했던 점은 영토를 모두 보전해주겠다는 도쿠가와 이에야스의 약속을 믿고 전투에 참가하지 않았건만 결국 그들의 영토가 절반 이하로 줄었다는 것이다. 약속을 저버린 도쿠가와 이에야스를 원망했겠지만 이미 일본의 최고 권력자가 된 그의 명령에 저항하면 죽음을 당할 터이니 묵묵히 받아들일 수밖에 없었을 것이다.

그럼에도, 도쿠가와 이에야스 가문 또한 멸망한 까닭

도쿠가와 이에야스가 세운 에도 막부(江戶幕府)는 265년간 지속되다가, 메이지유신이 일어나자 도쿠가와 가문이 상징적인 존재에 불과하던 천황에게 통치권을 돌려주며 막을 내렸다. 이때 도쿠가와 가문의 에도 막부를 군사력으로 공격해 무릎 꿇린 세력이 바로 모리 가문이 영주로 있던 조슈번(長州藩)과 시마즈 가문이 영주로 있던 사쓰마번(薩摩藩)이었다. 세키가하라 전투에 참전하지 않고 도쿠가와 이에야스에게 굴복한 뒤 서쪽 끝으로 밀려났던 이들이, 265년이 지난 시점에서 결국 조상들의 복수를 한 것으로 해석할 수 있는 장면이다.

모리 가문의 조슈번과 시마즈 가문의 사쓰마번이 위치한 지역은 서양 문물을 받아들이기에 매우 적합한 위치였다. 일본에 처음 도착한 서양인들이 주로 이들 서쪽 지방에 먼저 상륙했기 때문이다. 그 덕분에 조슈번과 사쓰마번은 서양의 무기를 비교적 일찍 도입할 수 있었고, 이후 양 가문의 무사들이 삿초동맹(薩長同盟, 사쓰마-조슈 동맹)을 맺고 연합군을 구성하여 도쿠가와 가문을 무너뜨린 것이다. 서양식 무기로 무장한 삿초동맹군은 도쿄의 에도 막부까지 순식간에 쳐들어가 그들을 물리치고 승리할 수 있었다.

당연하게도 메이지유신 이후 일본의 고위 관료 대다수가 조슈번과 사쓰마번 출신이었다. 특히 조슈번 출신 인물이 많았는데, 한국의 식민지 총독이었던 이토 히로부미(伊藤博文)도 조슈번 출신이며, 일본의 총리를 지낸 아베 신조(安倍晋三)의 조상들 역시 조슈번 출신이었다. 아베 가문이 메이지유신 이후 줄곧 일본에서 고위 관료를 지낸 것도 조슈번 출신 인물들이 도쿠가와 정권을 무너뜨린 역사에서 비롯된 일이다.

사카모토 료마(坂本龍馬)라는 이름을 들어본 적이 있을 것이다. 일본 개화기, 시코쿠섬의 한 지역인 도사번(土佐藩)의 하층 무사로 태어난 료마는 삿초동맹의 설계자로서 도쿠가와 가문의 에도 막부를 무너뜨리고 일본의 개항과 서양 문물의 도입을 주도했던 중요한 인물이다. 결국 사쓰마번과 조슈번 지역, 그리고 여기에 사카모토 료마의 도사번까지 세 지역이 힘을 합해 메이지유신을 이루어낸 것이라 말할 수 있다.

그런데 이 사카모토 료마 역시 도쿠가와 이에야스에게 멸망당한 조소카베(長宗我部) 가문에 소속된 무사 출신이었다. 모리 가문이나 시마즈 가문과 달리 조소카베 가문은 도쿠가와 이에야스에게 끝까지 대항하다 결국 멸문지화를 당했다. 조소카베 가문에 속해 있던 무사들은 도사번의 하급 무사로 신분이 바뀌어 도쿠가와 가문 출신의 상급 무사들을 받들며 265년간 수모를 견뎌야 했다. 하지만 이 조소카베 가문 출신 무사들도 결국에는 자기 조상들의 원수를 갚으며 도쿠가와 가문의 멸망에 크게 기여한 셈이다.

이런 일본 역사를 놓고 보면, 결국 한번 적이었던 사람은 잠시 같은 편으로 품을 수는 있어도, 진정한 심복으로 삼아 믿고 중요한 일을 맡겨서는 안 된다는 결론을 얻게 된다. 한번 적은 절대로 친구가 될 수 없다고 단언할 수야 없겠지만, 현실에서 적이 진정으로 믿을 수 있는 친구가 될 확률은 극히 낮다고 봐도 크게 틀리지 않는다. 물론 그것이 일본의 메이지유신과 도쿠가와 가문의 몰락처럼 265년이 걸리는 배신이라 할지라도 말이다.

요컨대 조직을 발전시키고 성장시켜 성공에 이르기 위해서는 때로는 큰 위험도 감수해야 하고 충성심보다는 능력 위주로 인재를 등용하는 것이 필수적이다. 하지만 일단 어느 정도의 발전과 성공을 이루어 조직이 안정기에 접어들면 '부하의 배신'과 같은 위험이 도사리고 있음을 잘 새겨 이를 피할 수 있는 지혜를 가져야 하며, 이 시점부터는 능력보다는 충성심을 중요한 기준으로 삼아 인재를 등용해야 한다.

그리고 우리는 평소 위험에 대한 자신의 성향을 파악하고 이를 극복하는 방법을 잘 연구해두어야 한다. 필요한 때에는 위험을 감수하고 필요 없을 때에는 위험을 회피할 수 있어야 하는데, 이러한 능력은 평소 자기 자신을 잘 파악하고 다양한 훈련을 통해 개조해나감으로써 가능한 일이기 때문이다.

조카인 단종을 왕위에서 몰아내고 스스로 왕이 된 세조를 암살하려다 발각되어 처형된 여섯 명의 충신을 우리는 사육신(死六臣)이라 부른다. 그런데 수양대군, 곧 세조를 죽이려 했던 사육신의 암살 계획은 어쩌다가 발각된 것일까?

글 읽는 서생과는 큰일을 도모할 수 없다?

사육신은 세조가 명나라 사신을 맞이하는 연회장에서 왕인 세조와 왕위 계승자인 세자를 동시에 죽이려는 계획을 세웠다. 조카인 단종을 몰아내고 왕위에 오른 세조로서는 명나라가 자신을 조선의 국왕으로 인정해줄지 확신할 수 없었을 것이다. 그런데 이 행사는 명나라가 세조를 새로운 국왕으로 인정해주는 자리였으니 나라에 큰 경사였고, 세조와 세자가 함께 참석해야 했다. 사육신은 세조를 암살하더라도 세자가 살아 있다면 왕위를 물려받게 될 것이므로 단종을 왕으로 복위시키기는 어렵다고 보았다. 세조와 세자를 동시에 제거하는 것이 최선이었다. 그래서 두 사람이 모두 참석하는 이 행사야말로 그 계획을 실행하기에 좋은 기회라고 판단했다.

그런데 의외의 사태가 벌어졌다. 꾀가 많기로 유명한 한명회(韓明澮)가, 왕과 세자가 한자리에 함께 있으면 위험하다고 세조에게 조언하여 세자의 참석이 취소된 것이다. 또한 행사 당일 세조의 호위 무사인 별운검(別雲劍)

으로 임명되어 칼을 들고 세조의 곁에 있기로 한 무신 유응부(兪應孚)가 실은 사육신 가운데 한 명으로 세조 암살을 맡기로 한 당사자였는데, 한명회가 행사장이 좁다는 이유로 별운검을 두지 않겠다고 발표한 것이다. 세조의 책사였던 한명회는 아마 남다른 육감이 있었던 게 아닌가 싶다. 암살 계획을 정확히는 몰랐다고 해도 역지사지의 관점에서, 자신이 단종의 충신이었다면 명나라 사신을 맞이하는 이 행사장에서 세조 암살을 시도했으리라고 생각해본 것이 아닐까?

어쨌든 한명회의 발표로 인해 세조 암살 계획에 큰 차질이 생겼다. 세자 참석이 취소되고 별운검 배치까지 무산되면서 급하게 세조 암살 계획을 수정할 필요가 있었으므로 사육신은 긴급회의를 열었던 듯하다. 이 자리에서 성삼문을 비롯한 문신 출신들은 모두 세자를 남겨놓고 왕만 죽이는 것은 의미가 없으니 거사를 다음 기회로 미루자고 한다. 반면, 사육신 중 유일한 무신이었던 유응부는 기왕 세운 계획이니 세조만이라도 죽여야 한다고 주장했다. 결국 의견이 갈린 채 격론만 벌이다 때를 놓쳐 세조도, 세자도 죽이지 못하고 말았다.

문제는 그날 저녁에 일어났다. 사육신과 함께 세조 암살과 단종 복위를 공모했던 문신 김질(金礩)이 거사가 실패하자 갑자기 불안함을 느낀 것이다. 김질은 두려움을 이기지 못하고 한밤중에 세조를 찾아가 사육신이 그날 낮에 세조를 암살하려 했다고 고변했고, 그 결과 사육신은 체포되어 끝내 처형당한다.

세조는 자신을 죽이려 했던 사육신에게 모진 고문을 했다고 한다. 특히 무신인 유응부에게는 뜨겁게 달군 인두로 온몸을 지지는 참혹한 고문을 했는데, 유응부는 신음소리 한번 내지 않고 참았으며 오히려 인두가 식었으니 다시 달구라고 큰소리를 쳤다고 한다. 대단한 기상이다. 하지만 이런 유응부에게도 한 가지 아쉬움이 있었던지 그는 죽기 전 다음과 같은 말을 했다고 한다. "사람들이 글 읽는 서생(書生)과는 함께 일을 도모할 수 없다고 하더니 과연 그렇다."

어떤 일을 추진하다 보면 모든 것이 계획대로 흘러가는 경우는 드물다. 그래도 굳건한 의지로 장해물을 극복하고 일을 추진해야 하는데, 사육신의 문신들은 그런 추진력이 부족하여 세조 암살을 망설이며 거사를 미루다가 기회를 놓쳐 실패하고 말았다. 이런 문신들과 달리 전쟁에 임하는 무신들은 일단 계획을 세우면 다소 예상치 못한 일이 생기더라도 강철 같은 의지로 실행에 옮긴다. 그런데 유약한 문신들과 함께 암살을 계획한 결과, 일은 무산되고 김질 같은 배신자까지 나오면서 일을 그르쳤다는 후회의 말이었을 것이다.

스포츠 감독 vs. 대학교 교수: 제로섬이냐 논제로섬이냐

게임이론 측면에서 전쟁은 제로섬 게임(zero-sum game)이다. 제로섬 게임이란 양측 이익의 합이 항상 일정하여, 한쪽이 얻는 만큼 다른 쪽은 잃게 되는 게임이다. 내가 잘되고자 하면 그만큼 다른 사람에게 손실을 입혀야 한다는 말이다. 친구들과 피자 한 판을 나누어 먹는다면 내가 피자를 더 먹은 만큼 다른 친구들은 피자를 덜 먹게 된다. 나도 피자를 더 먹고 친구도 피자를 더 먹는 것은 불가능하다. 어차피 피자 한 판의 크기는 정해져 있기 때문이다. 바꾸어 이야기하면 다른 친구들이 피자를 못 먹게 방해하고 협박해야 내 몫이 늘어난다는 뜻이다.

가장 대표적인 제로섬 게임은 전쟁이다. 전쟁은 단순한 제로섬 게임이 아니라 상당히 극단적 형태의 제로섬 게임이다. 많은 경우 전쟁에서 승리한 쪽이 전리품을 독점하며 패배한 쪽은 거의 모든 것을 잃는다. 이처럼 전쟁은 그 결과가 50:50이 아니다. 승자가 100이고 패자가 0이 되는 승자 독식의 결과가 나온다. 물론 전쟁의 결과가 무승부인 경우는 예외다. 1950년 발발한 한국전쟁은 결국 휴전이 성립되어 명확한 승자 없이 무승부에 가까운 형태로 끝났다. 이 경우에도 제로섬 게임은 맞지만 승자 독식은 아니었다. 하지만 승자와 패자가 갈리는 보통의 전쟁은 승자 독식의 제로섬 게임이다.

베트남전쟁에 소대장으로 참전했던 미국인 교수가 들려준 이야기다. 그는 미국에서 장교 훈련을 받을 때 들은 말 중 가장 기억나는 것이 "최악의 지휘관은 잘못된 결정을 내리는 지휘관이 아니라 아무 결정도 하지 않는 지휘관이다."라는 말이라고 했다. 전투에서 적을 만나 어떤 판단을 할 때에는 망설이기보다는 설령 잘못된 판단이라 하더라도 신속히 결정을 내려 지시하는 편이 낫다는 의미다. 동의할 수밖에 없는 말이다.

잘못된 결정을 내린다고 해서 반드시 아군이 전멸하거나 패배하는 것은 아니다. 전쟁에서는 잘해도 질 수 있고 못해도 이길 수 있다. 결국 전쟁은 확률 게임이기 때문이다. 잘못된 판단이 운 좋게 통할 수도 있고, 반대로 옳은 판단이 뜻밖의 변수로 인해 실패로 이어질 수도 있다. 물론 잘못된 결정을 하면 승리할 확률은 낮아지지만 여전히 0보다는 크다. 반대로 옳은 결정을 내린다고 해서 반드시 승리하는 것도 아니다. 예를 들어, 잘못된 결정을 했을 때 승리 확률이 30%이고, 옳은 결정을 했을 때 승리 확률이 70%라는 식의 확률 게임인 것이다. 바꾸어 말하면 잘못된 결정을 해도 이길 수 있다는 이야기다. 하지만 아무것도 안 하고 우물쭈물하면서 막사 안에 대기하고 있으면 100% 확률로 전투에서 패배할 것이고 그 경우 아군은 전멸할 수 있다. 그래서 전쟁터의 군인은 망설이기보다는 뭔가 신속한 행동을 취해야 한다.

2023년 프로야구 한국시리즈에서 LG 트윈스를 29년 만에 우승으로 이끈 뒤 염경엽 감독이 한 인터뷰에서 했던 말이 기억에 남는다. "두려움과 망설임을 이 팀에서 지워버리고 싶었다. 선수들에게 과감하게 치고, 던지고, 뛰라고 주문했다. 실패를 감수하면서 도루와 번트 등 작전 지시를 많이 한 것도 이를 위해서였다."•

염경엽 감독의 이러한 방침은 사실 교수인 내가 조교 학생들에게 하는 말과는 180도 반대되는 말이다. 나는 조교들에게 두 번, 세 번 생각하고 행동하라고 한다. 그리고 웬만하면 조금이라도 문제가 생길 가능성이 있는 일은 아예 하지 말라고 한다. 성공이 목표가 아니라 실패를 피하는 것을 목표로 삼으라는 것이 내가 조교들에게 주는 지침이다. 성공하지 못하더라도 실패만 하지 않으면 어느 정도 이익을 볼 수 있는 반면, 실패하면 인생을 망칠 수 있다는 책상물림 서생인 교수의 철학이 거기에 담겨 있다. 하지만 스

• "LG 29년 恨 풀어준 염경엽 '실패를 겁내지 않는 팀 만들고 떠나겠다'" (2023. 11. 16), 《조선일보》.

포츠 감독은 생각이 다를 수밖에 없다. 성공하지 못한다면 그건 실패일 뿐 중간은 없다. 망설이며 가만히 있으면 어차피 패배할 뿐이다. 따라서 아주 작은 확률이라도 있다면 과감히 행동으로 옮겨야 한다.

대학교 교수와 스포츠 감독의 지침이 이렇게 다른 이유는 스포츠는 경기의 승패가 갈리는 극단적 제로섬 게임이라서 전쟁에 임하는 무신들과 같은 상황인 반면, 대학은 문신들이 많이 참여한 논제로섬 게임(non-zero-sum game)의 장이기 때문이다. 논제로섬 게임에서는 한쪽이 이익을 본다고 해서 다른 쪽이 반드시 손해를 보는 것이 아니다. 따라서 서둘러 상대방을 제거할 필요가 없으며 협력과 상생이 가능하므로 침착하게 상대에게 믿음을 주는 과정이 중요하다.

스포츠 선수나 전쟁터의 무신이라면, 승리 확률이 단 1%라도 행동에 나서는 것이 옳다. 가만히 있으면 승리 확률이 어차피 0%이기 때문이다. 반면 문신의 마음을 가진 사람들은 세계를 승리와 패배라는 흑백논리로만 보지 않는다. 특히 나와 같은 경제학자는 많은 경우 모두가 이득을 보는 '윈-윈(win-win) 전략' 관점에서 세상을 본다. 어떤 사람이 상품을 팔고 다른 사람이 그 상품을 산다고 할 때 누가 이익을 보는가? 경제학의 관점에서는 판매자와 구매자 모두 이익을 본다. 상품을 파는 사람은 원하는 가격에 물건을 팔아 이익을 얻고, 상품을 사는 사람은 그 대가를 지불하고 자신에게 가치를 지닌 물건을 얻는다. 즉, 경제활동은 참여자 모두에게 이익을 주는 논제로섬 게임이며, 한쪽의 이익이 반드시 다른 쪽의 손해를 의미하는 제로섬 게임이 아니라는 것이 경제학의 원칙이다.

조선의 시스템을 만든 정도전이
조선의 왕이 되지 못한 이유

고려를 멸망시키고 조선을 건국할 때 정도전과 이방원은 사이좋게 태조 이성계를 도왔다. 하지만 조선이 건국되고 나서 두 사람은 대립을 거듭하다 결국 이방원이 왕자의 난에서 승리하면서 정도전을 죽인다. 이성계, 이방원, 정도전을 놓고 평가를 해보자면, 그중 두뇌가 가장 뛰어난 사람은 아마 정도전일 것이다. 오늘날의 역사학자들 역시 정도전을 조선의 시스템을 만든 인물로 평가하면서 그의 능력을 인정한다. 그렇게 뛰어난 정도전이지만 그는 스스로 앞장서서 조선을 건국하지 않는다. 대신 이성계라는 무신을 앞세운다.

고려 군대를 끌고 만주로 향하던 중 위화도에서 회군해 반란을 일으킨 인물이 바로 이성계다. 그는 상관인 최영 장군을 상대로 반란을 일으킨 셈인데, 당시 이성계는 자신이 승리할 확률을 어떻게 봤을까? 만일 이성계가 문신이었다면 회군을 허락해달라는 상소만 계속 올릴 뿐 군대를 돌려 반란을 일으키지는 못했을 것이다. 그저 자신을 아끼고 승진시켜준 오랜 상관인 최영도 살고 자신도 살 수 있는 길만을 거듭 모색했을 가능성이 크다. 하지만 무신인 이성계의 판단은 달랐다. 그는 '최영이 나를 죽이기 전에 내가 먼저 최영을 제거할 수밖에 없다'는 제로섬 게임의 마인드를 가졌고, 결국 결단을 내린 것이다.

명나라를 향해 진격하든지 반란을 일으켜 개경으로 진격하든지 둘 중 하나를 선택해야 하는 상황은 전형적인 제로섬 게임이다. 반대로 논제로섬 게임의 사고방식을 지닌 정도전 같은 문신은 이런 상황을 떠올리기 어렵다. 하지만 망설임이 곧 패배라고 생각하는 무신은 명나라를 치지 않을 것이라면 고려의 왕을 칠 수밖에 없다는 흑백논리로 판단했을 것이다. 그래서 위화도 회군을 실제로 해낸 사람은 문신 정도전이 아니라 무신 이성계였던 것 아닐까?

조선이 건국된 후 정도전은 어린 방석을 세자로 삼아 실권을 잡는다. 이때만 해도 이방원은 상대적으로 세력이 약했기에 만일 정도전이 이방원을 쳤더라면 아마도 80% 정도의 확률로 이방원을 죽일 수 있었을 것이다. 하지만 정도전은 이방원과 윈-윈하는 것, 즉 논제로섬 게임을 생각했을 수 있다. 자신의 뜻도 펼치면서 오랜 동지였던 이방원을 죽이지 않고도 설득할 방법이 있다고 생각하여 그를 제거하지 않았던 것이 아닐까? 또는 바꾸어 생각하면 정도전이 이방원과 전쟁을 벌였을 때 80%의 승산이 있다는 것은 20% 확률로 자신이 패하고 죽을 수도 있다는 의미가 된다. 굳이 20%의 위험을 무릅쓸 필요를 느끼지 못했을 수도 있다. 바로 문신의 마인드다.

무신 기질을 가진 이방원은 어떻게 생각했을까? 그는 왕자의 난을 일으켜 막강한 군사력을 가진 정도전과 맞서 싸운다면 승리할 확률이 20% 정도라고 생각했을 수 있다. 낮은 확률이다. 하지만 지금 당장 정도전과 싸우지 않으면 결국 언젠가는 100% 확률로 자신이 제거당할 것이라고 무신다운 생각을 했을 것이고, 그래서 건곤일척의 대결을 하기로 결심했을지 모른다. 불과 몇 년 전 고려의 충신 정몽주를 선죽교 위에서 죽인 이방원이 아니던가? 무신이었던 아버지 이성계조차 정몽주를 죽이는 것을 망설였지만 이방원은 스스로 결단을 내려 정몽주를 죽이고 고려의 멸망을 앞당겼다.

이런 걸 보면 이방원은 아버지 이성계보다도 무신 기질이 강했던 듯하다.

무모하다 싶을 정도로 리스크를 감수한 이방원과 망설이고 또 망설이면서 무력 충돌의 리스크를 피했던 정도전의 대결은 결국 이방원의 승리로 막을 내린다. 그렇다고 무신의 기질이 항상 더 유리하다는 것은 아니다. 제2차 왕자의 난을 일으킨 이방원의 형 방간도 무신 기질을 십분 발휘해 반란을 일으켰으나 패배했고, 인조 시대 이괄의 난이나 조선 말기 홍경래의 난, 전봉준이 이끈 동학혁명 등 실패한 무력 봉기가 역사상 상당수 존재한다. 이렇게 실패해서 죽을 수 있는데도 무신들은 건곤일척의 결단을 하고 반란과 전쟁을 일으킨다. 이는 그대로 있으면 어차피 죽는다는 독특한 제로섬 게임의 마인드가 없다면 하기 힘든 결단이다. 반면 문신들은 중간 지점이 있다고 계속 생각하고, 만약 제로섬 게임을 벌이면 작은 확률이지만 자기 자신이 죽을 수도 있다고 생각하므로 그런 위험을 회피하고자 전투와 반란은 끝까지 피하려고 한다.

결국 세상을 제로섬 게임으로 보고 리스크를 감수하며 행동하는 무신 기질의 사람이 필요한 때가 있고, 반대로 세상을 윈-윈 게임으로 보고 전쟁 같은 리스크를 피하면서 협상과 공존을 추구하는 문신 기질의 사람이 더 필요한 상황도 있음을 우리는 잘 인식해야 한다. 조선 역사에서 가장 뛰어난 인물 중 하나로 평가받는 정도전 역시 리스크를 회피하는 문신 기질을 극복하지 못해 결국 이방원을 선제적으로 제거하지 못했고 자신이 화를 입었다. 후대의 많은 사람이 정도전을 칭송하며, 비록 이방원이 그를 죽이고 권력을 잡았지만 결국 정도전이 세워놓은 계획대로 조선의 제도를 만들었다고 말한다. 지하에 잠든 정도전이 그 말을 듣고 기뻐할까? 내가 정도전이라면 전혀 위안이 되지 않을 것 같다.

생존 없이는 전략도 없다

게임이론 교과서에 나오지는 않지만 현실에서 가장 강력하고 효과적인 전략은 상대를 죽여 그 존재 자체를 없애는 것이다. 상대가 사라지면 더 이상 경쟁도, 협상도 필요 없으며, 어떤 전략이나 노력 없이도 사실상 무혈입성으로 승리를 거둘 수 있기 때문이다. 반면 아무리 승리의 9부 능선을 넘고 고지가 눈앞이라 해도 그 주인공이 죽어버리면 게임은 그대로 패배로 끝난다. 결국 어떤 게임이든 죽지 않고 살아남는 것이 기본 중 기본이고 가장 근본적인 승리의 필요조건이다.

나는 정도전의 사상이나 전략이 얼마나 훌륭했는지를 굳이 검토할 필요가 없다고 느낀다. 왜냐하면 정도전은 조선의 권력을 사실상 장악하다시피한 상황에서, 바로 눈앞에 있던 승리를 거두지 못하고 결국 이방원에게 죽임을 당했기 때문이다. 창피할 정도로 철저한 참패였다. 모든 군사력과 권력을 쥐고 있었음에도 불구하고 이방원의 기습에 당해 하룻밤 사이에 평생의 노력이 물거품으로 사라졌다. 전투에서 패배하더라도 살아남는다면 재기의 가능성은 남아 있다. 작전상 후퇴라고도 말할 수 있다. 하지만 정도전처럼 죽어버리는 경우에는 완패라고 말할 수밖에 없다. 완패를 당해 죽어버린 사람이 전략의 천재라거나 훌륭한 인물이라고 칭송을 받는 것은, 게임이론의 관점에서 보자면 어불성설인 것이다.

그래서 자신의 꿈을 실현하고자 하는 사람은 먼저 그것을 이룰 수 있는 위치에 도달한 후 자신의 권력을 굳건히 유지하는 것이 최우선이다. 권력을 유지하기 위해 노력하는 중에 자신이 원래 꿈꾸던 일의 실행이 지연될 수도 있고 어쩌면 현실과 타협하느라 자신의 꿈을 부분적으로 포기해야 할 수도 있다. 하지만 그렇더라도 권력을 포기해서는 안 된다. 권력을 지켜내지 못하면 모든 것이 물거품이 되어 애초 시작하지 않은 것만 못하게 되기 때문이다. 특히 대부분의 일은 추진하는 과정에서 뜻을 같이하는 사람들이 모여 세력을 형성하게 되는데, 그런 와중에 죽임을 당하는 일이 벌어지면 개인적 불행에 그치지 않고 그 지도자를 믿고 전심전력을 쏟던 동지들이 모두 몰살된다. 정도전이 죽던 날 정도전과 뜻을 같이하던 무수한 조선의 개국공신들도 함께 죽었다. 정도전이 차기 조선의 왕으로 삼고자 했던 세자 방석과 그 형제인 방번도 죽었다. 극단적 제로섬 게임에서 패배하면 이런 상황이 벌어진다.

만약 전쟁처럼 사람을 죽고 죽이는 상황이 벌어지는 것을 금지한 채 게임을 진행한다면 윈-윈 전략으로 모두가 납득하는 결과를 가져올 수도 있을 것이다. 하지만 전쟁을 막을 수 있는 힘을 가진 인간은 존재하지 않는다. 인류는 UN이라는 국제기구를 만들어 전쟁을 막아보려 했지만 UN이 설립된 이후에도, 그리고 바로 지금 이 순간에도 세계 곳곳에서는 전쟁이 벌어지고 있으며, 사람이 사람을 죽이는 극단적인 제로섬 게임이 이어지고 있다.

그러므로 정도전이 아닌 그 누구라도 항상 극단적 제로섬 게임의 마인드, 즉 무신과 같은 사고방식을 가진 의외의 인물이 나를 제거하거나 사회적으로 매장하려 할 수 있다는 가능성을 염두에 두고 이에 대비해야 한다. 실제로 조직생활을 하다 보면 전체 시간의 90%가 자신이 가진 권력을 지키고 적을 권좌에서 끌어내리기 위한 암투에 쓰이고, 정작 조직의 발전을 위해 일하는 시간은 10%에 불과하다는 말이 나올 정도다. 상황이 이러하다면, 나를 해치려는 적의 기습에 대비하고 스스로를 방어하는 노력을 게을리해서는 안 되는 것이다.

또한 왕은 존재하되 실질적 국정은 현명한 대신들이 운영하는 것이 바람직하다는 정도전의 국가운영 구상도 현실성 측면에서는 한계가 있었다고 생각한다. 물론 오늘날에는 세계의 많은 국가가 민주주의 제도를 채택하고 있어, 결과적으로는 정도전이 꿈꾸던 이상에 가까운 세상이 실현된 측면이 있는 것도 사실이다. 이 때문에 정도전을 높이 평가하고 칭송하는 이들이 지금 적지 않은 것이다. 하지만 대부분의 주변 나라들이 왕정 체제를 유지하던 상황에서 민주정치, 즉 왕위는 세습되지만 정부의 권력은 능력 중심의 경쟁을 통해 선발된 관료들이 행사하는 정치 시스템을 시도한 경우에는 대부분 실패했다.

대표적으로 민주주의를 시행하는 도시국가들이 지배했던 그리스가 알렉산드로스 대왕이라는 전제군주가 이끄는 마케도니아 군대에 의해 멸망했다. 또 오랫동안 원로원과 평민회라는 민주적 기구를 통해 번영을 이루었던 로마의 정치 시스템도 마찬가지로 로마 내부의 독재자 카이사르와 그의 양아들 옥타비아누스에 의해 무너지며 황제가 다스리는 국가로 바뀌게 된다. 그로부터 많은 시간이 흐른 18세기 후반, 혁명으로 민주화를 이룬 프랑스도 결국 군사적 천재인 나폴레옹을 황제로 추대하면서 민주정치 시스템을 포기했다. 물론 나폴레옹이 투표로 선출된 황제이기는 했으나 종신제의 황제로 선출되었기에 절대 권력자가 될 수밖에 없었다. 이러한 나폴레옹의 프랑스가 정도전이 꿈꾸던 민주국가의 모습은 분명 아니었을 것이다.

그나마 그리스, 로마, 프랑스는 선거제도와 투표제도가 있어 이를 통해 지도자를 선출했고 찬반 투표로 정책을 결정할 수 있었지만 정도전은 그런 선거와 투표 방식까지 구상하지는 못했던 듯하다. 왕을 대신하여 관료들이 다스린다고 했을 때 그 관료들을 어떻게 뽑을지에 대해서도 구체적 방법이 제시되지 못했다. 선거나 투표가 아닌 방식으로 최상층 관료를 선출하여 권력을 부여하다가는 자칫 관료들 간에 죽고 죽이는 치열한 파벌 다툼이 일어날 가능성이 매우 높은데도 말이다.

결론적으로 상대방을 죽이지 않으면 내가 죽는다는 극단적 제로섬 게임의 마인드, 즉 용감한 무신의 정신을 갖지 못했던 정도전은 조선 건국도 이성계 장군이라는 무신에 기대어 이루었으니 스스로 권력을 가지고 정책을 펼 준비가 되어 있지 않았다고 말할 수밖에 없다. 방석을 왕으로 모시고 실권을 잡으려는 어설픈 시도보다는 오히려 자신이 혁명을 일으켜 스스로 왕이 되어 꿈을 펼치든지, 아니면 태종 이방원처럼 추진력을 갖춘 후계자를 밀어 정도전 자신이 꿈꾸던 정책들을 그로 하여금 펼치게 하는 편이 나았을 것이다. 하지만 정도전은 중간적이고 타협적인 문신의 속성상 당시의 정국을 제로섬이 아닌 윈-윈으로 판단하고 모두를 설득해 좋은 미래를 열 수 있다는 지나치게 순진한 태도를 보였다고 생각된다.

우리가 사는 세상은 '제로섬 게임'이 아니다

이제 정도전의 조선과 달리 현재 우리가 살고 있는 오늘날의 현실에서는 윈-윈 게임이 얼마나 효과적인 것인지를 설명하고자 한다. 잘 알려진 것처럼 20세기에는 공산주의 체제와 자본주의 자유시장경제 체제가 경쟁했던 시기가 있었고, 한동안 어느 쪽이 이길지 확실치 않았다. 하지만 1991년, 공산주의의 종주국이었던 소련이 붕괴하면서 이 경쟁은 자본주의의 완승으로 막을 내렸다.

게임이론의 관점에서 보면 마르크스의 공산주의 이론은 세계를 철저한 제로섬 게임으로 해석하는 이론이라 할 수 있다. 자본을 소유한 부르주아 계급과 노동력을 가진 프롤레타리아 계급이 생산된 물건을 서로 더 많이 차지하려는 과정에서 필연적으로 계급투쟁이 일어난다는 것이 공산주의 이론의 출발점이다. 부르주아의 자본, 즉 기계 같은 생산수단과 프롤레타리아의 노동력이 결합하여 생산이 이루어지는데 부르주아가 생산된 이익을 독점하여 프롤레타리아 계급의 생활은 점점 어려워진다. 이에 따라 프롤레타리아가 혁명을 일으켜 부르주아 계급을 타도하고 생산수단을 개인이 아닌 국가가 소유하게 한 뒤, 생산된 물건을 모든 국민에게 똑같이 분배해야 한다는 것이 공산주의의 주장이다.

논리적으로는 완벽한 이 공산주의 사상에는 한 가지 큰 결점이 있는데 이 세상은 제로섬 게임이 아니라는 점을 간과했다는 것이다. 공산주의 이론에서처럼 자본을 부르주아 계급이 소유하든 아니면 국가가 소유하고 관리하든, 생산되는 물건의 양과 질이 똑같다면 아무 문제가 없을 것이고 공산주의 사회는 말 그대로 지상낙원이 될 것이다. 하지만 부르주아 계급과 프롤레타리아 계급이 협력하여 생산할 때, 국가가 자본을 소유하고 주도하는 방식보다 생산이 크게 늘어나는 것이 현실이다. 이는 민간이 운영하는 사기업과 국가가 운영하는 공기업을 비교해봤을 때 사기업이 공기업보다 훨씬 효율적인 것만 봐도 곧바로 알 수 있다. 예를 들어, 삼성, 현대, LG, SK와 같은 현재 한국의 대표적인 민간 기업을 내일부터 대한민국 정부가 소유해 공무원들이 운영한다면 경영 효율성과 성과가 지금과는 상당히 달라질 것이다.

요컨대 이 세상은 부르주아 계급이 사라지면 무조건 프롤레타리아 계급의 몫이 늘어난다는 식의 제로섬 게임으로 움직이는 게 아닌 것이다. 물론 부르주아 계급이 사라지고 국가가 자본을 관리하게 되면 생산된 물건을 프롤레타리아 계급이 독점할 수는 있겠지만, 이 경우 생산 자체가 감소하기 때문에 프롤레타리아 계급의 몫은 오히려 이전에 비해 줄어들게 된다. 즉, 부르주아와 프롤레타리아가 협력하면 생산 측면에서 윈-윈을 할 수 있고 그 효과가 너무도 크기 때문에 프롤레타리아 계급이 그중 일부만 가져오더라도 공산주의 사회에서 받을 수 있는 몫보다는 훨씬 많을 것이다. 실제로 소련과 같은 공산주의 국가에서는 생산된 모든 것을 프롤레타리아 계급이 독차지했지만 부르주아 계급이 사라지자 생산성이 급격히 하락했다. 그 결과, 자본주의 국가의 노동자들이 부르주아 계급과 생산물을 나누는 방식으로 살아가는 것보다도 생활이 더 어려워졌다.

이러한 게임이론의 관점에서 보면 마르크스와 레닌 등 공산주의 이론을 처음 세운 인물들이 '빼앗지 않으면 빼앗긴다.'는 식의, 이른바 무신의 관점인 제로섬 게임으로 세상을 파악한 것은 세상에 대한 큰 오해가 아니었을까 싶다. 윈-윈이 가능한 세상을 오로지 제로섬 게임으로 해석했던 공산주의는 결국 70여 년의 실험 끝에 실패로 귀결되었고 역사 속으로 사라지고 말았다. 물론 아직 북한이라는 한 나라는 제외하고 말이다.

어쨌든 경제학적으로 분석해보면 세상은 제로섬 게임보다는 윈-윈 게임에 가까운 경우가 많다. 하지만 세상을 제로섬 게임으로만 해석하는 무신정신 또는 공산주의 이론을 가진 사람들이 여전히 존재한다. 그리고 이러한 제로섬 게임의 마인드를 가진 자들이 윈-윈을 추구하는 사람들을 불시에 공격할 수 있다. 이런 경우, 정도전처럼 순수하게 윈-윈 게임으로 상생을 모색하던 사람들은 억울하게 제거당할 수 있다. 따라서 자신이 아무리 윈-윈 게임의 신봉자라 하더라도 세상을 제로섬 게임으로 파악하는 누군가가 나를 위협할 수 있다는 점을 인식하고 그에 대한 대비를 소홀히 해서는 안 된다. 다시 말하지만 권력을 빼앗기고 죽음을 당한 뒤에는 게임에서 이길 방법이 존재하지 않기 때문이다. 그리고 세상의 대부분이 윈-윈 게임의 원리를 따르고 있다 해도 여전히 제로섬 게임으로 작동할 수밖에 없는 한 가지가 바로 권력이다.

제 4 장

위기 상황에서 필요한 지도자는 누구인가?

| J. P. 모건과 '잔여책임자' |

만약 경제학자들에게 20세기에 경제사적으로 가장 중요한 사건이 무엇이었느냐고 묻는다면 아마 대다수 학자가 1929년 대공황(Great Depression)을 꼽을 것이다. 경제위기는 주기적으로 찾아오는 손님 같은 존재이지만 1929년에는 월가의 금융기관과 미국 정부가 위기 상황에 제대로 대처하지 못해 전 세계적 재앙으로 번졌다. 사실 독일에서 아돌프 히틀러(Adolf Hitler)가 집권하고 제2차 세계대전이 발발한 근본 원인 중 하나가 이 대공황이었다는 사실만으로도 이 사건의 무게를 가늠할 수 있다. 따라서 1929년 대공황은 경제사적 관점뿐 아니라 세계사적 관점에서도 그 중요성을 아무리 강조해도 지나치지 않다.

　그런데 일반인들에게는 잘 알려지지 않았지만 1929년보다 20여 년 앞선 1907년에도 미국 경제에 매우 큰 위기가 닥쳤었다. 소위 '1907년 공황(Panic of 1907)'인데, 니커보커 신탁회사의 도산에서 시작되어 '니커보커 위기(Knickerbocker Crisis)'라고도 불린다. 2008년 미국 금융위기가 리먼 브러더스라는 투자은행의 도산에서 시작되었듯 1907년 공황은 니커보커라는 대형 투자신탁회사가 구리 산업에 대한 투자 실패로 도산하면서 시작되었다. 잠재적 파급력만 놓고 보면 1907년의 경제위기 역시 1929년 대공황에 버금갈 수 있었지만 한 인물의 활약으로 전 세계적 공황으로 번지지 않고 단기간에 종결될 수 있었다. 그 주인공은 바로 J. P. 모건(J. P. Morgan)이다.

경제공황을 극복해낸 J. P. 모건의 과감한 선택

1907년은 연방준비제도(Federal Reserve System)라는 기관이 아직 탄생하기 전이었다. 따라서 경제위기가 발생했을 때 미국 금융계는 물론이고 정부조차 이 상황을 어떻게 극복해야 할지 알지 못했다. 하지만 당시 월가에서 가장 영향력 있는 금융가였던 J. P. 모건은 이 위기를 극복하지 못하면 자신 또한 큰 피해를 보게 된다는 생각으로 뉴욕 자택의 도서관에 수십 명의 금융계 인사를 불러들였다. 그런 다음 그는 도서관 문을 잠그고 대책을 마련하기 전에는 아무도 방에서 나갈 수 없다고 선언했다.

금융권에 위기가 닥쳤을 때 극복할 수 있는 해법은 사실 딱 하나다. 은행에 돈을 맡긴 사람들에게 어떤 은행이 건실한지를 알려주는 것이다. 그렇게 하지 않으면 예금자들이 공포에 휩싸여 일제히 예금을 인출하는 '뱅크런(bank run)' 사태가 벌어지고 금융권 전체가 붕괴하게 된다. 따라서 부실이 심각해 아무리 도와줘도 결국 파산할 은행을 빠르게 파악하는 것이 관건이며, 그들은 그대로 망하게 두더라도 건실한 은행에는 필요한 자금을 신속히 지원해 도산을 막아야 한다. 만약 냉철하고 신뢰받는 은행가인 모건이 철저한 조사 끝에 건실한 은행이라고 판단하여 자금을 지원했다는 사실이 알려지면, 예금자들도 해당 은행에서는 더 이상 예금을 인출하지 않을 것이기 때문이다.

모건은 도서관에 모인 금융계 인사들에게 도저히 회생할 수 없는 은행들은 과감히 도산시키되, 아직 건실한 은행에는 막대한 자금을 신속히 공급하자고 제안했다. 건실한 은행들이 도산한다면 월가의 어느 은행도 안전할 수 없다는 모건의 이야기는 설득력이 있었지만, 모두가 현금 부족에 시달리던 당시 상황에서 다른 은행을 위해 돈을 내놓으라는 그의 제안은 쉽게 받아들이기 어려운 것이었다. 그렇지만 밤새도록 모건의 자택 도서관에 사실상 구금 상태로 있었던 금융계 인사들은 어쩔 수 없이 모건의 요청을 받아들이고 새벽 5시경에야 밖으로 나올 수 있었으며, 이러한 모건의 대책 덕분에 미국 경제는 1907년의 위기를 넘길 수 있었다.

그러나 한 사람의 민간인에 불과한 모건이 미국 경제를 좌지우지하는 상황은 바람직하지 않다고 판단한 미국 정치인들은 1913년 연방준비제도를 설립하게 된다. 경제위기가 다시 닥치면 민간인이 아니라 정부가 주도적으로 대응할 수 있도록 하기 위함이었다. 그리고 1929년, 또다시 경제위기가 닥쳤다. 이때 많은 월가 금융인들이 당연히 연방준비제도가 나서서 구체적 대책을 마련할 것이라 생각하고 기다렸다. 하지만 정치권의 눈치를 보느라 연방준비제도는 우물쭈물했고 결국 대공황으로 번지는 일을 피하지 못했다.

1929년 당시 연방준비제도는 민간 은행들이 도산하더라도 자신들이 직접적 피해를 입는 위치에 있지는 않았다. 게다가 공적 기구가 앞장서서 월가의 은행들을 적극적으로 구제할 경우 세금으로 부유한 금융기관을 도와줬다며 국민적 비난을 받고 정치권에서 책임을 추궁당할 우려도 있었다. 이러한 상황에서 연방준비제도가 1907년의 J. P. 모건처럼 신속한 행동을 취하기는 어려웠을 것이다. 즉, 정치권과 국민들이 경제위기를 인식하기 전, 위기의 징후가 나타났을 때 금융 당국이 선제적으로 자금을 지원하며 대응하기란 현실적으로 기대하기 어려운 일이었다.

사실 이 시기 또 하나의 안타까운 사건이 있었는데 바로 벤저민 스트롱(Benjamin Strong)의 죽음이었다. 독자들에게는 다소 낯선 이름일 수 있지만, 그는 J. P. 모건이 가장 신뢰하던 인물 중 하나였다. 1913년 미국 정부가 연방준비제도를 창설할 때 모건은 젊고 유능한 스트롱을 추천했고, 그는 뉴욕 연방준비은행의 초대 총재로 임명되었다. 이후 모건이 나이 들어 사망한 후에도 월스트리트 은행가들은 모건의 오른팔과 같은 존재인 벤저민 스트롱을 믿고 그의 지휘에 따라 금융 산업의 각종 문제를 해결할 수 있었다. 물론 이때 벤저민 스트롱은 더 이상 민간 은행가가 아니라 정부 소속 연방준비제도의 뉴욕 책임자로서 일한 것이었다.

그런데 벤저민 스트롱이 1928년에 병으로 사망했다. 뉴욕 연방준비은행의 초대 총재로서 강력한 리더십을 발휘하던 그가 사망하자 금융 산업 경험이 부족한 연방준비제도 공무원들이 그의 역할을 대신하게 된다. 이들은 1년 후 1929년 대공황이 닥치자 앞서 말했듯 신속한 행동을 취하지 못했고, 결국 엄청난 재난을 막아내지도 못했다. 그래서 일부 경제학자는 모건의 오른팔이었던 벤저민 스트롱의 사망이 대공황의 중요한 원인 중 하나라고 주장하기도 한다.

다행히 2008년 미국 금융위기 때는 오랫동안 대공황을 연구해온 벤 버냉키(Ben Bernanke) 교수가 연방준비제도 이사회 의장을 맡고 있었다. 그는 1929년 위기 때와 같이 우물쭈물하지 않고 곧바로 은행들을 소집하여 상황을 지휘하였으며, 양적 완화 같은 강력한 정책을 신속히 시행함으로써 비교적 작은 충격으로 큰 위기를 넘길 수 있었다.

적벽대전에 뛰어든 손권:
잔여책임자와 조직의 운명

경제학 용어 중에 '잔여책임자(residual bearer)'라는 말이 있다. 조직의 구성원들은 지위가 높든 낮든 각자 맡은 임무가 있으며, 이를 성실히 수행하는 것이 기본이다. 그런데 모든 구성원이 자기 임무를 충실히 해냈음에도 불구하고, 조직 전체에 닥친 위기를 극복하지 못해 실패하는 상황도 때로 벌어진다. 이 경우 누군가는 이 실패에 책임을 져야 하는데 그 최종적 무한책임을 지는 사람을 잔여책임자라고 부른다.

《삼국지연의》를 읽다 보면 경제학자의 감수성을 제대로 자극하는 에피소드가 나온다. 바로 적벽대전을 앞두고 망설이던 오나라의 군주 손권에게 부하 노숙(魯肅)이 조언을 하는 장면이다. 당시 중국 최강의 군사력을 가지고 양쯔강 북쪽을 모두 점령한 조조는, 양쯔강 이남을 차지하고 있던 손권에게 항복을 권했다. 객관적으로 봤을 때 조조의 대군과 싸워 이길 확률은 매우 낮았기에, 손권의 신하들 역시 대부분 항복을 권했다. 그때 노숙만이 이렇게 말했다.

"저와 다른 신하들은 조조에게 항복해도 손해 볼 것이 없습니다. 조조는 아마도 우리를 자신의 신하로 삼고 벼슬과 땅을 줄 것입니다. 하지만 주군은 다릅니다. 주군께서 항복한다면 당연히 오나라 군주의 지위를 잃을 것이며 평생 핍박을 받거나 어쩌면 죽음을 당할 것입니다."

요컨대 손권이 잔여책임자라는 말이다. 오나라가 망할 경우 오나라의 신하들은 각자 맡은 임무만 책임지면 되지만 국가의 잔여책임자인 손권은 모든 결과에 대해 무한책임을 져야 하며, 안락한 삶은 고사하고 목숨을 부지하기도 힘들 것이라는 이야기다. 이 말을 들은 손권은 신하들 대부분의 항복 권유를 물리치고 조조와 적벽대전을 벌이기로 결심한다. 경제학자 입장에서는 이 같은 논리를 편 노숙이 제갈공명 못지않게 뛰어난 인물이라는 생각이 든다.

매일같이 일상적 상황이 반복되는 평화로운 시기에는 잔여책임자가 할 일이 거의 없다. 조직 구성원들이 각자의 임무를 성실히 수행하기만 해도 조직은 잘 굴러갈 것이기 때문이다. 신입 직원들이 사장님은 하는 일 없이 놀기만 한다고 오해하기 쉬운 이유이다. 하지만 생각지도 못한 큰 위기가 닥치면 일상적 임무만 하던 일반 조직원들은 그것을 감당할 수가 없으며, 결국 모든 책임을 지는 잔여책임자의 지시를 기다릴 수밖에 없다. 바로 그런 이유로, '잔여책임자'라는 역할은 아무나 맡을 수 있는 자리가 아니다. 잔여책임자는 첫째, 실제로 실패했을 때 책임을 질 능력이 있어야 한다. 즉, 실패하면 죽음을 당하거나 모든 것을 잃을 수도 있는 위치에 있는 사람이어야 한다. 둘째, 스스로 자신이 잔여책임자임을 인식하여야 한다.

도요토미 히데요시가 사망했을 때 그의 후계자인 아들 도요토미 히데요리는 겨우 다섯 살에 불과했다. 이에 정권은 도요토미 히데요시가 생전에 지정한 유력 다이묘들의 합의체인 '오대로(五大老)'를 통해 운영되었다. 그러나 오대로 중 가장 강력했던 도쿠가와 이에야스가 점차 정치적 영향력을 강화하자, 이에 반대하는 세력이 이시다 미쓰나리(石田三成)를 중심으로 봉기하였다. 이시다 미쓰나리는 도요토미 가문의 정통성을 내세운 서군(西軍)을 조직하였고, 명목상 총사령관으로 오대로 중 한 명인 모리 데루모토(毛利輝元)를 추대하였다. 문제는 모리 데루모토는 자신의 영지를 유지할 수만 있다면 전투에서 패하든 말든 피 흘리고 싸울 이유가 없는 사람이었다는 것이다. 즉, 모리 데루모토는 잔여책임자가 아니었다. 도요토미 측 군대인 서군과 도쿠가와의 군대인 동군(東軍)이 전투를 벌인 곳이 그 유명한 '세키가하라'이다. 지형으로 보면 서군이 이길 수밖에 없는 상황이었지만, 잔여책임자가 아니었던 총사령관 모리는 전투에 참여하지 않고 산 위에서 하루 종일 구경만 했다. 그 결과 서군은 잔여책임자인 도쿠가와 이에야스가 직접 지휘했던 동군에게 패배했다. 예상대로 도쿠가와 이에야스는 전투에 참여하지 않았던 적군의 총사령관 모리 데루모토에게 책임을 묻지 않고 그대로 영주의 지위를 유지하게 했다. 어떤 조직이든 정말로 자격을 갖춘 잔여책임자가 누구인지 명확히 정해놓아야 하는 이유이다.

제2차 세계대전의 원인은 미국의 대공황

아마 본인이 잔여책임자임에도 그 사실을 인식하지 못해 발생한 가장 큰 비극이 제2차 세계대전이 아닌가 생각된다. 앞에서도 언급한 것처럼 제2차 세계대전은 1929년 대공황과 관련이 있다. 제2차 세계대전의 원인이 미국에 있다는 것을 설명하려면 1920년대 세계 경제 상황을 돌아볼 필요가 있다.

산업혁명 이후 경제가 급성장했던 시기는 대개 중요한 발명이 이루어졌을 때였다. 미국의 경우, 1870~1890년대에는 전국에 철도가 건설되면서 경제적 호황을 맞았다. 그다음 호황기는 1920년대였는데 이 시기에는 자동차, 라디오, 세탁기, 냉장고 등 가전제품이 본격적으로 대량생산되면서 미국 경제가 폭발적으로 성장했다. 자동차와 세탁기, 냉장고 등은 지금도 일상적으로 사용되는 제품이고, 당시의 라디오는 오늘날의 텔레비전에 비견되는 가전제품이었다. 1920년대에 이런 제품들이 대중적으로 보급되자 관련 공장이 들어섰고 양질의 일자리가 빠르게 늘어나 경제가 놀라운 성장을 할 수 있었다. 이렇게 빠른 경제 성장이 일어나면 주식시장에 투기적 자금이 유입되고 이로써 경제에 거품이 생기게 되며, 이 거품이 단번에 터지면 경제위기가 온다. 그런데 1920년대의 경제는 너무나도 호황이었기 때문에 그 거품 또한 엄청나게 커서 1929년 거품이 터졌을 때 세계적인 대공황으로 번지게 되었던 것이다.

그런데 1929년의 대공황은 미국에서 시작되어 많은 미국인이 오랫동안 고통을 겪었지만 사실 이때 미국보다 훨씬 더 큰 고통을 겪은 나라가 있었다. 바로 독일이다. 우리는 제1차 세계대전에서 패배한 독일의 경제가 이후 계속 침체되었을 것이라고 짐작하지만 사실 1918년 독일이 제1차 세계대전에서 패한 후 독일의 경제는 생각만큼 나쁜 상황이 아니었다. 당시 자동차를 대량생산하던 미국은 유럽에서도 자동차 판매가 늘어날 것이라고 생각해 독일에 많은 돈을 투자하여 자동차 공장을 지었다. 미국 투자자들의 막대한 투자를 받은 독일은 자동차를 비롯한 각종 신설 공장들이 돌아가면서 1920년대에는 미국에 뒤지지 않는 경제적 풍요를 누렸다. 오늘날 자동차 생산 강국으로 알려진 독일은 사실 1920년대에 이렇게 시작되었던 것이다. 하지만 1929년에 대공황으로 미국의 월스트리트가 붕괴되자 미국의 투자자들은 독일에 투자했던 돈을 한꺼번에 회수하기 시작했다.

'아닌 밤중에 홍두깨'라는 말처럼 많은 독일인은 어제까지 정상적으로 가동되던 공장이 하루아침에 문을 닫는 바람에 실업자가 되고 말았다. 물론 당시 미국인들도 처음 겪는 대공황에 당황하고 있었기에, 다른 나라의 경제를 걱정할 여유는 없었을 것이다. 그러나 미국 자본을 믿고 경제 재건에 매진하던 독일인들 입장에서는 미국으로부터 심한 배신감을 느꼈음에 틀림없다. 제1차 세계대전의 패전국이 되어 큰 피해를 본 1920년대의 독일인들은 또다시 강대국들과 전쟁을 벌이기보다는 세계 경제에 스스로 편입되어 미국의 자본으로 자동차를 생산하고 이를 영국에 판매하는 식의 평화로운 국제교역으로 번영하겠다는 생각을 했을 것이다. 다른 국가를 적대시하고 경쟁하기보다는 서로 협력하여 번영하는 길을 모색했던 것이다. 하지만 그런 독일인들의 꿈은 1929년 대공황 이후 미국이 일방적으로 모든 투자금을 회수하면서 무참히 깨지게 된다.

그때까지만 해도 아돌프 히틀러는 극단적이고 과격한 주장을 내세우는, 별로 주목받지 못하던 정치인이었다. 1928년 히틀러의 나치당(NSDAP) 국회 의석수는 12석에 불과했다. 하지만 1929년 대공황이 독일을 덮치자 외국인들에게 배신감을 느끼게 된 독일인들은 히틀러가 외치던 '게르만 민족 지상주의'에 귀를 기울이기 시작했다. 그 결과 1932년 나치당은 의회에서 230석을 차지하는 거대 정당으로 급성장했고, 이듬해인 1933년 3월 총선에서는 288석을 차지했으며 히틀러는 독일의 총리가 되었다.

결국 독일인들은 대공황을 거치며 미국과 같은 외국인들을 절대로 믿지 않고 독일인의 힘으로 독일 경제를 번영시키겠다고 마음먹게 된다. 하지만 독일처럼 공업 생산 능력이 뛰어난 국가가 해외 투자나 수출 없이 생산을 지속하며 경제 성장을 이룰 유일한 방법은 정부가 독일인이 생산한 상품을 많이 사주는 것이다. 그리고 정부가 많이 사줄 수 있는 대표적인 고가 품목이 바로 군사 무기다. 즉, 히틀러 입장에서 보자면 군사 재무장을 통해 독일 경제를 되살리고, 그렇게 생산한 무기로 전쟁을 일으켜 정복한 영토에서 외화를 확보하는 것보다 더 좋은 선택은 없었다. 결과적으로 1929년 미국 투자자들이 독일에서 돈을 빼는 그 순간, 제2차 세계대전의 씨앗은 뿌려졌다고 볼 수 있다는 이야기다.

우리는 제2차 세계대전에서 많은 미국 병사가 전사했고 미국 정부가 엄청난 액수의 돈을 전쟁 수행에 썼다는 사실을 알고 있다. 만일 1929년에 미국 정부가 이런 미래의 전쟁을 예측할 수 있었다면 독일에서 그렇게 갑자기 투자금을 회수하지 않았을지도 모른다. 당시 미국은 경제력과 군사력 양면에서 이미 세계를 이끌 만한 초강대국이었다. 반면, 영국과 프랑스는 국력이 약화되어 더는 그런 역할을 수행하기 어려운 상황이었다. 결국 미국만이 세계 경제를 이끌 능력을 보유하고 있었다. 하지만 1939년 마침내 독일의 히틀러가 제2차 세계대전을 일으켰을 때 미국은 전쟁에 참전하지 않았다. 미국만 안전하면 되는 것을 왜 유럽의 전쟁에 우리의 젊은이들이 목숨을 바쳐야 하느냐면서 참전을 거부하는 국민적 정서가 강했기 때문이다. 미국은 자신들을 세계의 '잔여책임자'로 여기지 않은 것이다. 그러다가 1941년에 일본의 진주만 공습이 발생하면서 어쩔 수 없이 미국도 전쟁에 끌려 들어가게 되었다.

이런 측면에서 보면, 제2차 세계대전은 마땅히 세계를 이끄는 지도자, 즉 잔여책임자 역할을 해야 할 미국 정부와 국민이 이 점을 자각하지 못해 더 큰 전쟁이 되었던 것이다. 미국이 스스로를 세계의 지도자가 아니라고 아무리 주장해도 그것은 소용없는 일이었다. 그래서 미국은 2년이나 지각을 한 후에야 제2차 세계대전에 참전하였고 그만큼 세계와 미국은 더 고통을 겪었다.

다행인 것은 그 이후 미국이 세계질서의 잔여책임자로서 자신의 위치를 명확히 자각했다는 사실이다. 많은 사람이 미국이 전 세계의 모든 나라 전쟁에 개입한다며 비판하지만 제2차 세계대전의 교훈을 통해 미국은 세계 곳곳의 갈등이 결국 자신에게도 영향을 미친다는 현실을 뼈저리게 체감했을 것이다. 그래서 미국은 아예 처음부터, 즉 갈등의 불씨가 작을 때부터 개입해 재빨리 진화하는 편이 좋다는 판단을 한 것이다.

하지만 최근 미국 국민들의 생각이 바뀌고 있는 것 같다. 세계의 지도자로서의 역할보다는 국내 문제 해결을 더 우선시해야 한다는 정치적 주장이 점차 힘을 얻는 모양새다. 이는 1929년 대공황과 1939년 제2차 세계대전이 일어났을 때 미국인들이 유럽의 전쟁은 자신들과 무관하며 미국만 안전하게 잘살면 된다고 여겼던 것과 비슷하다. 문제는 여전히 미국은 세계 유일의 초강대국이고 지구촌 어딘가에서 문제가 일어나면 결국 미국도 영향을 받게 된다는 사실이다. 지구 반대쪽 아프가니스탄의 알카에다라는 작은 조직을 그냥 둔 결과, 뉴욕의 세계무역센터 빌딩이 무너져 내렸던 것처럼 말이다.

향후 당분간의 세계 평화는 미국이 잔여책임자로서 자신의 역할을 얼마나 잘해낼 수 있느냐에 달려 있다고 생각된다.

로마제국의 전성기로 많은 사람들이 오현제(五賢帝) 시대를 꼽는다. 다섯 명의 현명한 황제들이 연이어 즉위해 선정을 펼쳤으니 로마 최고의 전성시대가 될 수밖에 없었다.

그런데 이 다섯 황제, 즉 네르바(Nerva, 96~98년 재위), 트라야누스(Trajanus, 98~117년 재위), 하드리아누스(Hadrianus, 117~138년 재위), 안토니누스 피우스(Antoninus Pius, 138~161년 재위), 마르쿠스 아우렐리우스(Marcus Aurelius, 161~180년 재위) 중 앞의 네 사람에게는 공통점이 있었는데 바로 아들을 낳지 못했다는 점이다. 그래서 오현제의 계승은 황제가 자신의 부하 중 가장 현명한 사람을 양자로 삼아 후계자로 지정하는 방식으로 이루어졌다. 우수한 인재를 뽑아 평생 함께 일하며 그 능력을 검증하고, 그중 가장 뛰어난 자에게 황위를 물려주었으니 태평성대가 이어질 수밖에 없었던 것이다.

로마의 콤모두스와 조선의 연산군이 지닌 공통점

이런 오현제 시대가 어떻게 종말을 맞게 되는지는 영화 〈글래디에이터(Gladiator)〉가 잘 보여준다. 영화의 첫 장면에 등장하는 늙은 황제는 오현제 중 마지막 황제인 마르쿠스 아우렐리우스인데 그에게는 콤모두스라는 외아들이 있었다. 영화에서는 마르쿠스 아우렐리우스가 아들에게 황제 자리를 물려주지 않겠다고 말하자 격분한 콤모두스가 아버지를 살해하는 것으로 묘사되지만, 그것은 지어낸 이야기라고 한다. 실제로 마르쿠스 아우렐리우스는 180년에 병사했으며, 콤모두스는 이미 177년부터 공동 황제로 등극한 상태였다. 아버지 사망 이후 그는 로마의 단독 황제가 되었다.

그런데 훌륭한 아버지의 자질을 전혀 물려받지 못한 콤모두스는 나랏일은 제쳐놓고 검투 시합에만 열중한다. 단순히 시합을 구경하는 데 그치지 않고 직접 검투사로 나서 싸우기도 했는데, 이러한 모습은 영화에만 나오는 허구가 아니라 실제 역사적 사실로 기록되어 있다. 세계를 지배하는 로마의 황제 자리에 올랐으면서도 콤모두스는 제멋대로 행동하며 황제로서의 역할을 제대로 하지 않았고 결국 자신의 레슬링 교관에 의해 살해당한다. 그의 죽음 이후 로마는 혼란에 빠졌고 로마는 이때부터 서서히 쇠퇴했다고 볼 수 있다. 비록 마르쿠스 아우렐리우스에게는 아들이 있었지만, 앞선 황제들처럼 유능한 인물을 후계자로 삼았으면 어땠을까 하는 생각이 들 수밖에 없는 대목이다.

존경받는 훌륭한 아버지의 왕좌를 이어받았지만 폭군이 되어 비극적 최후를 맞은 콤모두스와 비슷한 인물을 한국 역사에서도 찾아볼 수 있다. 바로 조선의 연산군이다. 콤모두스의 아버지 마르쿠스 아우렐리우스가 로마 황제이자 《명상록》을 저술한 철학자였던 것처럼 연산군의 아버지 성종 역시 조선의 통치 이념을 정비한 《경국대전》을 완성한 명군(名君)이었다. 또한 콤모두스는 형제들이 모두 갓난아이 시절에 사망하여 사실상 유일한 아들로 어린 시절부터 왕위 계승이 확정되었는데 연산군 또한 성종의 맏아들로서 태어날 때부터 왕위 계승이 확정된 사람이었다.

사실 조선의 역사를 보면 왕의 맏아들이 왕위를 제대로 물려받은 경우는 극히 드물다. 맏아들이 처음 왕위를 계승한 것이 세종의 아들 문종과 손자 단종이었는데 문종은 재위 2년 만에 병사하였고, 단종은 작은아버지인 세조에게 왕위를 빼앗긴 뒤 결국 죽임을 당했다. 따라서 왕의 맏아들이 즉위하여 오래 자리를 지킨 경우는 연산군이 최초였다. 정통성에서는 논란의 여지가 전혀 없는 왕이었다는 이야기다. 로마의 오현제 시대에도 앞의 황제 네 명은 아들이 없었기에 후계자 선정 시에 적지 않은 갈등이 존재했을 것이다. 능력이 뛰어난 신하를 다음 황제로 삼는다는 것은 언뜻 그럴듯해보이지만 실제 후계자 선정 과정에서 황위 계승을 둘러싼 경쟁과 암투는 매우 치열했을 것이다. 그러던 중에 마르쿠스 아우렐리우스가 아들을 낳자 아마도 로마는 이제 권력 암투가 사라질 것이라며 기대하는 분위기가 아니었을까? 마치 성종의 큰아들 연산군이 조선 역사상 오랜만에 장자 상속을 받자 조선의 조정이 크게 안심했을 것처럼 말이다.

생각해보면 조선에는 태어날 때부터 왕위 계승이 확정되어 있던 또 한 명의 왕자가 있었으니, 영조의 아들 사도세자였다. 사도세자는 둘째였지만 맏형이 일찍 사망하여 사도세자가 태어난 시점에 그는 영조의 유일한 아들이자 유일무이한 왕위 계승자였다.

콤모두스, 연산군, 사도세자는 모두 일반인과는 완전히 다른 삶을 살았을 것이다. 태어나는 순간부터 차기 왕위 계승자로서의 삶을 살았을 테니 말이다. 그냥 평범한 왕자의 삶도 일반인과 다르겠지만 차기 왕위 계승자로 태어나 평생을 산다는 것은 완전히 차원이 다른 이야기일 것이다. 자칫 밑보였다가는 세자가 왕이 되었을 때 자신과 자신의 가문이 큰 화를 입을 수도 있기에 어린 세자의 주변에는 그의 환심을 사려는 예스맨들로 가득했을 가능성이 높다. 결과적으로 콤모두스, 연산군, 사도세자 모두 자신에게 쓴소리를 해주거나 말과 행동의 문제점을 솔직히 지적해주는 사람을 거의 만나지 못했을 것이다.

베이지안 업데이트: 주관적 믿음을 객관적 확률에 가깝게

한 인간이 인생의 갈림길에서 어느 방향으로 나아갈지 선택할 때, 경제학이 중요하게 보는 것은 바로 세상을 보는 주관적 확률 또는 믿음(belief)이다. 어떤 거래를 할 때 상대방이 정직한 사람일 수도 있고 사기꾼일 수도 있다. 만일 상대방이 정직한 사람이라면 협력을 통해 거래를 성사시켜 쌍방이 큰 이익을 얻는 것이 정답이다. 반대로 상대방이 사기꾼이라면 거래를 중단하고 거리를 두어야 한다. 문제는 상대방이 정직한 사람인지 사기꾼인지 사전에 확실하게 알 수가 없다는 것이다. 경제학은 이런 상황에서 사람들이 각자가 축적해온 경험을 통해 형성한 믿음을 바탕으로 상대방이 정직한 사람일 확률과 사기꾼일 확률을 계산한 뒤 어떤 선택을 할지 결정한다고 본다.

너무 순진하게 상대방을 믿는다면 사기를 당할 위험이 있지만 반대로 모든 사람을 의심한다면 인간관계를 유지하지 못해 사회에서 도태될 수밖에 없다. 그러므로 만일 실제로 이 세상 사람의 3%가 사기꾼이라면, 세상 사람들 중 3%가 사기꾼이라는 믿음을 가진 사람의 성공 확률이 가장 높을 것이다. 외부의 객관적 확률(objective probability)과 자신의 주관적 믿음(subjective belief)이 일치해야 한다는 말이다.

인간은 태어나서 다양한 경험을 하며 세상의 객관적 확률을 배워나간다. 처음에는 세상 사람들 대부분이 정직하고 사기꾼은 1%도 되지 않을 것이라고 믿을 수 있다. 그런데 살다가 어느 순간 사기꾼을 만나 돈을 잃거나 떼이는 경험을 하게 되면 세상 사람들 열 중에 한 명은 사기꾼일지도 모른다고 자신의 믿음을 바꾸게 될 가능성이 크다. 경제학에서는 이러한 변화를 '베이지안 업데이트(Bayesian update)'라고 부른다. 경험을 통해 개인의 주관적 믿음을 점차 세상의 객관적 확률에 가깝게 조정해나가는 과정을 가리키는 말이다.

2002년부터 20년이 넘게 대학에서 학생들을 가르쳐오다 보니 시대가 변하면 학생들의 성향도 달라진다는 것을 알게 되었다. 일단 2010년경 또는 그 이전에 대학에 입학한 학생들의 경우 세상에 대해 상당히 비관적인 시각을 가지고 있었고, 기본적으로 인생을 불안정한 것으로 인식하는 경향이 강했다. 그래서 연봉이 낮아도 공무원처럼 평생 일자리가 보장되는 직업을 원하는 성향이 뚜렷했다. 아마도 1997년 한국을 강타한 IMF 경제위기 때문일 것이다. 즉, 2010년 이전에 입학한 학생들은 초·중·고등학생일 때 IMF 외환위기를 직접 겪었고, 그 과정에서 비록 자신이 아니더라도 가까운 친구의 가족이나 친척이 하루아침에 전 재산을 잃고 경제적으로 큰 어려움에 빠지는 것을 목격했던 것이다. 유복하고 풍족하게 살던 친구의 부모가 실직자가 되거나 파산을 해서 빚더미에 올라앉는 모습을 거듭해서 보게 되면, 세상을 안심할 수 있는 곳으로 인식하기가 쉽지 않다. 아무리 많은 재산을 모아도 한순간에 앓아지가 될 수 있다는 믿음을 갖게 되어도 놀랄 일이 아닌 것이다.

그 시기에 나는 교수로서, 지나치게 안전성만을 추구하는 학생들에게 젊은이답게 조금 더 도전정신을 가지라고 조언을 하기도 했다. 하지만 그런 조언을 들어도 학생들은 나를 그저 물끄러미 쳐다보는 경우가 많았는데, "어디서 이런 순진하신 경제학과 교수님이 오셨나?"라는 의미로 느껴졌다. 자신들이 중·고등학교 시절 직접 목격한 것이 있는데 젊은 교수가 그렇지 않다고 하니 자신의 경험이 잘못되었다고 생각하기보다는 교수의 현실 감각이 부족하다고 여겼던 것이다.

그런데 2020년경 대학에 입학한 신입생들은 10년 전 학교를 다녔던 선배들과는 완전히 다른 믿음을 가지고 있었다. 2010년 신입생들이라면 절대로 하지 않았을 일, 즉 창업을 시도하는 학생들이 2020년 신입생 중에는 많았다. 더 이상 공무원이나 공기업 취업을 최고라고 생각하지 않는 것이다. 그들에게 IMF 외환위기는 태어나기도 전인 먼 과거의 역사적 사건일 뿐 자기들과는 전혀 무관한 일이라고 여겼기 때문이다. 누가 옳은 것일까? 2010학년도 신입생과 2020학년도 신입생 중 누가 더 성공적인 인생을 살 것인가? 단언할 수는 없다. 다만 확실한 것은 현재 이 두 세대는 완전히 다른 인생 경험을 토대로 완전히 다른 베이지안 업데이트를 한 결과, 상반되는 믿음을 가지고 인생을 살아가고 있다는 것이다.

다시 역사 속 인물 이야기로 돌아가보자. 콤모두스, 연산군, 그리고 사도세자는 '베이지안 업데이트' 측면에서 보면 아주 불리한 조건에 처한 사람들이었다. 자신의 말 한마디면 주변 사람들이 쩔쩔매면서 모든 요구를 들어주었을 테니 자기 마음대로 되는 일이 거의 없는 일반인들과는 완전히 다른 경험이 쌓였을 것이다. 차기 왕위 계승자에게 감히 누가 사기를 치겠는가. 그랬기에 콤모두스는 자신이 검투사가 되더라도 모든 상대방을 이길 수 있다고 착각했을 것이고, 연산군은 정사를 돌보지 않고 매일 흥청망청 잔치를 열어도 나라는 태평성대일 것이며, 국왕의 지위 역시 흔들리지 않을 것이라 믿었을 것이다.

이와 반대로 셋째아들로 태어나 큰형님 양녕대군이 아버지 태종과 갈등을 겪는 모습을 지켜본 세종대왕이나 정실 왕비의 소생이 아니었던 영조의 경우는 어땠을까? 이들은 세상이 어떻게 돌아가는지를 보다 현실적으로 바라볼 수 있었고, 그런 경험을 바탕으로 자신의 주관적 믿음을 객관적 현실에 가까운 방향으로 조정해나갔을 것이다. 이러한 베이지안 업데이트 과정이 명군으로 성장하는 밑거름이 되었던 셈이다.

잘못된 '베이지안 업데이트'로 파멸한 광해군

조선의 국왕들 중 연산군과 함께 반정에 의해 끌어내려진 또 한 사람인 광해군의 경우에는 정반대의 힘이 작용하였다. 광해군은 선조와 후궁 공빈 김씨 사이에서 둘째아들로 태어났으며, 형은 장남 임해군(臨海君)이었다. 다시 말해, 광해군은 왕이 될 가능성이 거의 없는 왕자였다. 게다가 공빈 김씨가 일찍 세상을 떠나 믿고 의지할 어머니마저 없었다. 선조는 정식 왕비에게서 아들을 얻지 못했는데 그러던 중 임진왜란이 일어나 자신의 생사가 위태로워지자 후궁 소생 자식들 중 제일 현명했던 광해군을 세자로 세웠다. 장남 임해군은 포악하고 난폭한 성격으로 평판이 좋지 않았고, 여러 범죄와 횡포를 일삼았다. 심지어 일부 기록에 따르면, 어떤 관리의 아내를 탐해 그를 죽였다는 설도 전해진다. 이런 이유로 조정의 신료들 사이에서는 임해군이 왕이 되면 연산군보다 더한 폭군이 될 수 있다는 우려가 있었다고 한다. 이렇게 문제가 많은 형을 제치고 광해군에게 차례가 왔고, 세자가 된 광해군은 임진왜란 중에 많은 공을 세워 아버지인 선조보다도 훨씬 뛰어나다는 평을 듣게 된다.

그런데 임진왜란이 끝난 뒤 또 다른 문제가 발생했다. 선조가 인목왕후와 재혼하여 50이 넘은 늦은 나이에 아들을 얻은 것이다. 그가 바로 영창대군이다. 이미 세자로 있던 광해군이 차기 국왕이 되어야 마땅했지만, 그는 후궁 소생이었고 영창대군은 정비 소생이었으므로 비록 나이는 어렸지만 영창대군이 정통성 면에서 우위에 있었다.

당시 조선은 세자를 책봉할 때 명나라의 승인을 받아야 했다. 임진왜란이 발발하자 선조는 만일의 사태에 대비해 광해군을 서둘러 세자로 책봉하고 명나라에 이를 보고하며 승인을 요청하였다. 하지만 명나라는 형인 임해군이 생존해 있는데 둘째아들을 세자로 삼은 것을 인정할 수 없다고 억지를 부리며 승인을 거부했다. 전란의 와중에도 동분서주 노력한 광해군으로서는 자신을 인정해주지 않는 명나라의 태도에 큰 불안감을 느꼈을 것이다. 명나라는 끝까지 광해군의 세자 책봉을 승인하지 않다가, 선조가 죽고 광해군이 즉위한 후에야 마지못해 그를 왕으로 인정했다. 결국 광해군은 세자로 있던 16년 동안 명나라의 인정을 받지 못한 채 '세자이면서도 세자가 아닌' 불안정한 처지에 놓여 있었고, 언제 지위를 잃을지 모른다는 두려움 속에서 세월을 버텨야 했다.

이런 상황에서 선조 말년에 일부 대신들이 정통성을 내세워 정식 왕비 소생인 영창대군을 후계자로 세워야 한다고 주장하기 시작했다. 하지만 선조가 갑자기 사망했을 때 영창대군은 겨우 두 살이었다. 너무 어린 영창대군이 왕위를 물려받는 것은 현실적으로 무리였기에 광해군은 간신히 즉위할 수 있었다. 왕이 되는 순간까지 마음을 놓을 수 없는 불안한 상황이 계속되었던 것이다. 특히 7년간 지속된 임진왜란과 그 뒷수습까지 떠맡아야 했으니 광해군의 삶은 IMF 외환위기를 겪은 한국의 젊은이들보다 수십 배 더 불안하고 힘든 경험의 연속이었을 듯하다. 이런 상황에서 광해군이 세상을 밝고 긍정적으로 바라보기를 기대하는 것은 무리다.

천신만고 끝에 왕위에 올랐지만 평생 임진왜란과 세자 책봉의 정당성 문제에 시달렸던 광해군의 주관적 세계관은 연산군과는 정반대 방향에서 왜곡되었을 가능성이 크다. 연산군이 자기 마음대로 세상을 휘두를 수 있다고 믿었다면, 광해군은 이 세상 모든 사람을 자신의 적이라고 생각하지 않았을까? 비록 조선의 왕이 되었지만 언제라도 목숨을 잃을 수 있고 외적의 침입으로 조선이 망할 수도 있다는 불안감이 늘 광해군을 짓눌렀을 것이다.

그래서인지 광해군은 왕이 되자 친형인 임해군과 이복동생인 영창대군을 모두 죽인다. 그리고 친어머니는 아니지만 영창대군을 낳은 인목왕후에 대해 폐비서인(廢妃庶人), 즉 왕비의 신분을 박탈하고 평민으로 강등시켜 궁궐 밖으로 내쫓는 조치를 취한다. 광해군은 친형제라도 경쟁자를 제거하지 않으면 자신이 죽게 된다는 믿음을 가졌음이 분명하다. 사실 임해군과 영창대군의 존재 때문에 명나라로부터 제때 세자 책봉 승인을 받지 못했고 왕에 즉위하지도 못할 뻔했으니 광해군의 그런 생각과 행위를 마냥 비난만 하기는 어렵다.

매 순간 정확한 베이지안 업데이트가 필요하다

그렇지만 부모에 대한 효(孝)를 가장 중시하는 유교 사회였던 조선에서, 형제들을 죽이고 계모이긴 하나 어머니인 인목왕후까지 폐위시켜 유폐한 것은 지나친 처사라고 여겨졌을 것이다. 실제로 이를 명분 삼아 인조가 광해군의 반대 세력과 결탁해 반정을 일으키면서 광해군은 왕위에서 끌려 내려왔다. 친형제나 계모를 굳이 죽이거나 폐하지 않더라도 정치적 경쟁자들을 무력화할 방법이 있었을 텐데도, 사람을 믿지 못했던 광해군은 세상의 비난을 감수하면서까지 확실한 경쟁자 제거를 원했던 것이다. 마치 IMF 외환위기를 경험한 세대가 무슨 일이 있어도 해고당하지 않고 60세까지 근무가 가능한 공무원이 되겠다며 공무원 시험에 몰렸던 상황과 유사한 경우일지도 모르겠다.

하지만 결과적으로 광해군의 선택은 잘못된 믿음에서 비롯된 잘못된 판단이었다. 베이지안 업데이트가 정확하게 이루어지지 못했던 것이다. 성장 과정에서 겪은 어려움 때문에 광해군은 주위 사람들을 잘 믿지 못했을 가능성이 크다. 객관적 상황은 이 세상에서 고작 10%의 사람이 자신을 해치려 하는 것인데, 광해군은 자기 나름의 베이지안 업데이트를 통해 이 세상의 90%가 자신을 해치려 한다는 잘못된 믿음을 갖게 되었던 듯하다. 그 결과 주변 사람들 대다수를 믿지 못하게 되어 현명한 판단을 내릴 수 없었고, 이로 인해 주변 사람들도 광해군을 믿지 못하게 되었을 것이다.

미국에서도 1929년 대공황을 겪은 세대는 은행이 파산하는 상황을 너무 많이 보았기에 은행을 믿지 못하고 현금을 집에 보관하는 습관을 갖게 되었다고 한다. 자신이 예금한 돈을 은행이 파산하면서 모두 날린 경험이 있는 사람들에게 돈을 집에 보관하지 말고 은행에 예금하라고 아무리 이야기해봐야 소용이 없을 것이다. 하지만 대공황 이후에는 많은 은행이 한꺼번에 도산하는 사태가 거의 없었고, 예금자보험제도도 도입되어 만일 은행이 도산하더라도 일정 금액까지는 보장받을 수 있기 때문에 집에 현찰을 보관하는 일은 어리석은 행동으로 여겨지게 되었다. 따라서 대공황 시기에 형성된 편향되고 비관적인 믿음으로 은행 이자를 평생 포기하고 살았다면 결과적으로는 손해를 본 셈이다.

연산군은 자신의 주변 사람들이 언제든 자기를 버리고 자신의 명령을 듣지 않을 수 있다는 사실을, 광해군은 세상에 믿을 만한 정직하고 성실한 사람도 많다는 사실을 알았어야 했다. 현대를 살아가는 우리도 자신이 겪은 작은 경험에 집착할 것이 아니라 더 폭넓은 경험을 하거나 독서를 통해 현실세계에 대한 객관적 정보를 적극적으로 획득함으로써 자신의 주관적 믿음이 세상의 객관적 확률에 보다 근접하도록 만드는 노력을 할 필요가 있다.

제 6 장

조선을 구한 명장 이순신의 부하가 될 수 있다면?

| 30년 조직생활 후 다시 생각해보는 이순신의 리더십 |

젊은 시절에 이런 생각을 해본 적이 있다. 만일 타임머신이 발명되어 과거의 어느 시점으로 돌아갈 수 있다면, 그런데 다시 현재로 돌아올 수는 없고 그 시대에서 평생 살다가 죽어야 한다면 어느 시기로 가고 싶은가? 그때 나는 이순신 장군의 지휘 아래에서 전장에 나가 싸워보고 싶다는 생각을 했었다.

한국 역사상 가장 중요한 전투가 무엇이냐고 물으면 대부분의 사람들은 한산도 대첩이나 명량해전을 떠올릴 것이다. 개인적 견해가 어떻든 아마 많은 이들이 그런 답변에 수긍하며 고개를 끄덕일 것이다. 그래서 젊은 시절의 나 또한 한국 역사상 최고 명장의 지휘를 받으면서, 의문의 여지가 없이 가장 중요한 전투 중 하나에 참여하는 것이 최고의 경험이 될 수 있으리라 생각했다. 하지만 거의 30년 가까이 월급을 받으며 조직생활을 해본 지금, 나의 생각은 좀 달라졌다.

타임머신을 타고 과거로 가서 이순신 장군의 부하가 된다?

이제 와 생각해보면, 이순신 장군이 가장 미워한 대상은 어쩌면 왜군이 아니었을지도 모른다. 임진왜란 초기에는 전라좌수사였던 자신과 같은 직급의 동료, 경상우수사 원균에 대한 반감이 컸을 것이다. 이후 이순신이 삼도

수군통제사(三道水軍統制使)에 임명되면서 원균은 그의 휘하 장수가 되었지만, 갈등은 오히려 더 깊어졌다. 이순신이 마음속으로 원망했던 인물은 원균만이 아니었을 것이다. 당시 조선의 군 통수권자인 국왕 선조조차도 이순신을 끊임없이 의심하고 견제했기 때문이다.

이순신 장군은 분명 탁월한 능력과 헌신적인 노력으로 왜군의 침략으로부터 조선을 지켜냈다. 그럼에도 불구하고 원균은 시기심에 불타 이순신의 공을 가로채려 온갖 수단을 동원했고, 선조는 이순신의 뛰어난 명성이 자신의 권력을 위협할 수 있다고 느낀 탓인지 그를 칭찬하기는커녕 오히려 경계하고 질투했던 듯하다. 이런 상황에서 선조의 명령에 따라 원균과 함께 작전을 수행해야 했던 이순신의 인간적인 고뇌와 비애는 너무나 컸을 것이다.

이순신은 왕이 억울하게 벌을 주어 백의종군하던 중에, 옥살이 가는 자식을 만나기 위해 배 타고 먼길을 오던 어머니가 사고로 돌아가셨다는 비보를 접하게 된다. 또 자신이 키워온 조선의 수군 전원이 원균의 잘못된 지휘를 따르다가 칠천량해전(漆川梁海戰)에서 전멸하고 말았다. 이런 상황에서 이순신의 심정은 과연 어떠했을까? 그런데 바로 그 순간 선조가 다시 이순신을 삼도수군통제사로 임명한 것인데, 평범한 사람이라면 삼도수군통제사 임명장을 차라리 집어던지고 싶었을지도 모른다.

직장생활을 좀 해본 사람이라면 누구나 자신의 조직에 존재하는 '작은 원균'들과 '작은 선조'들에게 시달린 경험이 있을 것이다. 세상에 이순신 장군 같은 수준의 원통함을 경험한 사람이야 많지 않겠지만 그런 억울함을 작게나마 경험해본 사람은 상당히 많을 것이다. 세종대왕처럼 훌륭한 군주 밑에서, 강감찬 장군과 같은 뛰어난 동료와 함께 힘을 모아 일할 수 있다면 가장 이상적이겠지만 현실은 다르다. 현대 직장인들의 99%는 세종대왕을 닮기는커녕 선조와 더 비슷한 상관을 모시면서, 강감찬 장군이 아닌 원균에 가까운 동료들을 참고 견디면서 조직생활을 하고 있는 것이다.

내가 설령 이순신 장군 같은 불세출의 전투 능력이 있다 해도, 선조가 억울하게 백의종군을 명한 뒤 조선 수군이 칠천량해전에서 전멸하고 나서야 다시 삼도수군통제사 자리를 맡아달라고 한다면, 나는 결코 그 직책을 수락하지 않고 고향으로 돌아갔을 것이다. 억울한 심정에 싸울 기분도 아니겠지만, 무엇보다 선조의 시기와 질투가 워낙 심해 내가 공을 더 많이 세웠다가는 제명에 죽지 못하겠다는 생각이 들 테니 말이다. 혹시라도 칠천량해전에서 조선 수군이 전멸하지 않았다면 생각이 달라졌을 수도 있다. 나의 부하들이 일부라도 살아남아 나의 지휘를 기다린다면 왕에 대한 충성심보다 부하들에 대한 책임감 때문에 망설였을지도 모른다.

하지만 아무리 그렇더라도 결국 사표를 낼 것 같다. 무엇보다 당시 조선 수군은 원균의 무모한 지휘로 이미 전멸한 상태이니 이순신 장군으로서도 일말의 책임감을 느낄 필요가 전혀 없었다. 상황이 다급해지자 선조가 다시 수군을 맡아달라 했지만 한번 이순신을 내쳤던 선조가 정말로 자신의 잘못을 뉘우치고 마음을 바꾸었으리라고는 믿기 어려운 상황이다. 나 같은 평범한 사람이라면 결코 받아들이지 않았을 삼도수군통제사 직책을 이순신 장군은 오로지 조국에 대한 충성심 하나로 받아들였다고 짐작된다.

이순신 장군은 분명히 조그마한 나라 조선으로서는 너무도 큰 행운이라 할 만한 훌륭한 인물이지만, 이제 나는 편도로 타임머신을 타고 과거로 가서 이순신 장군의 부하가 되고 싶지는 않다. 목숨 걸고 조국을 지켜 엄청난 공을 세우고도 선조에게 미움받는 나의 상관 이순신 장군 때문에 전쟁에서 목숨 걸고 싸워 이겨도 공을 인정받지 못할 것이고 당연히 출세도 못할 것이기 때문이다. 출세는커녕 분통이 터질 것 같다. 내가 이러려고 타임머신까지 타고 과거로 와서 이순신 장군 밑에서 목숨을 걸고 왜군과 싸웠나 하는 후회만이 가득할 것이다. 결국 나처럼 세속적인 사람은 그런 배신감을 느끼면서까지 조국을 위해 희생하겠다는 마음을 갖기 어렵다.

대다수 한국인이 알고 있듯 임진왜란은 1592년 5월에 일본군이 부산포에 상륙하면서 시작되었고, 1592년과 1593년의 2년간 우리가 잘 아는 한산도대첩, 행주대첩 등 주요 전투가 잇달아 벌어진다. 이후 명나라 지원군이 도착하고 이순신 장군이 바다에서 왜군의 보급로를 끊자, 상황이 어려워진 일본군은 1594년 이후에는 지금의 경상도 지역으로 후퇴하여 방어에만 치중했고 조선과 명나라도 이런 일본군에 대해 적극적 공격을 하지 않은 듯하다. 그래서 1595년과 1596년 사이에는 거의 전투가 벌어지지 않고 명과 일본 간의 강화 협상이 진행되었다. 그러나 협상이 결렬되자 1597년에 정유재란(丁酉再亂)이 일어나 다시 전투가 시작된다.

정유재란이 시작될 때 선조는 이순신 장군에게 경상도 지역의 왜군을 적극적으로 공격하라고 지시한다. 하지만 이순신 장군은 당시 조선 수군의 전력이 왜군의 공격을 방어할 수는 있어도 직접 공격할 수준은 아니라고 생각했는지 선조의 명령을 따르지 않는다. 결국 이순신은 자리에서 쫓겨나게 되었고, 대신 지휘를 맡은 원균이 선조의 명령에 따라 무리한 출정을 감행하다가 조선 수군이 몰살당한 것이 앞서 언급한 칠천량해전이다. 역시 이순신 장군의 판단이 옳았던 것이다.

하지만 백전백승이라 할 만큼 막강했던 이순신의 수군을 믿었던 선조가 방어만 하지 말고 왜군 본진을 공격하라고 명령한 것이 완전히 이해하지 못할 일은 아니라는 생각도 든다. 수군의 구체적인 전술까지는 잘 몰랐을 선조가 백전백승의 이순신 장군이라면 왜군을 공격해 섬멸하는 것도 가능하리라 생각했을 수도 있지 않은가? 이순신이 선조를 설득하는 데 실패한 것은 아닌가 싶은 대목이다. 물론 용기만 있고 지략이 부족하면서 이순신을 질투했던 원균이 직접 선조에게, 자신이라면 왜군의 본진을 습격할 수 있다고 과장된 보고를 올린 것도 작용했겠지만 말이다.

선조의 판단은 어리석었고 원균의 성품은 천박하기 그지없었다는 점은 분명하며 그것이 전투 패배의 중요한 이유였을 것이다. 하지만 오늘날 많은 직장인들 역시 이해할 수 없는 상사나 경쟁심을 보이는 동료들과 한 조직 안에서 어쩔 수 없이 그래도 한번 손발을 맞춰보려 노력하면서 살고 있지 않은가. 그런 점에서 보면, 이순신 장군은 지나치게 청렴하고 원칙적이었던 것은 아닐까 하는 생각도 든다. 선조의 신하로서 좀 더 유연하게 대처할 다른 방법은 정말 없었을까?

선조가 무리하게 적진을 공격하라고 지시했다 하더라도, 이순신 장군이 이를 완전히 거부하지 않고 형식적으로라도 어느 정도 맞춰주는 모습을 보였다면 어땠을까? 즉, 수군을 움직여 공격하는 시늉이라도 했더라면 결과가 조금은 달라지지 않았을까? 결국 대쪽 같은 성품으로 선조의 무모한 지시를 따르지 않다가 파직되어 백의종군을 하게 되고, 그사이 원균이 조선 수군을 이끌고 칠천량해전에 나섰다가 전군이 전멸당했다. 장군이 평소 아끼던 부하들은 대부분 목숨을 잃었고, 12척을 제외한 수많은 군선도 바다에 가라앉았다. 차라리 선조의 심기를 조금만 더 살펴, 설령 그 명령을 따라 전투에 나서 실패했더라도 수군을 지휘한 이가 이순신 장군이었다면 수군의 전멸을 막을 수는 있지 않았을까 하는 아쉬움이 남는다. 다시 말해 선조의 지시를 따르면 전투에서 패배하고 아군의 희생 또한 발생했겠지만 그래도 원균보다는 이순신 장군이 지휘했을 때 아군의 피해가 훨씬 적었으리라는 것이다.

어쨌든 이순신 장군의 부하로 싸우고 싶다는 나의 마음에 변화가 생긴 것은 이순신 장군과 같은 리더의 부하가 되면 오히려 불행해질 수 있겠다 싶어서다. 즉, 이순신 장군이 아무리 전투에서 탁월한 능력을 발휘한다 하더라도, 윗사람인 선조의 미움을 사서 결국 쫓겨날 운명이므로 지휘관이 원균으로 바뀔 것이고 결국 그 부하인 나도 허무하게 죽음을 맞게 될 것이 분명하다. 혹시 운 좋게 살아남는다 해도 좀처럼 선조의 비위를 맞추지 못하는 이순신 장군이 또다시 말도 안 되는 이유로 선조에게 억울하게 벌을 받을 때, 부하인 나도 함께 처벌받을 것이다. 조국을 위해 큰 공을 세운 후 한국 역사상 가장 억울한 기분을 느끼기 위해 타임머신을 탈 생각은 전혀 없다.

이순신의 선택 vs. 이성계의 선택, 경제학의 판단은?

이순신 장군과 비교해 전혀 다른 선택을 했던 사람으로 훗날 조선을 건국한 이성계 장군을 떠올릴 수 있다. 이성계는 자신의 상관인 고려 우왕과 최영 장군이 명나라와 싸우라는 무리한 지시를 내리자 이를 어기고 위화도에서 회군했다. 만약 그 자리에 이성계가 아닌 이순신 장군이 있었다면 어땠을까? 대쪽 같은 이순신은 상관들의 명을 아예 무시하고 개경에서 군대를 출발시키지도 않았을지 모른다. 임진왜란 때 왜군의 본진을 공격하라는 선조의 지시가 옳지 않다며 거부했듯이 말이다.

왜군이 점령한 부산포를 공격하는 것도, 명나라가 차지한 만주를 공격하는 것도 당시 상황에서는 모두 무리한 군사 작전이었다. 그런데 만일 이성계가 이순신처럼 출발부터 거부했다면 원균 같은 무능력한 지휘관이 고려군을 대신 이끌고 명나라로 쳐들어가는 상황이 되었을 것이고, 그 결과 많은 군사들이 목숨을 잃었을 가능성이 크다. 고려 역시 명나라와의 전쟁으로 막대한 피해를 입었을 것이다. 하지만 이성계는 말도 안 되는 명령이었음에도 일단 이를 받들어 개경을 출발했고 명나라 영토에 들어가기 직전 위화도에서 멈추었다. 고려 우왕의 잘못된 명령에 대쪽같이 저항하다 단번에 부러지기보다는 한번 양보하는 자세를 보인 것이다.

위화도에서 이성계는 명나라 침공이 어렵다고 우왕과 최영에게 보고했지만 받아들여지지 않자, 어쩔 수 없다는 생각으로 '위화도 회군'이라는 모반을 일으킨다. 즉, 이성계는 고려의 신하로서 법적·도덕적 반역을 저지른 셈이니 이는 옳은 행동이 아니었다. 한편 이순신은 선조의 잘못된 명령에 저항은 했지만 반역은 꿈도 꾸지 않았으니 유교적 충신이라고 보는 것이 맞다. 이성계가 이순신과 다른 결정을 내린 결과, 그의 부하들은 모두 살았으며 한발 더 나아가 조선의 개국공신이 되었다. 백성들도 명나라와 전쟁이 벌어졌다면 발생했을 어마어마한 희생을 모면할 수 있었으니 실리적으로 평가하면 이성계의 위화도 회군은 100점 만점을 주어도 괜찮을 것이다.

반면 이순신이 선조의 명을 거역한 것은 명분은 있었을지 몰라도 국가적 실리라는 측면에서는 결코 잘한 행동은 아니지 않을까? 칠천량해전에서 그 귀중한 조선 수군은 사실상 전멸했고 이후 명량해전에서 12척의 배로 왜군을 물리치기는 했으나 아무리 이순신 장군이라도 12척의 배만으로는 왜군에게 패할 가능성도 배제할 수 없었으니 조선의 운명을 위험에 처하게 만들었다는 점은 부인할 수 없다. 차라리 선조의 명을 겉으로는 수용하는 척하면서 계속 삼도수군통제사 자리를 지키고 있었어야 했다는 것이, 실리를 최우선으로 하는 경제학자로서의 판단이다.

어리석은 상관과 적대적인 동료와 함께 일하는 법

이렇게 생각해보면, 명량해전에서 이순신 장군이 탄 대장선이 진격했을 때 한동안 나머지 11척 함선이 뒤따르지 않고 머뭇거렸다는 이야기가 수긍이 된다. 명량해전 초반에는 조선의 12척 함선 모두가 왜군과 싸운 것이 아니라 이순신 장군이 탔던 단 1척만이 싸운 셈이다. 자기 한목숨을 바쳐 조국을 지키는 것이 군인 정신이라지만, 수백 척 적군의 대함선단을 향해 겨우 12척으로 진격하겠다는 이순신 장군의 작전이 부하들에게는 자살 행위로 보였을 것이다. 어쩌면 자신의 생명을 무의미하게 낭비하는 행동이라고 판단되었을 가능성도 충분했다. 심지어 불과 얼마 전 선조의 미움을 받아 곤장을 맞고 백의종군했던 이순신이 아닌가. 그가 돌아와 다시 지휘를 맡기는 했으나 그렇다고 선조의 질투심과 견제가 완전히 사라졌을 리 없으니 미래가 불확실한 이순신 장군 밑에서 목숨 건 전투를 하는 것에 망설임이 있었으리라 짐작된다.

조직생활에서 참으로 어려운 것이 개인의 처신이다. 그럼에도 불구하고 가장 이상적인 것은 부하들에게 나를 믿고 따르면 앞으로 성공하고 출세할 수 있다는 믿음을 주는 것이다. 사람은 명분만으로는 움직일 수 없고 실리가 따라줘야 움직이기 때문이다. 이런 성공과 출세에 가장 중요한 것이 조직의 최고 의사결정자, 예컨대 왕이나 CEO가 현재 내가 모시는 상관을 인정하고 지지하는 것이다. 그러면 지금의 상관이 출세할 것이고 나 또한 출세 가능성이 커지기에 의욕과 사기가 올라갈 것이다. 이런 측면에서 대쪽 같은 성품의 이순신 장군은 선조의 미움을 받고 있음이 분명했을 터이니 휘하의 장수와 부하들은 사기가 저하되어 있었을 수 있다. 한마디로 이순신 장군은 공자님의 유교 경전에 나오는 교과서 그대로의 모범적인 인물이었다고 생각된다. 하지만 너무 대쪽 같기만 한 이순신 장군의 모습에 때때로 부하들은 답답함을 느낄 수도 있지 않았을까?

나의 조직생활 경험을 놓고 판단해보아도 어떤 새로운 일을 추진하려면 부하들의 진심 어린 지원이 반드시 필요하다. 다시 말하지만, 단순히 상관이라서가 아니라 능력 있는 상관과 함께 일하면 그 상관이 승진하고 출세할 것이고 나 역시 그 덕분에 기회를 얻을 수 있다는 기대감이 있어야 부하들이 기꺼이 헌신하게 된다는 것이다. 이런 점에서 조직의 리더라면, 때로는 조금 과장된 측면이 있더라도 부하들에게 장밋빛 미래에 대한 청사진도 그려주고 해야 구성원들이 능력 이상의 힘을 발휘할 수 있다.

물론 이순신 장군은 그러한 부하들의 기대감을 전혀 이용하지 않고도 훌륭한 전과를 올렸으니 아마 우리의 상상을 초월하는 지략과 능력을 가진 인물이었을 것이다. 하지만 그렇다 해도 이순신 장군이 조금만 더 유연하게 처신했더라면 임진왜란 이후에도 생존하여 조선 사회 개혁에도 이바지할 수 있지 않았을까 하는 아쉬움이 여전히 남는다.

선조 같은 어리석은 상관과 원균 같은 적대적인 동료와 조직에서 함께 일하는 것은 분명 어려운 일이다. 이런 상황에서 왜군도 물리치고 삼도수군통제사 자리도 지키려면 이순신 장군에게도 상당한 정치적 수완이 필요했을 것이다. 하지만 이순신 장군이 초급 장교 시절, 관아의 오동나무를 베어 거문고를 만들라는 직속상관의 명령을 오동나무는 나라의 것이니 마음대로 베어낼 수 없다며 정면으로 거절해 출셋길이 오랫동안 막혔던 일화를 떠올려보면, 이순신 장군에게서 노련하고 유연한 정치적 얼굴을 기대하는 것은 매우 불순한 생각임에 틀림없다.

그런데 백의종군을 경험하고 난 이순신 장군이 그 이후 약간이나마 정치적 행동을 배운 것 아닌가 싶은 장면이 하나 있다. 임진왜란 말기, 명나라의 장군 진린(陳璘)이 이순신 장군을 도우려 명나라 수군을 이끌고 조선에 도착하였다. 이때 이순신 장군이 진린에게 이전 전투에서 획득한 왜군의 수급(首級) 40개를 넘겨주며 명나라 황제에게 진린의 공으로 보고하라고 했다는 것이다. 타국 땅까지 와서 명나라의 장수와 군사들이 조선을 위해 왜군과 열심히 싸울 이유는 사실 없다. 하지만 전투에서 왜군의 목을 많이 베어 명나라 황제에게 이를 보고하면 승진과 포상의 기회를 얻을 수 있을 것이다. 이런 사실을 간파한 이순신 장군이 명나라 수군을 움직이기 위해 같이 싸워달라며 일종의 뇌물을 바친 셈이다. 대쪽 같은 이순신 장군의 성격으로는 상상하기 어려운 일화인데, 어쩌면 백의종군 경험과 칠천량해전에서의 뼈아픈 패전 이후 때로는 정치적 행위도 필요하다는 교훈을 얻은 것인지도 모른다.

이순신 장군이 살던 시대는 유교가 사회 전반을 지배하던 시기였고, 조국과 임금을 위해 이유를 묻지 않고 충성을 다해야 한다는 생각이 일반적이었다. 아마도 그런 유교적 가치에 충실한 모범생이었던 이순신 장군은 자신의 신념을 잘 굽히지 않았던 것 같다. 하지만 21세기를 사는 우리에게 유교 경전을 따르는 것과 같은 삶을 살겠다는 식의 사고는 통하지 않는다. 현대 사회에서는 아무리 뛰어난 능력을 갖췄더라도, 질투심 많고 소통이 어려운 상사를 적절히 달래거나 전략적으로 접근해 설득하는 정치력 없이 일을 성취하기 어렵다. 조직을 방해하는 원균 같은 무능하고 적대적인 동료가 있다면, 조직 전체를 위해 그를 견제하고 영향력을 제한하는 것도 아주 중요한 일이다.

따라서 오늘을 살아가는 우리는 12척의 배로 기적을 만든 이순신 장군의 초인적 능력만을 본받으려 하기보다는, 원균의 간사함을 견제하고 선조의 무리한 지시에 전략적으로 대응하여 백의종군이나 조선의 전 수군이 몰살되는 상황을 미연에 방지하는 정치적 감각 또한 갖추려는 노력이 필요하다.

국왕으로서의 선조, 적어도 '낙제생'은 아니었다

마지막으로, 선조가 비록 현명한 인물도 아니었고 훌륭한 군주는 더더욱 아니었지만 그래도 그의 행동이 이해가 되는 면도 있다는 것을 이야기하고 싶다. 당시 이순신 장군은 조선의 수군 전체를 지휘하는 삼도수군통제사로 임명되었는데, 이 관직은 임진왜란 중 특별히 신설된 직책이었다. 물론 임진왜란이라는 절체절명의 전란 때문에 이순신 장군이 전 수군을 지휘하는 것이 필요했겠지만 결국 존재하지도 않던 벼슬자리까지 만들어 임진왜란 7년간 이순신이라는 한 인물에게 그 일을 맡긴 것이다. 또한 전쟁 상황에서 조정은 수군에 충분한 군량이나 보급을 제공하지 못해 이순신은 수군을 관리하는 데 필요한 돈을 스스로 구해야 했다. 더욱이 육군과 달리 해군은 군함을 건조하고 대포와 포탄 같은 장비를 유지해야 하므로 막대한 비용이 소요되었다. 그래서 전라도와 경상도 지역에서 여러 형태로 세금을 거두기도 하고 수군이 자체적으로 농경이나 어업을 통해 생계를 해결하도록 하기도 했으니 어쩌면 이순신은 조선의 남부 지역을 다스리는 작은 왕과도 같은 지위를 부여받았으리라 짐작된다.

  바꾸어 말하면 이성계가 위화도 회군으로 고려의 종말을 가져왔듯 이순신 장군도 얼마든지 딴 마음을 먹기만 했다면 전라좌수영에서 수군을 데리고 회군해 선조를 몰아내고 스스로 왕이 될 만큼의 군사력을 지니고 있었다는 의미가 된다. 물론 이순신 장군은 권력욕과는 거리가 먼 인물이었고 끝까지 충신으로서의 도리를 지켰으나, 선조 입장에서는 언제든 이순신 장군이 독자적 행보를 할 수 있다는 불안감을 느꼈을 가능성도 있다. 결국 선조가 이순신을 백의종군시키며 한번쯤 권위를 꺾고 견제하려 했던 것도 이러한 심리에서 비롯되었을 수 있다. 다만, 원균이 그토록 무능해 조선의 수군 전체를 몰살시킬 줄은 차마 예상하지 못했을 것이다.

한편, 개인적 능력이 부족했던 선조가 어떤 방식으로든 결국 왜군을 물리치고 조선의 이씨 왕조를 지켜낸 것도 사실이다. 그렇다면 선조가 군사 전략에 문외한이었다고 확정적으로 말하기도 어려운 일이 아닐까 한다.

선조는 결코 명군은 아니었다. 하지만 100점 만점에 61점 정도는 되었다는 생각이 든다. 낙제는 면했다는 뜻이다. 한 나라의 왕이 세종대왕처럼 우등상을 받으면 좋겠지만 그게 아니라면 적어도 낙제를 해서 나라가 망하도록 하지는 말아야 한다. 최근에 우크라이나가 유럽과 미국의 원조를 제대로 받아내지 못해 고생하는 모습과 비교한다면, 선조는 단순히 명나라의 원조만 받은 것이 아니라 명나라로부터 대군을 파견받아 왜군과의 전쟁에 참전까지 시켰으니 그의 외교력이 최하의 점수를 받을 수준은 아니지 않았을까?

이런 의미에서 선조는 '임진왜란'이라는 극도로 어려운 시험에서 어쨌거나 낙제는 면한 왕이기 때문에 어느 정도 인정받을 자격은 있다고 생각된다.

제 7 장

적을 모두 제거하면
과연 친구만 남을까?

| 미국독립전쟁으로 되새기는 '적과의 동침' 전략 |

프렌치-인디언 전쟁(French and Indian War)에 대해 아는 독자들이 아마 많지는 않을 것 같다. 그 명칭만 보면 마치 프랑스와 인도인들이 맞서 싸운 것이라는 생각이 들 법하지만 이는 큰 오해다. 이 전쟁은 프랑스와 아메리카 원주민 인디언들이 같은 편이 되어 영국인들에게 맞서 싸웠던 전쟁이다. 영국인들 입장에서 볼 때 프랑스-인디언 연합군과 전투를 벌인 것이기에 적군의 이름을 붙여 프렌치-인디언 전쟁이라고 불렀다. 이 전쟁은 지금의 미국과 캐나다 땅에서 1754년에 발발했다.

미국독립전쟁의 불씨가 된 프렌치-인디언 전쟁

　현재 미국과 캐나다의 지명에는 프랑스의 영향이 많이 남아 있다. 미국 남부의 대도시 뉴올리언스(New Orleans)에서 '뉴'는 새롭다는 의미고 '올리언스'는 프랑스의 도시 오를레앙(Orléans)을 의미한다. 뉴욕이 '새로운 요크'라는 의미로 영국인들이 붙인 이름인 것처럼 뉴올리언스는 '새로운 오를레앙'이라는 의미였던 것이다. 미국 중부의 세인트루이스(Saint Louis)도 '세인트'는 기독교의 성인(聖人)을 뜻하며, '루이스'는 프랑스 왕 루이 9세를 의미한다. 도시의 이름이 '성 루이 왕'인 셈이다. 영국에서 온 이민자들이 결혼하지 않은 엘리자베스 여왕을 상징하는 버지니아라는 지명을 붙였듯 프랑스에서 온 탐험가들은 자신들의 왕인 루이 14세를 상징하기 위해 미시시피강 유역에 '루이지안(Louisiane)'이라는 이름을 붙였으며, 이는 훗날 미국의 루이지애나주를 가리키게 되었다. 또 캐나다의 도시 몬트리올(Montréal)에서 '몬트'는 산 또는 언덕을 의미하고 '리올'은 프랑스어로 왕을 의미하는 '루아얄(royal)'에서 온 말이다. 즉, 몬트리올은 '왕의 산'이라는 뜻이다. 이러한 지명들을 통해 초기 북미 대륙 개척에 프랑스인들이 적지 않은 영향을 끼쳤음을 알 수 있다.

1750년대 중반, 북미 대륙의 대서양 쪽 해안가는 영국인들이 차지했지만, 가장 북쪽 캐나다부터 가장 남쪽 뉴올리언스까지의 내륙 지역은 프랑스인들이 차지하고 있었다. 그 땅의 원주민인 인디언들과 사이가 좋지 않았던 영국인들과 달리 프랑스인들은 인디언들과 동맹을 맺고 친하게 지냈다. 영국인들은 원주민 인디언들을 내쫓고 그 땅을 차지하는 정책을 폈지만 프랑스인들은 원주민 인디언들과 결혼하거나 문화적으로 교류하며 융합 정책을 폈고, 그 결과 상당수 원주민 부족들은 프랑스와 손을 잡았다.

이런 상황에서 프랑스와 영국의 접경 지역에서는 끊임없는 영토 분쟁이 일어났다. 당시 버지니아주 출신의 20대 젊은 장교였던 조지 워싱턴(George Washington)이 버지니아 민병대를 이끌고 영국군 밑에서 프랑스군과 전투를 벌였다가 크게 패하여 항복했다는 기록이 있다. 조지 워싱턴은 신대륙 출신으로는 드물게 프랑스와 인디언의 연합 군대와 전투를 경험한 인물이었기에 이후 미국독립전쟁에서 대륙군의 사령관이 될 수 있었다.

1757년까지 인디언과 손잡은 프랑스군에게 계속 승리를 내주었던 신대륙의 영국인들은 본국에 지원을 요청했고 영국 정부는 세계 최강의 영국군을 보내 프렌치-인디언 연합군에 승리를 거둔다. 결국 1763년 프랑스군은 캐나다와 미국의 많은 지역을 포기한 채 철수하였고 그 여파로 원주민 인디언들은 영국인들에게 엄청난 영토를 빼앗긴다. 앞서 언급했듯 원주민 인디언들은 프랑스군과 동맹을 맺고 영국군에 대항하여 싸웠으나 전쟁이 영국군의 대승리로 끝나는 바람에, 영국인들이 인디언들을 마구 쫓아내고 땅을 빼앗는 비극이 일어난 것이다.

그런데 더 큰 문제는 그 이후에 발생했다. 본국에서 파견된 영국군과 북미 식민지의 영국인들이 프렌치-인디언 연합군에 맞서 함께 싸운 전쟁이었음에도 오히려 이때부터 영국 본토와 식민지 사이의 관계가 악화된 것이다. 본토 영국인들 입장에서는, 북미 식민지 보호를 위해 대규모 군대를 파견해 젊은 병사들이 상당한 인명 피해를 입었는데 막상 식민지 영국인들은 전쟁에 적극적으로 참여하지 않았다고 느꼈다. 본토 영국인의 감정을 더욱 더 상하게 한 것은 일부 식민지 영국인들이 돈을 벌기 위해 적국인 프랑스 군대에도 식량을 팔았다는 사실이었다. 본토 영국인들은 식민지 영국인들에게 상당한 배신감을 느꼈을 것이다.

또한 금전적 측면에서도 갈등이 있었다. 영국 정부는 북미 식민지를 보호하기 위해 벌인 전쟁에서 막대한 군사비를 지출하여 재정 적자가 눈덩이처럼 불어났다. 하지만 보호받은 식민지 주민들은 정작 영국 정부에 세금을 내지 않고 있었다. 본국 입장에서 보면, 돈만 들어가고 얻은 것은 없는 손해 보는 장사를 한 셈이었다. 영국 정부는 당연히 식민지 영국인들이 세금을 내고 그 돈으로 식민지에 주둔한 영국군의 군사비 정도는 충당해야 한다고 생각했다. 그래서 부과한 세금 중 하나가 설탕과 차(茶)에 대한 관세였다.

적이 사라지자마자 같은 편끼리 싸우게 된 사연

잠깐 사잇길로 빠져 정부와 세금 징수 문제에 대해 이야기해보자. 경제학자 입장에서 보면, 영국 정부가 식민지 영국인들에게 소득세나 재산세 대신 설탕과 차에 세금을 부과한 것은 완벽히 이해가 가는 일이다. 사실 세금을 징수하는 일은 매우 어려운 작업이다. 대부분의 사람들은 세금 내기를 싫어하기 때문에 자발적으로 내라고 하면 낼 사람이 아무도 없을 것이다. 세무 공무원은 이런 사람들을 대상으로 정확한 세금을 거둬야 하고 세금 내기를 거부하면 경찰이나 군대를 동원해서라도 강제로 세금을 징수해야 한다. 모든 금융자료가 전산화된 현재에도 국세청이 세금을 징수하는 일은 결코 만만한 작업이 아니다. 실제로 많은 개발도상국에서 국민들이 세금을 제대로 내지 않아 정부가 돈이 없는 상황이 벌어지고 있다. 정해진 세금을 정확히 걷는 것이 결코 저절로 이루어지는 일은 아니라는 이야기다. 세금을 제대로 거둔다는 것 자체가 그 국가가 선진국임을 의미한다.

당연히 저 넓은 미국 대륙 곳곳에 흩어져 살던 식민지 주민들에게 세금을 거두려면 영국 정부가 미국 대륙 전역에 세무 공무원을 파견해야 하고, 경찰과 군인까지 보내야 할 수도 있었다. 이 경우 막대한 인건비가 들어 세금보다 세금 걷는 비용이 더 드는, 이른바 배보다 배꼽이 큰 상황이 되는 것이다. 그러니 이런 행정 비용을 최소화하면서 세금을 거둘 방안이 필요한데, 그때 경제학자라면 바로 생각나는 세금이 '관세'이다. 특히 설탕과 차는 당시 북미 대륙에서 생산할 수는 없지만 주민들이 즐기는 필수 기호품이었다. 그러므로 여기에 관세를 부과하고 설탕과 차가 수입되는 항구에만 공무원을 파견한다면, 적은 인력으로도 식민지 전역에서 세금을 효과적으로 거두게 되는 것이었다.

미국 독립운동이 시작된 곳이 보스턴인데, 이런 맥락에서 보면 그 또한 우연이 아니다. 당시 북미 대륙에서 가장 큰 항구였던 보스턴 항구에 영국 정부가 세무 공무원들을 집중적으로 파견해 설탕과 차에 대한 관세를 거두었다. 그런데 보스턴 항구에서 이러한 관세가 부과되자 예상치 못한 사태가 벌어졌다. 식민지 주민들이 관세를 피하기 위해 설탕과 차를 정식 항구가 없는 다른 해변을 통해 몰래 들여오는 밀무역이 성행하게 된 것이다. 그 여파로 항구도시 보스턴의 무역이 위축되고 경제도 침체되었을 것이다. 결국 관세로 인해 큰 피해를 입은 보스턴 시민들은 영국에 강한 반감을 품게 되었고, 그렇게 미국 독립운동이 시작되었다. 경제학적으로 보면 당연한 수순이었다. 물론 자유와 독립이라는 이상도 중요했겠지만 말이다.

한편 식민지에 거주하던 영국인들도 영국 본토에 반감을 갖게 된 배경이 있다. 본토의 영국군이 식민지에 주둔하면서 식민지 주민에게 숙소와 음식 제공을 사실상 강요했기 때문이다. 영국 정부의 간섭을 피해 도망치듯 신대륙으로 건너와 살고 있었는데 영국군이 미국까지 따라와 군인들을 위해 숙소와 음식도 제공하고 세금까지 내라고 하니 싫었을 것이다. 조지 워싱턴도 프렌치-인디언 전쟁에 참전했지만 아무리 공을 세워도 본토에서 온 영국군 장교들보다 낮은 대우를 받았고 그래서 영국군에 대한 반감을 갖기 시작했다고 한다.

그렇다고 해도 영국에서 파견된 군인들에 의해 독립과 치안이 유지되는 상황에서 식민지 주민들이 세금도 내지 않겠다고 하고 영국 군인들에게 숙소와 식량도 제공하지 않겠다고 한다면 너무 이기적인 것 아닐까? 하지만 식민지 주민들도 사실 세금을 거부할 만한 이유가 있기는 했다. 그들은 당시 "대표 없이 과세 없다(No taxation without representation)."라는 주장을 폈다. 여기서 대표란 주민들이 직접 뽑은 의원을 말한다. 영국 본토의 국민들은 투표를 통해 의원을 선출했고 이들이 모인 의회에서 세금에 관한 논의를 했다. 그런데 영국 의회에 미국을 비롯해 식민지 주민들을 대표하는 의원은 없었다. 북미 식민지 주민들은 "우리에게 세금을 부과하려면 먼저 우리도 의회에 대표를 보낼 수 있도록 해달라."라고 요구했다. 실제로 미국 식민지 거주민들은 대부분 영국에서 왔을 것이므로 이러한 요구는 분명 정당성이 있었다. 하지만 영국 정부 입장에서 보자면, 영국의 식민지가 북미 외에도 인도와 아프리카를 비롯하여 한두 곳이 아닌데, 모든 식민지에서 의원을 뽑아 보낼 경우 영국 의회 내 식민지 세력의 비중이 과도하게 커질 우려가 있었다. 또한 북미 대륙에는 아일랜드, 이탈리아, 독일 등지에서 이주해 오는 사람들이 많았는데, 영국인이 아닌 사람들에게까지 투표권을 주어야 하는가 하는 복잡한 문제도 작용했을 것으로 짐작된다. 결국 영국 정부는 식민지 출신에게 투표권과 참정권을 주지 않았다.

참정권도 없고 본토 영국인에 비해 차별까지 받던 북미 식민지 주민들로서는 당연히 세금을 내고 싶지 않았을 것이다. 그러나 이보다 더 실질적이고 중요한 이유는, 이전에는 프렌치-인디언이라는 강력한 적에 맞서 한마음으로 뭉쳤던 본토 영국인과 북미 식민지 영국인이 1763년 프랑스군이 북미 대륙에서 철수하자 더 이상 서로를 필요로 하지 않게 되었다는 사실이다. 프랑스군이 사라진 상황에서, 여전히 미국에 주둔하며 이런저런 요구를 하는 본토 영국군은 북미 거주 영국인들에게는 거추장스러운 존재로 여겨졌을 것이다. 반면 본토 영국인들은 프랑스군을 무찔러주었는데도 세금을 내지 않으려는 식민지 주민들에게 분노를 느꼈을 것이다. 화장실들어갈 때와 나올 때의 마음이 다르다는 표현이 꼭 들어맞는 상황이었다.

결국 차(tea)에 부과된 관세를 못 내겠다면서, 보스턴 시민들이 얼굴에 검은 칠을 하고 북미 원주민으로 어설프게 변장한 뒤 보스턴 항구에 정박한 영국 상선을 습격했다. 그렇게 통관을 기다리던 영국의 차 상자들을 모두 바다에 던져버린 '보스턴 티 파티(Boston Tea Party)' 사건이 일어났고, 이를 도화선으로 1776년 미국독립전쟁이 시작되었다.

비협조적 게임이론의 전제와 '적과의 동침' 전략

게임이론에는 '적과의 동침(sleeping with enemy)'이라는 전략이 있다. 함께 잠을 잔다는 것은 상대방이 나를 해치지 않을 것이라는 완전한 신뢰가 있어야 가능한 행동이다. 그렇다면 친구도 아닌, 오히려 나를 위협하는 적과 함께 자는 것이 어떻게 전략이 될 수 있을까?

일반인의 눈에 비친 게임이론은, 모든 사람을 의심하고 신뢰하지 않는 비뚤어진 세계관을 담고 있는 것처럼 보일 수 있다. 게임이론에서는 진정한 친구란 존재하지 않으며 사람은 모두 이기적 존재라는 전제를 따른다. 이것이 바로 '비협조적 게임이론(non-cooperative game theory)'의 출발점이다.

사실 게임이론의 초기 연구는, 사람들이 가족이나 동료를 위해 손해를 감수하면서도 기꺼이 도움을 준다는 전제에 기반한 '협조적 게임이론(cooperative game theory)'이 주류였다. 그러나 곧 인간은 가족이나 가까운 동료 사이에서도, 자신에게 손해가 되는 선택은 하지 않는다는 가정을 바탕으로 한 비협조적 게임이론이 주도하게 되었고 현재까지도 그 흐름이 이어지고 있다. 다만 오해해서는 안 되는 점은, 비협조적 게임이론이 사람들 사이의 협력이 전혀 불가능하다고 보는 이론은 아니라는 것이다. 사람들은 언제든 협력할 수 있지만 그 협력은 어디까지나 자신에게 이익이 될 때만 이루어진다는 것이 비협조적 게임이론의 핵심이다.

예를 들어, 현재 한국 영토에 미군이 주둔하고 있는 상황은 한국이 일방적으로 손해를 감수하며 미군에 편의를 제공하는 것도 아니고, 미국이 자국 청년들의 목숨을 담보로 한국을 위해 희생적으로 군대를 파병한 것도 아니라는 것이 비협조적 게임이론의 논리이다. 한국인들은 주한미군 덕분에 북한, 중국, 러시아, 일본 등 주변 나라들의 군사적 위협을 걱정할 필요가 없으니 이익이고, 미국은 중국과 러시아라는 강력한 경쟁국들을 코앞에서 견제할 수 있는 지리적 요충지인 한반도에 군대를 주둔시킬 수 있으니 이익인 것이다. 양국 모두 상대방을 배려했다기보다는 자국의 이익을 위해 취한 행동인 셈이다.

아마도 프렌치-인디언 전쟁에 상당한 규모의 군대를 파견한 본토 영국인들은 비협조적 게임이론을 오해했을지 모른다. 같은 영국인의 피를 나눈 사이이니 식민지 거주 영국인들을 당연히 보호해야 하고, 그러면 그들이 본토 영국인들에게 고마워하며 협조할 것이라 기대하면서 정말로 순수한 마음으로 미국 식민지를 지켜준 것일 수도 있다.

그러나 전략적으로 보면 본토 영국인과 식민지 거주 영국인들은 여러 이해관계가 충돌할 수 있는 적대적 관계였다. 다만 프랑스라는 공동의 적이 있었기에 잠시 동침이 가능했을 뿐이다. 만일 당시 본토 영국인들이 비협조적 게임이론의 논리를 제대로 이해했다면, 프렌치-인디언 전쟁에서 프랑스를 완전히 제압해서 미국과 캐나다 땅에서 철수하도록 하지 않았을 것이다. 왜냐하면 프랑스라는 위협이 계속해서 북미 대륙에 남아 있는 한, 영국 본토는 식민지를 보다 효율적으로 통제하고 지배력을 강화할 수 있었을 것이기 때문이다. 즉 영국 입장에서는 프랑스군을 북미 대륙에 적으로 남겨두어, 이른바 적과의 동침이 가능한 상황을 만드는 것이 더 이익이었다.

그 후 벌어진 이야기를 계속해보자. 미국독립전쟁에서 조지 워싱턴 장군이 이끄는 대륙군은 본토의 영국군과 전쟁을 벌여 가까스로 승리한다. 하지만 당시 세계 최강의 군사력을 자랑하던 영국 정규군을, 급히 조직된 데다 훈련도 무기도 부족했던 미국의 대륙군이 그들만의 힘으로 이긴 것은 아니었다. 실제로 조지 워싱턴 장군은 대부분의 전투에서 승리할 때보다 패배할 때가 훨씬 많았다고 한다. 하지만 조지 워싱턴 장군의 대륙군은 영국군에 거듭 패배하면서도 끈질기게 항전을 계속했다. 그러자 프랑스 정부는 미국에 승산이 있다고 판단하여 군대를 보내 조지 워싱턴 장군의 군대를 지원했고 그 덕에 미국은 독립을 이루는 데 결정적인 도움을 받을 수 있었다. 프랑스로서는 프렌치-인디언 전쟁의 패배를 영국에 되갚을 기회였다.

결과적으로 북미 대륙에서 영국군은 철수했고 프랑스군은 영국에 복수한 셈이 되었지만, 이번에는 이로 인해 프랑스 정부가 큰 곤경에 빠진다. 머나먼 신대륙의 독립을 지원하기 위해 대규모 군사비를 지출하면서 프랑스

정부의 재정이 심각한 위기에 빠졌던 것이다. 미국 정부로부터 세금을 징수하거나 경제적 보상을 받을 입장도 아니었기에 프랑스는 엄청난 재정적자를 메울 길이 없었다.

당시 미국의 독립전쟁을 지원했던 프랑스 국왕이 바로 루이 16세다. 프랑스혁명(1789년)으로 단두대에서 처형당한 바로 그 왕이다. 경쟁국 영국을 견제하고자 미국의 독립을 도왔던 루이 16세는 재정적자를 메울 방법이 없자 세금을 올리기 위해 삼부회(三部會)를 소집했다.

당시 프랑스의 삼부회는 이름 그대로 성직자, 귀족, 평민으로 구성되었으며, 각 계층이 3분의 1씩 동등한 의결권을 가졌다. 그러나 프랑스 인구의 약 98%가 평민인 상황에서 이는 불공정한 의결 구조였고 평민들의 반발을 불렀다. 결국 성직자와 귀족은 자신들의 면세 특권을 유지한 채 평민에게 더 많은 세금을 부과하려 했고, 이에 불만을 품은 평민 대표들이 베르사유 궁전의 테니스 코트에 모여 이른바 '테니스 코트의 서약'을 발표하고 삼부회와는 별도로 '국민의회'를 결성한 것이 바로 프랑스혁명의 시작이다. 경제학 측면에서 보면 프랑스혁명의 원인은 미국독립전쟁을 돕다가 발생한 재정적자에서 기인하는 것이다.

그러고 보면 '미국'이라는 국가의 탄생은 영국과 프랑스 양쪽 모두에 많은 빚을 졌다. 미국을 도왔던 루이 16세와 그의 부인 마리 앙투아네트는 결국 프랑스혁명의 격변 속에 단두대에서 목숨을 잃었다. 매 순간 통치자의 정치적 판단이 얼마나 중요한가를 다시금 일깨우는 이야기이다. 또한 세금을 올리는 것은 정치인으로서 매우 신중해야 할 민감한 문제라는 교훈도 얻을 수 있다.

몽골의 원나라를 중국 땅에서 쫓아내고 명나라를 건국한 홍무제 주원장(洪武帝 朱元璋)에 대해 다음과 같은 이야기가 전해진다. 능력 있고 충성스러운 부하를 거느리고 명나라를 건국한 주원장은 의심이 많아 자신이 죽은 후 공신들이 반란을 일으킬까 두려워했다. 그래서 철저하고 잔혹하게 부하들을 숙청한 것으로 유명하다. 주원장은 큰아들이 먼저 사망하자 손자인 주윤문(朱允炆)을 황태손으로 삼고 후계자로 지명했다. 주윤문은 할아버지가 공신들을 너무 잔혹하게 처단하자 그만 멈추어달라 간언했다고 한다. 그러자 주원장은 장미나무 가지를 꺾어 손자인 주윤문에게 세게 쥐어보라고 했다. 가시 달린 장미나무 가지를 움켜쥔 주윤문은 손에서 피가 났고 큰 고통을 느꼈다. 그러자 주원장은 "내가 생전에 이 가시들을 다 제거한 후 너에게 넘겨주려는 것이다."라고 말했다고 한다.

주원장은 비협조적 게임이론의 논리로 세상을 바라본 인물이었다. 그래서 지금은 충성심 넘치는 공신일지라도 자신이 죽고 나면 언제든 손자인 주윤문을 배신할 수 있다고 판단했던 것이다. 하지만 그 결과는 비극으로 이어졌는데 손자 주윤문이 황제가 되자 주원장의 넷째아들이자 주윤문의 작은아버지인 주체(朱棣)가 반란을 일으켜 조카 주윤문을 제치고 황제 자리에 오른 것이다. 만일 주원장이 능력 있는 공신들을 다 죽이지 않았다면 그 공신들이 주윤문을 위해 주체와 싸워주었을 수도 있지 않을까? 하지만 전투에 능한 공신들이 모두 죽은 상황에서 주윤문은 작은아버지 주체를 이길 수 없었다. 주윤문을 몰아낸 주체가 바로 명나라의 전성기를 이끌었다는 그 유명한 영락제(永樂帝)이다.

적이라고 생각되는 이들을 모두 제거하면 친구만 남게 된다고 생각하기 쉽다. 하지만 비협조적 게임이론에 따르면 진정한 의미의 친구란 존재하지 않는다. 적이 사라지면 현재의 친구가 미래의 새로운 적이 될 수 있기 때문이다. 따라서 적을 무조건 제거하기보다 때로는 적과 동침하는 지혜도 필요하다. 적을 너무 미워해서도 안 되고 친구를 너무 믿어서도 안 되는 것이 세상을 잘 살아가는 이치다. 그러므로 현재의 적을 제거하면 오히려 지금의 친구가 새로운 적이 되지는 않을지 잘 살펴볼 필요가 있다. 현재의 적을 완전히 제거할 수 있는 상황이라 해도 그들의 목숨을 살려줌으로써 새로운 적의 등장을 막는 것이 더 효과적일 수도 있기 때문이다.

제 8 장

승산 없는 전쟁, 피해야 할까? 싸워야 할까?

| 흥선대원군의 쇄국과 에도 막부의 메이지유신 |

1853년 7월 미국의 매슈 페리(Matthew Perry) 제독이 네 척의 군함을 이끌고 일본 우라가(浦賀) 해안에 접근해 개항을 요구하며 일본을 압박했다. 증기기관으로 움직이는 검은색의 거대한 미국 군함을 본 일본인들은 "구로후네(黑船)", 즉 "검은 배"가 왔다며 두려워했다고 한다.

　당시 일본의 통치자들은 생각할 시간을 1년 달라고 했고 페리 제독은 동의했으나 약속한 1년이 되기도 전인 1854년 2월에 다시 더 많은 여덟 척의 군함을 이끌고 와서 개국을 강하게 요구했다. 결국 일본 정부는 요구를 받아들였고, 1854년 3월 일본의 항구를 미국에 개방하는 미일화친조약을 맺게 된다. 미국 군함에 탑재된 무기의 위력을 확인한 일본인들은 전투를 해봐야 도저히 상대가 되지 않는다는 판단을 재빨리 내리고 페리 제독의 조건을 그대로 받아들여 개항을 했다.

　그로부터 17년 뒤인 1871년 6월 미국의 군함 다섯 척은 650명의 미군 병사를 태우고 조선의 강화도 지역에 접근하여 조선의 개항과 통상을 요구한다. 조선 정부는 이를 거절하고 결사항전 태세를 갖추었고 그래서 벌어진 전투가 신미양요(辛未洋擾)이다. 전투 자체만 놓고 보면, 조선은 비참한 패배를 당했다. 조선은 충청도 병마절도사를 지낸 총사령관 어재연(魚在淵) 장군을 포함해 300명 넘는 전사자가 발생한 반면, 미군 전사자는 세 명에 불과했다. 하지만 조선군의 굳건한 항전 의지를 확인한 미군은 조선과의 통상을 포기하고 철수한다. 죽음을 불사하고 대항하는 조선의 군인들이 내심 두렵기도 했을 것이고, 그렇게까지 하면서 조선과 통상을 할 생각은 없었을 수도 있다.

에도 막부와 흥선대원군, 정책은 같아도 선택은 달랐다

일본의 에도 막부와 조선의 흥선대원군은 모두 쇄국정책을 채택하고 있었다. 그러나 전투 한번 치르지 않고 바로 미국 군함의 위세에 눌려 개항을 결정해버린 당시 일본의 에도 막부에 비해 흥선대원군 지휘하의 조선은 항전 의지가 대단했다. 하지만 그 결과 일본은 서둘러 개항함으로써 서양의 문물을 아시아 국가들 중 가장 먼저 받아들였고, 조선은 서양의 문물을 배척하는 쇄국정책을 계속하다가 결국 일본의 식민지로 전락하게 되었으니 아이러니한 일이 아닐 수 없다.

조선과 일본의 차이는 이것만이 아니었다. 서양 문물이 일본에 들어오면서 일본의 개혁파는 개혁에 소극적인 에도 막부를 해체하고 다시 천황이 다스리는 정치체제로 돌아갈 것을 주장했다. 당시 개혁파는 이미 서양의 군사 무기를 받아들여 강력한 군사력을 갖추고 있었다. 하지만 일본의 대다수 지역은 아직 에도 막부의 영향력 아래 있었기에 만일 양측이 전쟁을 벌인다면 승패를 쉽게 예측하기 어려운 상황이었다.

당시 막부의 최고 책임자는 마지막 쇼군 도쿠가와 요시노부(德川慶喜)였다. 물론 에도 막부와 개혁파 사이에 몇 번의 전투가 있었고, 서양의 무기로 무장한 개혁파가 전투에서 승리하는 경우가 대부분이었다. 그러나 막부도 여전히 상당한 전투 능력을 보유하고 있었던 상황에서, 도쿠가와 요시노부는 스스로 막부를 해체하고 모든 권력을 천황에게 돌려준다는 대정봉환(大政奉還)을 시행하였다. 그 결과 천황 주도하에 일본이 서양식 문물을 받아들이는 메이지유신(明治維新)이 1868년부터 시작될 수 있었다.

메이지유신이 시작된 이후에도 도쿠가와 요시노부는 개혁파에게 양보에 양보를 거듭했다. 개혁파가 막부의 수도 도쿄를 공격했을 때에도 인명 살상이 발생할 만한 전투를 벌이지 않고 바로 항복하여 개혁파의 군대가 무혈 입성하게 허락한 후 스스로 모든 권한을 내려놓았다. 그리하여 에도 막부 체제에서 메이지유신 체제로의 이행이 거의 피 한 방울 흘리지 않고 평화롭게 이루어졌다.

아마도 당시 일본의 에도 막부는 미국 군함의 군사적 능력을 정확히 판단하여 싸워도 승산이 없음을 깨닫고 개항을 선택했을 가능성이 크다. 또한 서양 무기로 무장한 개혁파와 한동안 싸울 수는 있겠지만 결국 많은 희생자를 낳고 패배할 확률이 높다는 계산에 따라 희생을 최소화한다는 합리적 판단으로 항복을 했을 것이다. 우리가 흔히 생각하는 결전을 불사하는 사무라이의 모습이라기보다는 냉철하게 이득을 따져보고 승산 없는 싸움은 피하는 현실적인 상인 같은 행동이었다.

반면 그 무렵 조선 조정은 전혀 다른 모습이었다. 신미양요 당시 조선의 군사들만 일방적으로 전사하는 상황에서도 끝까지 싸웠고, 동학농민운동이 일어나 조선의 군대만으로는 진압이 어려워지자 청나라와 일본에 군사 지원을 요청해 농민들을 진압함으로써 조선 이씨 왕조의 명맥을 이어가려 했다. 그렇게 군사 지원을 나온 청군과 일본군이 한반도에서 청일전쟁을 벌였고, 그 결과 조선이 일본의 식민지로 전락하는 계기를 제공하게 된다.

경제학자가 군대의 지휘관이었다면?

경제학적 분석을 적용해보면, 이런 상황들은 '소모적 지구전(war of attrition)'의 형태라고 볼 수 있다. 미국의 군함이 아무리 강력하더라도 조선이나 일본을 굴복시키려면 오랜 시간이 걸린다는 의미에서 지구전이고, 이렇게 오랜 기간 전투를 하려면 양측 모두 막대한 인명과 경제력이 소모된다는 측면에서 소모전이다. A와 B가 소모적 지구전을 벌인다고 할 때, A가 이길 확률이 100%이고 B가 이길 확률은 0%라면 실제 전투는 절대로 일어나지 않는다. 승리의 가능성이 전혀 없는 B가 바로 항복할 것이기 때문이다. 하지만 현실에서 100% 대 0%의 확률은 존재하지 않는다. 이를테면, A가 이길 확률 70%, B가 이길 확률 30%라는 식으로 전개되는 것이 대부분이다. 당신이라면 아군에 막대한 사상자가 발생하는 상황을 감수하며 5년이나 싸워야 하는 승률 30%의 전쟁을 시작할 것인가? 이런 전쟁을 하는 것이 옳은 결정일까?

문제는 인류의 역사에는 약한 다윗이 누가 봐도 훨씬 강한 골리앗을 이기는 경우가 가끔 발생한다는 것이다. 이순신 장군은 명량해전에서 12척의 배로 왜군의 함선 133척을 물리쳤고, 베트남은 세계 최강인 미군과의 전쟁에서 승리하지 않았던가?

그렇지만 냉철한 경제학자들이 군대의 지휘관이라면 승률이 30%에 불과한 전쟁에는 절대로 뛰어들지 않을 것이다. 아마도 곧바로 항복할 것이다. 이런 경제학자의 판단을 정당화해주는 논리도 있는데, 전쟁이란 이기든 지든 결국 양측 모두에 큰 희생을 초래하기 때문에 가능하다면 전쟁 없이 승패를 가리는 것이 국가와 민족 측면에서 이익이라는 것이다. 앞서 살펴본 일본의 근대화 과정도 이를 잘 보여준다. 마지막 쇼군 도쿠가와 요시노부가 스스로 정권과 도쿄 지역을 천황에게 반납함으로써 국가적 피해를 최소화하고 외세의 개입도 막으면서 일본이 서양식 근대화를 이룰 수 있게 했다. 반면 같은 시기 조선의 권력자들은 개항을 요구하는 서양 세력과도 싸우고 갑신정변을 일으킨 국내 개혁파와 동학농민군과도 싸우면서 권력을 유지하려는 소모적 지구전을 벌였지만, 결국은 낮은 승률을 극복하지 못하여 나라도 잃고 권력도 잃고 말았다. 그 과정에서 가장 큰 피해를 입은 이들은 다름 아닌 조선의 대다수 서민이었다.

이처럼 합리적으로 실리를 따지는 경제학자를 지도자로 뽑는다면 승률이 50% 미만인 경우에는 전투를 포기하고 항복할 가능성이 높다. 굳이 길고 짧은 것을 대보지 않아도 손익 계산만으로 충분히 결론을 내릴 수 있다는 뜻이다. 하지만 우리 사회에는 경제학자처럼 사고하는 사람이 그리 많지 않다. 또한 국가와 민족의 입장에서야 뻔히 지는 전쟁이라면 전쟁 없이 승패를 가르는 것이 좋겠지만, 개인의 입장에서는 지더라도 끝까지 싸워보는 것이 도리어 이득이 되는 경우가 적지 않다. 현실에서는 싸우지도 않고 항복한 패배자와 격렬한 전투를 벌인 끝에 일정한 세력을 유지하는 패배자에 대한 대우가 분명히 다르기 때문이다.

만일 도쿠가와 요시노부가 개혁파와 격렬한 전투를 벌였다면, 그럼에도 패배해서 어쩔 수 없이 권력을 천황에게 돌려주어야 했다면 어땠을까? 개혁파라 해도 에도 막부를 위해 싸우던 막부 측 군인들을 모두 죽이지는 못했을 것이며, 막부 측 세력을 달래기 위해서라도 도쿠가와 요시노부에게 권력의 한 자리를 내줄 수밖에 없었을 것이다. 하지만 도쿠가와 요시노부가 전투도 없이 스스로 수백 년 이어온 막부를 천황에게 넘기자 막부 충성파는 더 이상 그를 따르지 않게 되었고 그래서 외톨이가 된 그는 메이지유신 이후 권력에서 완전히 배제되었다.

"It ain't over till the fat lady sings(뚱뚱한 여자가 노래 부르기 전까지는 끝난 게 아니다)." 미국 스포츠 중계에서 자주 등장하는 이 말은 오페라에서 유래한 표현으로, 오페라가 끝날 듯 끝날 듯하면서도 끝나지 않는다는 의미가 담겨 있다. 즉, 오페라에는 언제나 몸집 좋은 소프라노 가수가 나와서 마지막 곡을 부른다는 인식이 있기 때문에 이야기가 거의 끝난 것같이 보여도 그 소프라노 여성이 등장하기 전까지는 상황이 얼마든지 반전될 수 있다는 의미이다. 야구 경기로 말하자면, 승패가 거의 결정된 것 같아도 끝까지 포기하지 말고 역전을 노리며 최선을 다해야 한다는 뜻이다. 9회 말 투아웃 이후에도 경기는 역전될 수 있기 때문이다.

국가나 민족도 중요하지만 개인으로서의 선택도 중요하다. 싸워보지도 않고 항복할지 아니면 길고 짧은 것을 실제로 대보며, 다시 말해 결판을 내기 위해 불리한 상황에서도 끝까지 전투를 벌일지는 결국 경제학의 문제라기보다는 개인의 철학의 문제일 수 있다. 경제학적으로는 승률이 50% 미만이라면 소모적 지구전을 피하고 항복하는 것이 합리적일지 모른다. 그러나 유한한 인간의 삶을 생각해보면 처참하게 패배하더라도 마지막까지 역전의 희망을 품고 힘껏 싸워보는 것이 인간적인 일일 수 있다. 선택은 개인의 몫이다.

기원전 406년 아테네는 그리스의 패권을 놓고 숙적 스파르타와 전투를 벌였는데, 바로 아르기누사이 해전(Battle of Arginusae)이다. 당시 아테네는 시칠리아섬을 식민지로 삼기 위해 벌인 대규모 전쟁에서 무참히 패배하여 국력이 급격히 약화된 상태였기에 객관적으로 보아 스파르타를 이기기는 힘들었다. 만일 아르기누사이 해전에서 또 패배하면 아테네라는 도시의 운명 자체가 위협을 받게 되는 상황이었다. 하지만 이런 상황에서도 아테네 해군은 죽음을 불사하는 자세로 스파르타군과 싸워 결국 승리했다.

전쟁에서 이기고 돌아온 장군들을 처형한 아테네인들

    그런데 아르기누사이 해전이 유명해진 것은 아테네군의 승리 때문이 아니라 그 직후에 일어난 사건 때문이다. 스파르타군에게 간신히 승리를 거두기는 했지만 아테네 해군 함선들도 막대한 피해를 입었다. 전투가 끝난 바다에는 침몰하는 함선에서 뛰어내려 도움을 청하는 아테네 군사들이 많았다고 한다. 문제는 하필 그때 거센 폭풍우가 불어오기 시작했다는 것이다. 대부분의 함선이 전투로 인해 이미 파손된 상태였고, 장군들은 폭풍 속에서 구조 작업을 강행할 경우 남아 있는 함선까지 침몰해 더 많은 병력을 잃을 것이라 판단했다. 결국 아테네 장군들은 구조를 포기하고 함대를 항구로 철수시켰다. 이후 폭풍우가 잠잠해지자 다시 구조 작업을 시작했지만 그때는 이미 표류하던 많은 아테네 군인이 바다에 빠져 죽은 상태였다.

이 소식을 들은 아테네 시민들은 분노했다. 폭풍우가 두려워 구조 작업을 하지 않은 장군들 때문에 자기 아들들이 사망했다고 여겼기 때문이다. 결국 아테네 시민들은 아르기누사이 해전에서 승리한 여섯 명의 장군을 아테네로 소환해 재판한 뒤 바로 사형에 처했다. 이때 그 유명한 철학자 소크라테스만이 장군들의 처형은 잘못된 일이라고 끝까지 반대했다고 한다.

당시의 상황을 정확히 알지 못하는 현재의 우리가 장군들의 잘잘못을 따지기는 어렵다. 그러나 오랜 전투로 배가 파손된 상태에서 폭풍우를 무릅쓰고 구조 활동에 나서면 해군 함선 전체가 침몰할 수 있기 때문에, 구조 작업을 포기한 아테네 장군들의 판단은 충분히 옳았을 가능성이 있다고 생각된다. 무엇보다 해전에 직접 참여하지 않고 안전한 아테네 도시에 있었던 일반 시민들이, 아르기누사이 바다에서 폭풍우 속 구조 작업이 가능했는지를 판단한다는 것 자체가 문제 아닐까? 그 폭풍우가 얼마나 거셌는지, 당시 아테네 함선들의 파손 정도가 어느 정도 심각했는지는 아테네 시민들이 정확히 알 수가 없었기 때문이다. 아마도 그래서 소크라테스 같은 현명한 시민은 스파르타와의 어려운 전투에서 승리를 거둔 장군들을 처형하는 데 반대했을 것이다. 결국 조국 아테네를 위해 불리한 전황 속에서도 해전을 승리로 이끈 여섯 명의 장군은 조국을 구했으며 모두를 지키진 못했더라도 해군의 전멸은 막아냈음에도 불구하고, 바로 그 조국 아테네의 손에 의해 사형당하고 말았다.

그 이후 아테네의 운명은 어떻게 되었을까? 이듬해인 기원전 405년 아테네는 다시 스파르타군과 전투를 벌이게 되는데 이것이 아이고스포타모이

해전(Battle of Aegospotamoi)이다. 이 전투에서 아테네 해군은 전멸한다. 한때 그리스 전체를 통치하던 도시국가 아테네는 도시국가로서 가졌던 힘을 모두 잃고 스파르타의 감시를 받는 약소국으로 전락했으며, 그 후로는 재기하지 못했다.

아르기누사이 해전을 승리로 이끈 여섯 명의 장군이 사형을 당한 직후, 당시 아테네군의 지휘관들이 이 사건에 대해 어떻게 느꼈는지는 알 수 없다. 그러나 상식적으로 생각해볼 때 그들의 사기가 높았을 리는 없다. 또한 아테네 해군 입장에서도 유능한 지휘관 여섯 명을 동시에 잃은 것은, 전투 능력에 큰 타격이었으리라는 추측이 가능하다. 무엇보다 전쟁에서 승리할지라도 그 과정에서 아테네 시민의 아들들이 전사한다면, 전쟁이 끝나 고향으로 돌아왔을 때 지휘를 맡은 장군들이 처형당할 수도 있다는 두려움 때문에 전장에서 제대로 싸우기가 쉽지 않았을 것이다.

주인-대리인 문제, 누가 가해자이고 누가 피해자일까?

경제학의 중요한 난제 중에 '주인-대리인 문제(principal-agent problem)'가 있다. 일반적으로는 '대리인 문제'라고 줄여 말한다. 보통 이 '대리인 문제'는 주인을 위해 열심히 일하기로 약속한 대리인이 꾀를 부리며 일을 소홀히 하는 것을 가리키는 말로 인식된다. 그리고 '대리인 문제'의 전형적인 진행 과정은 이렇다. 즉, 주인이 대리인에게 어째서 성과가 미미한지 물었을 때 자신은 최선을 다했는데 운이 없어 아직 성과가 나지 않은 것이라는 변명이 돌아오는 것이다. 나 역시 교수로서 내 마음에 쏙 들게 성실히 일해주는 조교를 찾기가 쉽지 않은 걸 보면, 아마 조직에서 일정한 책임을 맡고 있는 사람이라면 대부분 같은 마음일 것이다.

주인-대리인 문제에서는 흔히 꾀를 부리는 대리인이 악한 존재이고 주인은 선한 피해자라는 인식이 일반적이다. 하지만 경제학적으로 이 문제를 분석해보면, 가해자가 대리인이고 피해자가 주인이라는 주장은 지나친 단순화임을 깨달을 수 있다. 대리인이 꾀를 부리고 거짓말을 하게 만드는 사람이 다름 아닌 주인이라는 결과가 도출되기 때문이다. 무엇보다 주인이 매우 어리석은 사람이 아닌 이상 대리인이 꾀를 부릴 수 있다는 가능성을 전혀 예상하지 못하고 대리인의 거짓말에 매번 속는다는 것은 논리적이지 않다.

이와 관련하여 한국 역사에서 한 가지 예를 가져와보자. 임진왜란이 일어나 왜군이 부산성과 동래성을 함락했다는 소식이 전해지자 한양에서는 경상도로 군대를 보내는데 이때 가장 먼저 파견한 인물이 이일(李鎰) 장군이다. 용맹함으로 이름을 떨치던 이일 장군은 왜군을 막기 위해 가장 먼저 파견될 정도로 그 능력을 인정받고 있었지만 첫 전투에서 그만 큰 실수를 하고 만다. 류성룡의 《징비록(懲毖錄)》에 따르면, 이일 장군이 경상도 상주에 도착해 왜군을 막을 준비를 하는데 한 농민이 찾아와 왜군이 바로 근처까지 쳐들어왔다고 보고했다. 하지만 이일 장군은 불과 며칠 전 부산에 상륙한 왜군이 벌써 상주 근처까지 왔을 리 없다고 판단하고, 거짓 정보를 퍼뜨려 민심을 어지럽게 하는 걸 보니 아무래도 왜군의 첩자가 분명하다며 그 농민을 처형한다. 그런데 불과 몇 시간 후 그 농민의 말처럼 왜군이 상주로 들이닥쳤고, 제대로 준비가 되어 있지 않던 이일 장군의 군대는 패배하여 후퇴하게 된다.

정식 병사도 아닌 농민이 왜군을 보자마자 일부러 이일 장군을 찾아가 정보를 전한 것은 정말로 칭찬받을 만한 행동이다. 먼저 내 가족부터 안전한 곳으로 피신시키려 하는 것이 인간의 본능일 텐데 위험을 무릅쓰고 이일 장군을 찾아갔으니 말이다. 하지만 그런 갸륵한 농민의 행동을 칭찬해주지는 못할망정 첩자로 몰아 죽였으니 분명 이일 장군의 행동은 크게 잘못된 것이다. 또한 이런 일을 겪었으니 그 후로는 조선군에게 왜적의 정보를 알리려는 농민의 수가 당연히 급감했을 것이다.

다시 경제학의 주인-대리인 문제로 돌아가 생각해보자. 주인-대리인 문제가 발생하는 근본 원인은 무엇일까? 바로 대리인이 어떤 업무를 하는지 주인이 정확히 알지 못하기 때문이다. 경제학에서는 이를 '비대칭 정보(asymmetric information)'라고 부른다. 즉, 주인은 대리인이 제대로 일하고 있는지를 정확히 파악할 수 없기 때문에 대리인은 일을 게을리하면서도 자신은 최선을 다하는 중이라고 거짓말을 할 여지가 생긴다. 그런데 반대로 대리인 입장에서 보면 열심히 일해도 어차피 주인이 알아주지 않을 테니 열심히 일할 필요가 없어진다. 이때 떠오르는 말이 바로 선비는 자신을 알아주는 이를 위해 목숨을 바친다는 '사위지기자사(士爲知己者死)'이다. 주인이 대리인의 노력을 진심으로 알아주고 인정해주면 대리인은 목숨이라도 바친다는 의미이다. 하지만 요즘 같은 세상에서는 주인이 인정해준다는 사실 정도로 목숨을 바칠 대리인을 찾기란 아마 어려울 것이다.

고대 중국의 유명한 병법 대가이자 위(魏)나라의 장군이었던 오기(吳起)에 대해 다음과 같은 이야기가 전해진다. 오기는 늘 사졸(士卒)들과 더불어 입고 마시는 것을 함께하였다. 잠을 잘 때에도 자리를 깔지 않았고, 행군할 때에도 말이나 수레를 타지 않았으며, 몸소 식량을 지고 다니며 사졸들과 노고를 나누었다. 어느 날은 한 병졸이 종기가 났는데 오기가 이를 입으로 빨아주었다. 이 소식을 들은 병졸의 어머니가 통곡하자 주위 사람들은 "장군이 직접 종기를 빨아주었다는데 왜 우는 것이오?"라고 물었다. 그러자 병졸의 어머니는 "과거 오공께서 내 남편의 종기를 빨아주는 바람에 남편이 전투에서 뒤도 돌아보지 않고 싸우다가 적에게 죽고 말았소. 오공께서 이번엔 우리 아들의 종기를 빨아주었으니 그 아이도 어디서 죽을지 몰라 우는 것이오."라고 답하였다. 주인이 종기 한번 빨아주고 인정해주면 정말로 전투에서 목숨을 걸고 싸우는 이가 있긴 하지만, 남편을 이미 그렇게 잃은 부인의 입장에서는 오기의 그 행동이 아들의 목숨까지 빼앗을까 걱정부터 앞섰던 것이다. 그랬으니 어쩌면 그 아들은 어머니의 만류로 인해 전장에서 그리 열심히 싸우지 않았을 수도 있다.

당태종의 전략에서 배우는 '대리인 문제' 해법

주인-대리인 문제를 분석해보면 대리인의 복잡한 심리가 파악된다. 즉, 열심히 일해도 인정받지 못할까 두렵고 인정받으며 열심히 일한다고 해도 결국은 전투에서 목숨을 잃는 등 큰 희생을 감수해야 하기 때문이다. 심지어 결국에는 주인에게 버림받을 수도 있는 존재가 바로 대리인이라는 점을 깨닫게 된다. 실제로 대리인들을 대표한다고 볼 만한 오늘날의 수많은 월급쟁이가 평생을 바쳐 회사를 위해 열심히 일했음에도 보상이 충분하지 못하거나 원치 않는 은퇴를 했을 때 회사에 의해 버림받았다는 느낌을 받기 쉽다.

당연히 대리인들 입장에서도 많은 고민과 망설임이 있을 수밖에 없다.

더욱이 앞서 살펴보았듯, 이 문제에 관한 경제학적 분석에서 중요한 것은 대리인이 꾀를 부리고 일을 소홀히 하는 것이 아니라 주인이 그렇게 만든다는 사실이다. 주지하다시피 인간이란 인센티브에 민감하게 반응하는 존재이다. 잘하면 상을 내리고 잘못하면 벌을 내린다는, 소위 당근과 채찍(carrot & stick)의 원리를 잘 사용하면 주인은 대리인에게서 원하는 성과를 끌어낼 수 있다. 다만 그렇게 대리인에게서 최선의 노력을 이끌어내려면 주인 스스로도 많은 노력을 해야 한다. 주인-대리인 문제가 생기는 것은 결국 주인이 그렇게까지 힘들게 대리인에게 일을 시키는 것을 회피하기 때문이라는 것이 주인-대리인 문제의 학문적 결론이다. 그렇다면 주인이 어떤 노력을 해야 이 문제를 극복할 수 있을까?

중국 역사상 최고의 명군으로 꼽히는 당태종 이세민(唐太宗 李世民)에게서 그 힌트를 얻을 수 있다. 당나라 황제 이세민이 가장 신경 쓴 대상은 바로 지방관(地方官)이었다. 황제가 거주하는 수도의 중앙정부에서 근무하는 관리들은 가까운 곳에서 관찰이 가능하지만 넓은 중국 땅 각지에 파견된 지방관들은 황제가 직접 관찰하고 감독하기가 어려우므로 더욱더 주의를 기울였다고 한다. 기록에 따르면, 당태종이 직접 지방관을 선발하기도 하고 지방관들에게 친서를 보내 현재의 문제 및 해결책을 상의했으며, 그들의 잘한 점과 잘못한 점을 적어 자신의 침실 벽에 붙여두고 매일 아침 확인했다는 것이다. 암행어사 같은 감찰반을 자주 파견해 지방행정이 잘 이루어지고 있는지 감독하는 것도 잊지 않았다. 중국의 황제가 다스리는 영토가 매우 넓었을 것인데, 그럼에도 당태종은 밤잠을 줄여가며 자신의 대리인 격인 지방관들을 한 명 한 명 철저히 감독했고, 그 덕분에 대리인 문제의 발생을 막을 수 있었다는 해석이 가능하다.

내가 대학에 근무하고 있어 가끔 중고등학교 자녀를 둔 학부형들이 자녀의 공부 문제로 상담하러 오곤 한다. 그런데 대부분의 부모들이 공통적으로 털어놓는 고민은, 자녀가 스스로 노력하지 않아 어떻게 해볼 도리가 없다는 것이다. 만일 자녀가 공부하지 않는 문제에 대해 부모가 정말 도울 일이 전혀 없다면, 나를 찾아와 상담하는 것도 무의미한 일일 것이다. 내가 아무리 이야기해줘도 부모는 자식이 노력하도록 바꿀 수가 없을 것이기 때문이다. 그래서 나는 항상 상담에서 "자녀의 성적이 떨어지면 그 책임은 자녀에게는 1%도 없고, 100% 부모에게 있다고 생각하세요."라고 조언한다. 내 경험에 따르면 부모가 정말로 열심히 노력하면 자녀를 공부시킬 수 있고 성적을 올릴 수 있기 때문이다. 설사 그것이 사실이 아니라 해도 공부를 안 하는 책임이 모두 자녀에게 있다고 생각하는 부모는 사실상 모든 책임을 자녀에게 전가하는 것이다. 바꾸어 말해 스스로는 전혀 책임의식을 갖지 못하는 것이므로 그 어떤 대책도 나올 수 없다. 반대로 자녀의 성적이 100% 부모인 자기 책임이라고 생각한다면, 부모로서 자신의 부족한 면을 반성하여 개선책을 내놓기 위해 애쓰게 된다.

요컨대 '대리인 문제'는 단순히 대리인의 잘못이 아니다. 대리인을 제대로 감독하고 지도하여 그들의 잘한 일과 잘못한 일을 모두 파악하려는 노력을 게을리한 주인에게 더 큰 책임이 있다. 조직의 책임자가 대리인 문제의 이러한 본질을 정확히 이해한다면 대리인 문제를 줄일 방법 또한 찾아낼 수 있을 것이다.

가노라 삼각산(三角山)아 다시 보자 한강수(漢江水)야

고국산천(故國山川)을 떠나고자 하랴마는

시절이 하 수상(殊常)하니 올 둥 말 둥 하여라

　병자호란 당시 청나라에 대항하여 남한산성에서 끝까지 항전할 것을 주장한 김상헌(金尙憲)이 지은 시조이다. 병자호란이 끝나자 김상헌은 청나라에 볼모로 끌려가 6년간 억류되어 온갖 고초를 겪게 된다. 이 시조는 김상헌이 청나라로 향하면서, 한양을 뒤돌아보며 지은 작품이다. 다행히 김상헌은 예순이 넘은 나이였음에도 힘든 시기를 잘 견디고 무사히 귀국했다. 하지만 죽는 날까지 멸망한 명나라를 그리워하며 청나라를 섬기는 데 반대했다고 한다.

　아무리 명나라가 임진왜란 때 조선을 도와준 고마운 나라이니 그 은혜를 저버리지 않는 것이 마땅한 도리라 해도 새롭게 패권을 쥔 청나라에 반대하며 이미 국운이 기운 명나라를 따른다는 것은 국익 측면에서 보아 결코 합리적인 외교 정책이라 보기 어렵다. 더욱이 그런 주장을 펴는 이가 평범한 개인도 아니고 나라의 정책을 좌우하는 중요한 공직에 있는 자라면 더욱 그러하다. '삼전도의 굴욕'을 겪고도 자칫 국가의 생사를 위협할 수 있는 위험한 주장을 펴는 것은 오늘날의 시각으로 보아도 쉽게 납득하기 어렵다.

또한 그렇게 청나라와 맞서고 싶었다면 군사적 준비라도 철저히 했어야 했다. 하지만 병자호란 당시 불과 열흘 만에 수도 한양이 함락되었고, 두 달도 채 되지 않아 인조는 삼전도에서 치욕적인 항복을 하고 말았다. 김상헌의 주장은 결국 노력과 실력이 뒷받침되지 않은 허황된 것이었음을 보여준다. 그렇다면 김상헌은 과연 현실을 외면한 주장을 끝까지 고집하는 어리석은 선택을 한 것일까? 그렇지 않다고 생각할 만한 이유가 있다. 이제 그 이야기를 해보자.

망국을 향한 충성,
안동 김씨 권력의 뿌리가 되다

조선 후기에 세도가(勢道家)로 위세를 떨친 안동 김씨(安東金氏) 가문에 대해서는 아마 한 번쯤 들어보았을 것이다. 조선 후기의 안동 김씨는 외척 세력으로 등장하여 어린 왕들을 대신해 약 60년간 나라를 좌지우지하였다. 바로 그 유명한 안동 김씨의 세도정치가 그것이다. 이런 안동 김씨를 비난하기는 쉬운 일이다. 그러나 왕도 아닌 신하의 신분으로 권력을 60년이나 유지했다는 것은 분명 아무나 넘볼 수 없는 능력과 명망이 뒷받침되지 않고는 불가능한 일이었을 것이다. 그리고 국가 측면이 아니라 개인이나 가문의 입장에서 보면 왕이 아니면서도 왕을 능가하는 실권을 행사했다는 것 자체가 가문에 엄청난 이익이 되었을 것이다. 책임은 지지 않으면서 권력의 과실은 고스란히 누렸다고 말할 수 있다.

이런 세도정치를 한 안동 김씨 가문의 권력자들이 누구의 후손인가 하면, 바로 병자호란 때 청나라와의 결사항전을 주장하다가 청나라에 끌려가 6년간 억류 생활을 하고 나서도 죽는 날까지 청나라에 대한 복종을 반대했던 바로 그 김상헌이다. 유교 전통에 따르면, 선비가 한번 충성을 다짐하면 죽는 한이 있어도 그 신념을 바꾸지 않아야 한다. 김상헌은 바로 이러한 원칙에 따라 명나라에 대해서 끝까지 충성을 다했다. 그 결과, 그의 직계 자손들은 김상헌의 후손이라는 사실 하나만으로도 다른 선비들의 존경을 받았으며, 그런 존경과 지지가 안동 김씨 가문의 권력을 만드는 기반이 되었다. 나아가 김상헌의 자손이 단순히 세도가가 되는 데 그치지 않고 김상헌이 속했던 노론 세력이 조선 후기에 관직을 독점하며 집권 세력이 되었으니, 김상헌이 자신의 가문과 노론 세력에 공헌한 바는 아무리 강조해도 과함이 없다 할 것이다.

물론 조선은 유교 사상이 지배하는 나라였고, 금전적 이익이나 실리보다는 명분에 살고 명분에 죽는 사회였으니 현재의 기준으로만 판단하는 것은 적절하지 않을 수 있다. 하지만 이미 망한 명나라 황제들의 제사를 지내며 그 적국인 청나라를 치겠다는 식의 주장을 펼치던 조선 후기 노론 지식인들의 태도는 국가와 국민의 관점에서 봤을 때 바람직하다고 보기는 어렵다. 오히려 실학을 통해 부국강병을 주장하던 재야 실학파의 견해가 옳았다고 평가할 여지가 크다.

그러나 시선을 조금 달리해 보면, 조선 후기 수백 년 동안 조선을 지배한 노론 지식인들은 분명 전략적으로 탁월한 면이 있었다고 할 만하다. '경제'라는 학문의 목표가 기본적으로 잘살자는 것이고 물론 국가와 사회 전체가 잘사는 것이 가장 이상적이기는 하다. 그러나 개인이나 가족의 이익을 우선적으로 고려하는 것도 인지상정이 아니겠는가. 그런 점을 생각해본다면, 시대에 뒤처진 듯 보이는 주장을 했으나 그 덕분에 개인이나 가문 차원에서는 훗날 큰 이득을 취했으니 성공적 전략을 구사한 것이라고 평가할 수 있다는 이야기다.

경제학에서는 개인이나 조직이 상호 협력을 하는 것은 단기적 이익보다는 장기적 관점에서 협력을 통해 결국 자신의 몫이 더 커질 수 있다고 기대하기 때문이라고 본다. 만일 자신은 전혀 손해를 보지 않으면서 타인에게서 이익을 취하는 경우라면 이는 협력이라기보다 타인을 착취하는 행위에 가까울 것이다. 따라서 경제학에서 말하는 협력이란 참여자들이 조금씩 자신의 이익을 희생하면서 상호 이익을 추구하는 상황으로 정의된다. 그런데 인간은 기본적으로 이기적 존재이기 때문에 진정으로 다른 사람을 위해 순수하게 자신의 이익을 희생하는 경우는 거의 없다. 다만 오늘 내가 다른 사람을 위해 작은 희생을 하면 향후 그 사람으로부터 더 많은 것을 얻으리라는 기대가 있을 때에만 당장의 손해를 감수하며 협력한다는 것이 경제학의 논리다. 즉, 현재의 손해를 감수하고 미래의 이익을 추구하는 것이 협력의 본질인 것이다.

이런 경제학적 논리에 따라 다른 사람과 협력할 때 반드시 필요한 정보가 있다. 바로 상대방이 '미래'에 대해 얼마나 가치를 두고 있는지를 아는 것이다. 예를 들어 내가 돈을 투자해 어떤 사람과 동업을 하기로 했다고 해보자. 그런데 그 동업자의 가족이 큰 병에 걸려 당장 목돈을 마련해 수술을 받아야 하는 상황이라면 어떨까? 사랑하는 가족의 목숨을 살리기 위해 그 동업자는 내가 투자한 돈을 빼돌려 수술비로 사용할 가능성도 배제할 수 없다. 자신이나 가족이 큰 병에 걸린 사람에게는 미래가 없거나 별로 중요하지 않을 것이다. 왜냐하면 오늘을 넘기지 못하면, 즉 오늘 치료를 받지 못하면 나의 가족이 사망할 것이고 그러면 그 내일이 아무런 의미가 없을 수 있기 때문이다. 따라서 목숨이 경각을 다투는 사람과 먼 미래에 대해 논의한다는 것은 연목구어(緣木求魚), 즉 나무에 올라가 물고기를 구하려는 것과 같이 어리석은 일이다.

내일 지구가 멸망해도 오늘 사과나무 한 그루를 심는다는 말이 감동적인 것은, 만약 내일이 오지 않는다 해도 오늘의 책임을 다하려는 태도가 깊은 울림을 주기 때문일 것이다. 99%의 확률로 내일 지구가 멸망한다면 오늘 가진 재산을 모두 탕진하려는 것이 일반적인 선택일 터인데, 그 와중에 1%의 작은 가능성을 믿고 사과나무 한 그루를 심는 사람이라면 분명 현재보다 미래를 더 생각하는 사람이다. 이렇게 미래에 더 가치를 두는 사람과 협력한다면 성공 확률은 그만큼 높아진다.

반대로, 본인이나 가족의 생명이 위험한 사람과의 협력은 애초 불가능하다고 보는 것이 합리적이다. 그런 사실을 제대로 알지 못한 채 그 사람과 동업한다면 나는 막대한 손실과 정신적 충격을 입게 될 수 있다. 경제학은 그래서 다른 사람과 협력할 때, 상대가 현재의 작은 희생을 감수하더라도 미래의 이익을 중시하는, 즉 현재보다 미래에 더 큰 가치를 부여하는 사람인지를 반드시 확인하라고 말한다. 좀 더 일상적 표현을 빌리자면, 눈앞의 이익보다는 신용을 중시하는 사람과 거래하는 것이 좋다는 말이다.

한때 큰 인기를 끌며 베스트셀러가 되었던 《마시멜로 이야기》라는 책이 있다. 이 책은 실제 있었던 유명한 아동 심리 실험을 소개하고 있는데 그 내용은 이렇다. 선생님이 아이에게 마시멜로를 하나 주며 다시 올 때까지 그것을 먹지 않고 참으면 하나를 더 주겠다고 말한 뒤 교실에서 나간다. 그리고 15분 뒤 돌아와 상황을 살핀다. 그새를 못 참고 마시멜로를 먹은 어린이도 있고 잘 참고 기다렸다가 하나를 더 받아먹은 어린이도 있었다. 그런데 이 실험은 여기서 끝이 아니다. 그로부터 14년을 추적 관찰해본 결과 이 어린이들 가운데 잘 참고 있다가 마시멜로를 하나 더 받아먹었던 어린이들이 학업성취도나 교우관계에서 더 성과가 좋았다는 것이다. 이는 정확히 게임이론과 일치하는 내용이다. 현재의 욕망을 참고 미래를 위해 노력하는 사람일수록 성공할 가능성이 높다고 보는 관점이다. 다시 말하면 인내심이 성공을 좌우하는 중요한 요소라는 의미이다.

생명이 경각에 달린 사람이 미래보다 현재를 중시하는 것은 사실이고 당연한 일이다. 하지만 그렇다고 해서 목숨이 위태롭지 않은 사람이라면 모두 믿을 수 있다는 의미는 아니다. 그중에는 조금만 어려운 일이 닥쳐도 곧바로 포기하는 사람도 있을 것이고, 그런 사람과는 누구도 절대로 협력하고 싶어 하지 않을 것이다.

'Tit For Tat'도 좋지만
더 좋은 건 "No Soldier Left Behind"

인간이 혼자서 모든 상황에 대처하고 적과 싸운다는 것은 아주 어려운 일이다. 따라서 다른 사람들과 동맹을 맺어 같이 싸워야 한다. 당연한 일이지만 이때 중요한 것은 나와 한편이 될 사람이 협력을 하기에 적합한 사람이어야 한다는 점이다. 쉽게 포기하는 사람과 동맹을 맺게 된다면 오히려 그 동맹 때문에 내가 큰 실패를 겪을 수 있다.

이런 관점에서 봤을 때, 아무리 어리석고 비합리적인 판단으로 청나라와 싸워야 한다고 주장했다 해도 김상헌 같은 사람은 함께하고 싶은 성품의 사람이라고 할 수 있다. 이미 운이 다한 명나라를 위해 새롭게 떠오른 강대국인 청나라와 싸우자고 주장할 정도라면, 이런 사람은 절대로 중간에 힘들다고 포기하거나 동맹을 배신하지 않을 것이기 때문이다.

김상헌의 뜻을 이어받은 노론 세력이 임진왜란 때 조선을 도왔던 명나라의 황제 신종과 의종을 기리기 위해 충북 괴산 지역에 만동묘(萬東廟)라는 사당을 짓고 해마다 제사까지 지냈다 하니 그들의 충성심이 남달랐다고 하지 않을 수 없다. 이런 행동이 단순히 유교 교리에 따라 명나라에 충성하려는 마음에서 비롯되었을지도 모르지만, 어떤 어려움이 있더라도 한마음으로 뭉쳐 역경을 이겨나가겠다는 노론 세력의 다짐이 담긴 전략적 행동이었다는 해석이 가능하다.

평생 수많은 적을 물리치고 로마의 독재자로서 오랜 기간 막강한 권력을 휘둘렀던 루키우스 코르넬리우스 술라(Lucius Cornelius Sulla Felix)의 묘비에는 술라가 직접 남긴 말로 전해지는 다음과 같은 문장이 새겨져 있다고 한다. "동지에게는 술라보다 더 좋은 일을 한 사람이 없고, 적에게는 술라보다 더 나쁜 일을 한 사람도 없다."

술라의 묘비에 새겨진 문구와 유사한 전략이 게임이론에도 있다. 게임이론 전략 가운데 실제 현실에서 가장 효과적인 전략 중 하나라고 평가받는 '팃포탯(Tit For Tat)'이다. 굳이 번역하자면 "눈에는 눈, 이에는 이" 전략이라고 말할 수 있을 것이다. 즉 상대가 내게 잘해주면 나도 상대에게 그만큼 잘해주고, 상대가 내게 해를 끼치면 나도 상대에게 그만큼 해를 끼친다는 것이다. 평생 술라는 팃포탯 전략에 따라, 은혜는 은혜로 갚고 원수는 원수로 갚는 데 충실한 덕분에 로마의 독재자 지위에 오를 수 있었다. 현실에서 술라와 같은 인물이 존재한다면 그 사람의 눈 밖에 날까 몹시 두렵기도 하겠지만 바로 그 이유 때문에 술라와 한편이 되려고 모두가 노력할 것이다.

김상헌의 후손들과 노론이 노린 것도 아마 팃포탯 전략이었을 것이다. 문제는 "나는 팃포탯 전략을 사용할 것이다."라고 말하는 것은 쉬운 반면에 은혜를 입었다고 해서 반드시 은혜를 갚고 손해를 봤다고 해서 반드시 복수를 할 것이라는 믿음을 다른 사람들에게 주기란 실상 매우 어렵다는 점이다. 다시 말해, "눈에는 눈, 이에는 이"라고 말하기는 쉬워도 이를 실제로 실천하기란 몹시 어렵다.

예전에 어떤 경찰 드라마에서 거리에서 술에 취해 경찰에게 시비를 걸고 주먹을 휘두르는 사람은 체포하지 않는 것이 정답이라고 말하는 장면이 있었다. 당연히 그런 술꾼을 체포해 처벌할 수는 있지만 그러기 위해 담당 경찰이 작성해야 하는 서류 작업이 상당하기 때문에, 거기에 시간을 쓰느니 차라리 살인이나 강도 사건을 해결하는 편이 더 현명하다는 논리였다. 팃포탯 전략에 따라 상대를 응징하는 것이, 그것을 직업으로 삼는 전문가인 경찰에게도 결코 만만한 일이 아니라는 의미이다. 경찰이 범죄자를 처벌하는 것도 이렇게 어려운데 하물며 일반인이 다른 일반인을 벌주는 것은 시간적으로나 금전적으로나 훨씬 큰 희생이 동반된다.

결국 "눈에는 눈, 이에는 이" 전략보다 현실에서 훨씬 쉽게 취할 수 있는 전략은 "남이 내 오른쪽 뺨을 치면 왼쪽 뺨을 내밀라."라는 것이다. 응징보다 용서가 오히려 내게도 더 편한 선택일 수 있다. 하지만 대다수 사람은 이처럼 일방적으로 참는 사람을 이용해 이득을 취할지언정 그를 같은 동료로 삼고 싶어 하지는 않는다. 오히려 "눈에는 눈, 이에는 이"라는 생각으로 행동하는 사람과는 어깨를 나란히 하고 함께 싸우고 싶어 한다.

"No Soldier Left Behind."라는 말이 있다. 미군이 사용하는 말인데 전우를 남기고 후퇴하지 않는다는 의미이다. 만약 부상당한 전우를 두고 철수하면 병사들은 자신이 다쳤을 때 버려질지도 모른다는 불안감에 사로잡혀 이후 전투에서 몸을 사릴 가능성이 커진다. 하지만 아무리 힘들더라도 부상병을 반드시 데리고 후퇴한다면, 그 병사가 회복 후 다시 전선에 복귀할 수도 있고 부대 전체의 결속력도 높아진다.

이런 점에서 부상병을 끝까지 챙기는 것은 어느 정도 실속 있는 전략일 수 있다. 그런데 미군은 부상병뿐 아니라 전사한 병사의 시신까지 반드시 데려오는 것으로 잘 알려져 있다. 사실 전사한 전우의 시신은 실리적 측면에서는 아무 가치가 없다. 오히려 시신을 운반하다가 멀쩡한 병사들까지 위험에 처할 수 있으니 일견 비합리적이고 어리석어 보인다. 비유하자면, 마치 이미 망한 나라의 황제들을 위해 제사를 지내는 일과도 같다. 하지만 미군은 단기적 실리를 버리고 전우가 죽으면 그 시신이라도 반드시 찾아온다는 것을 행동으로 보임으로써 미군에 입대하여 전투에 나서는 병사들에게 믿음을 줄 수 있었다.

결국 "No Soldier Left Behind."라는 미군의 대원칙은 단기적으로는 실리에 위배되는 행동일 수 있으나, 장기적으로는 병사와 동맹국 모두에게 미군에 대한 굳건한 믿음을 심어주는 전략적 선택이라 할 수 있다.

싸우다 죽을지언정 포기하지 않는 이에게 매혹되는 이유

청나라에 끝까지 저항했던 김상헌의 후손들이 안동 김씨 세도정치를 했던 것을 생각하면 역설적이게도, 청나라를 건국한 청태조(淸太祖) 누르하치(Nurgaci)도 김상헌과 비슷한 전략을 취했다. 누르하치는 인조에게 삼전도의 굴욕을 안겨주었던 청태종(淸太宗) 홍타이지(Hong Taiji, 崇德帝)의 아버지로 청나라를 건국한 인물이다.

누르하치는 여진족의 한 부족장의 아들로 태어났다. 당시 여진족은 여러 부족으로 갈라져 힘을 모으지 못하고 있었고 명나라의 간접적 지배를 받고 있었다. 명나라는 군사 능력이 뛰어난 여진족을 직접 통치하기는 어렵겠다고 판단해 여진족 간에 싸움을 붙여 그들이 하나로 뭉치지 못하도록 막고 있었다. 당시 여진족 문제를 담당하던 명나라의 장군은 이성량(李成梁)이었는데, 그는 훗날 임진왜란 때 조선을 돕기 위해 파견된 명나라 이여송(李如松) 장군의 아버지이기도 하다.

누르하치의 할아버지와 아버지는 명나라에 협조적인 친명파 여진족 부족장으로, 이성량과 친분이 있었다. 그런데 여진족의 한 부락이 명나라에 반기를 들고 반란을 일으켰다. 이들과 혼인 관계로 얽혀 있던 누르하치의 할아버지와 아버지는 이성량에게 자신들이 그 부족을 설득해보겠다고 하고는 자진해서 그들을 찾아간다. 이때, 이성량과 가까웠던 또 다른 친명파 여진족 부족장인 니칸 와일란(Nikan Wailan)이 계략을 꾸몄다. 누르하치의 할아버지와 아버지가 반란 부족을 방문하게 되면 부락의 경계가 허술해질 테니 그 틈을 타 반란 부족을 공격하자고 이성량에게 제안한 것이다. 이 제안을 받아들인 이성량은 명나라 군대를 이끌고 반란 부족을 기습해 멸망시킨다. 문제는 이 과정에서 반란군을 설득하러 방문한 누르하치의 할아버지와 아버지가 억울하게 죽임을 당했다는 것이다.

명나라의 이성량은 졸지에 할아버지와 아버지를 잃고 고아가 된 누르하치에게 미안함을 느껴 나름대로 그를 도우려 했다고 한다. 누르하치 입장에서 보면, 자신의 할아버지와 아버지를 배신한 원수는 하나가 아니라 둘이었을 것이다. 바로 명나라 장군 이성량과 여진족의 부족장 니칸 와일란이다. 이 사건을 통해 세력을 확장하고 가장 큰 이득을 얻은 인물은 아마 니칸 와일란이었을 것이다.

실제로 누르하치는 명나라 장군 이성량보다 니칸 와일란에게 더 강한 복수심을 드러냈다고 한다. 이성량은 누르하치에게 죄책감을 느끼면서도 친명파 부족장인 니칸 와일란을 벌할 수도 없어 입장이 난처했을 것이다. 그는 높은 벼슬과 재물을 줄 터이니 니칸 와일란을 용서하라며 누르하치를 설득했다. 누르하치의 주변 여진족 친구들도 니칸 와일란에 대한 복수를 포기하라고 권했다고 한다. 현실적인 문제도 있었는데, 당시 니칸 와일란의 군대가 누르하치의 군대에 비해 숫자가 훨씬 많고 강력했다는 것이다. 하지만 누르하치는 할아버지와 아버지의 원수를 갚지 않고는 살 수 없다면서 소수의 군사를 이끌고 니칸 와일란을 습격하여 대승을 거둔다. 참패한 니칸 와일란은 명나라로 도망쳤고, 누르하치는 명나라에 니칸 와일란을 내줄 것을 끈질기게 요구했다. 명나라는 이제 세력도 잃고 이용 가치도 없어진 니칸 와일란을 내주었고 누르하치는 그를 죽여 마침내 할아버지와 아버지의 원수를 갚았다.

　재미있는 반전은, 누르하치가 그렇게 굳은 의지로 복수에 나섰던 아버지가 생전에 누르하치를 매우 싫어해 부족에서 내쫓았다는 점이다. 누르하치의 친어머니가 사망한 후 그의 아버지는 새로 아내를 맞이했는데, 그 아내와 누르하치의 관계가 매우 나빴다고 한다. 결국 아버지는 새 아내의 편을 들며 누르하치를 쫓아냈고, 아버지와 아들은 살아생전 사실상 원수처럼 지냈다. 그런 아버지를 위해 복수한 셈이니 누르하치의 행동은 단순히 아버지와의 친밀함 때문만은 아니었을 것이다. 아마도 누르하치는 이러한 복수 과정을 통해 '누르하치는 자신의 친척이나 친구를 해하는 자는 목숨이 붙어 있는 한 반드시 복수하는 인물'이라는 인식을 여진족 전체에 퍼뜨릴 수 있었을 것이다. 마치 술라의 묘비명이 살아난 듯한 인물이었던 셈이다. 실제로 이 복수 이후, 많은 여진족 부족이 누르하치 밑으로 투항했고 그는 세력을 키울 수 있었다. 누르하치는 마침내 명나라에 대항할 힘을 갖게 되었고 자신의 할아버지와 아버지를 배신하고 죽인 이성량 장군이 속한 명나라를 무너뜨리겠다는 명분으로 군사를 일으켰다.

　물론 조선의 김상헌 등의 세력은 실제로는 청나라를 칠 힘도 없으면서 반청 북벌을 외치며 백성들에게 희생만을 강요한 반면, 누르하치는 니칸 와일란과 명나라를 실제로 공격해 무너뜨렸으니 양자를 같은 선상에서 평가할 수는 없을 것이다. 어쨌든 '이 사람은 불굴의 의지를 가졌고, 싸우다 죽을지언정 중간에 포기하거나 항복할 사람이 아니다.'라는 믿음을 심어주는 것은 무엇과도 바꿀 수 없는 강력한 무형의 자산이다. 아무리 이길 확률이 작은 전투라도 승리가 절대로 불가능한 전쟁은 없다. 하지만 중간에 포기하고 항복하면 승리의 가능성은 완전히 0이 된다. 승리의 의지가 있는 사람은 바로 그런 이유로 기회가 반드시 남아 있지만, 승리를 향한 의지와 마음이 없는 사람은 아무리 능력이 뛰어나도 결코 승리할 수 없다. 끝까지 싸우겠다는 의지력을 가진 지도자에게 사람들이 끌리는 이유이다.

누르하치와는 반대 성향을 지닌 인물로 떠오르는 이가 있으니, 바로 한신(韓信) 장군이다. 유방(劉邦)을 도와 초나라 항우(項羽)를 몰락시킨 천하의 명장이다. 그런 한신이건만, 어린 시절 동네 불량배와의 시비를 피하기 위해 그의 바짓가랑이 사이를 기어간 일화로 잘 알려져 있다. 이 에피소드는 훗날의 큰 뜻을 위해 현재의 작은 모욕을 인내한다는 교훈으로 회자되지만 사실 경제학자로서 볼 때 그것은 아주 실리적 선택이었다. 불량배와 싸우면 다치거나 죽을 수도 있고 반대로 불량배를 죽이면 자신이 처벌받을 수 있으니 경제학적 측면에서 가장 합리적이고 효율적인 방법이 그런 방식으로나마 싸움을 피하는 것이다.

그렇지만 이런 이유로 아무도 경제학자를 지도자로 삼고 싶어 하지는 않는다. 실리에 맞지 않으면 바로 포기하기 때문이다. 실제로 한신은 유방을 배신하고 스스로 나라를 세울 기회가 있었지만 망설이고 또 망설이다가 포기한다. 그리고 나중에 토사구팽(兔死狗烹)을 당해 억울하게 죽게 된다. 한신 밑에서 일하던 부하들로서는 이런 꼴을 당하려고 우리가 그리 힘들게 항우와 싸웠나 하는 마음이 들었을 것이다. 어쩌면 한신이 죽을 때 그를 진정으로 따르는 부하는 한 사람도 남아 있지 않았을지도 모른다. 이렇게 쉽게 포기하는 지도자에게는 끝까지 추종하는 사람 또한 없을 것이기 때문이다.

  당장 눈앞의 실리에는 어긋나는 것 같아도 사람들에게 불굴의 의지를 보여줄 수 있는 행동이라면, 그것이 오히려 장기적으로는 실리에 맞는 현명한 선택이 될 수 있다.

도요토미 히데요시는 한국에서는 임진왜란을 일으킨 침략자로 부정적 이미지가 매우 강하지만 일본 내에서의 인식은 다르다. 일본 사람들에게 도요토미 히데요시에 대해 물어보면, 아마 전국 각지의 영주들이 끊임없이 전쟁을 벌이던 센고쿠시대를 종결하고 일본을 통일한 영웅이라고 답할 것이다. 도요토미 히데요시가 일본을 통일한 시기는 조선을 침공하기 불과 2년 전인 1590년이었다.

 일본 전역을 누비며 전투를 벌여 각지의 영주들을 복속시킨 도요토미 히데요시가 마지막으로 정벌한 지역은 오늘날 도쿄와 요코하마 등이 위치한 간토(関東) 지역이었다. 당시 이 지역을 다스리던 세력은 호조(北条) 가문이었는데 일본 동부에서 가장 강력한 영주로 이름을 떨쳤으나 도요토미 히데요시에게 마지막까지 저항하다 결국에는 멸문지화를 당하고 만다. 그런데 오랜 역사와 전통을 자랑하던 호조 가문의 이 마지막 순간은 '오다와라 효조(小田原評定)'라 불리며 일본인들 사이에서는 웃음거리로 여겨진다고 한다. 그 까닭은 무엇일까?

호조 가문을 멸망시킨 '탐색이론'의 문제

 오다와라(小田原)성은 호조 가문의 주군이 머물던 성이다. 지금도 도쿄에서 신칸센을 타고 서쪽으로 가다 보면 요코하마역을 지나 성이 자리한 오다와라시에 도착할 수 있다. '효조(評定)'는 당시 일본에서 '군사회의'를 뜻하는 용어로, '오다와라 효조'는 오다와라성에서 열린 군사회의를 가리킨다. 하지만 현재 일본에서 이 표현은 요즘 말로 하면 '결정장애' 같은 의미로 쓰이며, 망설이기만 하고 결정을 내리지 못해 손해를 입는 사람을 일컫는 말로 통한다.

도요토미 히데요시의 군대는 1590년 1월 호조 가문에 항복을 요구한다. 이에 호조 가문은 오다와라성을 나와 벌판에서 도요토미 군대와 싸울 것인지 아니면 성안에 머물며 농성할 것인지를 두고 장장 여섯 달 동안 토론을 벌였으나 끝내 결론을 내지 못했다. 이런 와중에 도요토미 히데요시가 일본 전역에서 군대를 동원하여 오다와라성을 포위하자, 호조 가문은 6월부터 다시 한 달 이상을, 항복할지 아니면 마지막으로 결사항전을 해볼지 회의를 계속한다. 결국 호조 가문은 일곱 달이 넘도록 회의만 하다가 도요토미 군대와 제대로 한번 싸워보지도 않고 주군이 할복자살을 하면서 멸망했다. 조금 일찍 도요토미 히데요시에게 항복했다면 아마 목숨을 건졌을 것이고, 싸우다가 전사했다면 후세에 명예로운 이름을 남겼을 터이지만 일곱 달 넘게 망설이기만 하다가 할복으로 가문을 멸망시킨 것이다. 그 결과 호조 가문의 주군과 신하들이 후세 일본인들의 웃음거리로 전락한 것이다.

경제학의 한 분야인 '탐색이론(search theory)'은, 사람들이 다양한 선택지 중 최적의 대상을 찾는 과정을 분석하는 이론이다. 구직자가 새로운 직장을 구하거나 기업이 신입사원을 모집할 때, 아니면 남녀가 결혼 상대를 고를 때 등 의사결정이 필요한 다양한 상황에 적용된다. 여기서는 이해하기 쉽도록 결혼 상대를 구하는 사례를 가지고 탐색이론을 설명해보겠다.

결혼 생활을 하는 남녀는 모두 적어도 자기 마음에 드는 사람을 만난 것이라 가정해볼 수 있다. 도저히 하루도 같이 못 살겠다고 느끼는 사람을 남편이나 아내로 맞는 경우는 현대사회에서는 거의 찾아보기 어렵기 때문이다. 아마도 평생을 같이해도 좋겠다는 마음이 들어 결혼에 이르렀을 것이다. 그렇다고 해서 자신이 정말로 이상형이라고 생각하는 성품과 외모를 가진 배우자를 만나 결혼한 사람은 많지 않을 것이다. 소위 '이상형'이란 쉽게 만나기 어려운 비현실적 존재이기 때문이다. 세상에서 가장 성격 좋고 능력 좋고 거기에다 재력까지 있으면서, 외모 또한 뛰어난 배우자와 살기를 바란다면 그것은 그저 비현실적인 소망일 것이다. 지금 함께 살고 있는 배우자보다 더 나은 사람이 전 세계 80억 명 인류 중에 존재하지 않는다는 확신을 가지고 결혼 생활을 하는 사람은 거의 없을 것이다. 만약 완벽한 이상형이 100점이라고 한다면, 대부분의 사람은 70점 정도의 사람과 결혼해서 살고 있지 않을까?

현재 미혼이면서 자신의 배우자를 탐색(search)하고 있는 남성과 여성의 상황을 예로 들어 생각해보자. 좋은 배우자를 찾기 위해 젊은 남성과 여성은 친구의 소개로 만나거나 어른들의 주선으로 선을 보게 된다. 그런데 소개로 만난 이성이 이상형 점수 100점 만점에 20점이라면 빠른 결심이 가능할 것이다. 다시는 안 만나는 방향으로 말이다. 반대로 소개받은 이성의 이상형 점수가 95점이라면 바로 결혼을 결심할 수 있을 것이다. 문제는 상대의 이상형 점수가 70점 정도인 경우이다. 즉 꽤 높긴 하지만 아직은 충분하지 않다고 느낄 만한 점수대인 것이다. 이 사람도 괜찮기는 하지만, 탐색을 조금 더 해본다면 정말로 맘에 드는 상대가 나타날 수도 있기 때문이다. 사람은 이런 경우 망설이게 된다.

취업을 할 때도 마찬가지이다. 당신이 가장 이상적이라고 생각하는 직장이 100점이라고 할 경우 75점에 해당하는 직장에서 합격 통지를 받았다고 해보자. 당신은 75점 직장의 제안을 거절하고 계속 구직 활동을 하겠는가? 만일 구직 활동을 더 해보고 90점인 직장의 취업에 성공한다면 75점 직장의 제안을 거절한 것은 신의 한 수가 될 것이다. 하지만 75점 직장의 제안을 거절하고 1년 넘게 구직 활동을 했는데 60점 이하의 직장에만 합격한다면 당신은 포기한 직장을 아쉬워하며 후회하게 될 것이다. 반대로, 75점의 직장과 75점의 이성(異性)에 만족하여 취업하고 결혼했더니 얼마 지나지 않아 90점의 직장과 이성이 나타난다면 그 또한 후회막급일 것이다. 이처럼 인생의 선택은 결코 쉬운 일이 아니다.

경제학의 탐색이론에서는 이것을 '최적중단문제(optimal stopping problem)'라고 부른다. 예컨대, 소개팅에서 이상형 점수가 몇 점인 상대가 나오면 결혼을 결심해야 하는지, 취업 활동에서 이상적 직장 점수가 몇 점일 때 입사를 결정할 것인지 하는 문제를 가리킨다. 현실에서는 100점짜리 답안지가 주어질 가능성이 매우 낮기 때문에 어느 정도 선에서 결단을 내려야만 한다.

호조 가문의 오다와라 효조, 즉 오다와라 군사회의에서도 바로 이러한 결단의 문제를 놓고 갑론을박을 벌였을 것이다. 항복을 해도 어렵고 결전을 벌여도 어려웠을 것이고, 성 밖에서 야전을 벌일지 성안에서 농성전을 벌일지 어느 쪽을 선택해도 각각 장단점이 있었을 것이다. 하지만 어느 시점에서는 현실적으로 가능한 최적의 방안을 택하고 논의를 중단했어야 했다. 비록 그 선택이 100점짜리 답은 아니었더라도 말이다.

유리한 상황에서도 패배하게 만든, 안토니우스의 8년간의 망설임

오다와라 효조와 유사한 사례를 서양 역사에서도 찾아볼 수 있는데, 망설임 끝에 결국 몰락한 대표적인 인물이 로마의 정치인 마르쿠스 안토니우스(Marcus Antonius)가 아닐까 한다. 율리우스 카이사르(Julius Caesar)는 갈리아 정복에 성공하고 로마 최고의 권력자 자리에 올랐으나 마르쿠스 브루투스(Marcus Junius Brutus)를 비롯한 원로원의 공화파 의원들에게 암살당한다. 이때 카이사르의 편에서 군대를 이끌고 암살자들을 무찌른 사람이 바로 카이사르 밑에서 오랫동안 전쟁터를 누빈 39세의 부관 안토니우스와, 카이사르 누이의 손자로서 카이사르의 상속자로 지명된 18세의 가이우스 옥타비아누스(Gaius Octavianus)였다. 하지만 전투 경험도 없고 나이도 어린 옥타비아누스는 중요한 역할을 하지 못했고, 결국 카이사르의 복수를 실제로 해준 사람은 역전의 용사 안토니우스였다.

승리 후 이 두 사람은 로마 영토를 나누어 다스리기로 한다. 당연히 우선권을 가진 안토니우스는 경제적으로 풍족하고 정치적으로 안정된 동부를 차지하는데 지금의 그리스, 이집트, 터키, 시리아 지역이 여기에 포함되었다. 옥타비아누스는 현재의 이탈리아, 프랑스, 스페인이 포함된 서부를 차지하게 되는데, 당시 이 지역은 경제적으로 그리 풍족하지 못했다. 게다가

반(反)카이사르파 잔당이 여전히 남아 있어 오랜 기간 이들과 전투를 벌여 진압해야 하는 상황이었다.

카이사르의 복수를 위해 손을 잡은 안토니우스와 옥타비아누스는 로마 영토를 나누어 차지한 시점에서는, 로마의 유일한 권력자가 되기 위해 언젠가는 결전을 치를 수밖에 없는 경쟁 상대였다. 그러나 달리기 시합으로 치면 안토니우스는 이미 출발선을 훌쩍 넘어 달리고 있는데, 옥타비아누스는 아직 출발점에서 준비만 하고 있었다고 할 만큼 안토니우스에게 절대적으로 유리한 상황이었다. 이렇게 유리한 위치에서 출발한 안토니우스였지만 결론적으로 말하자면 8년 후 악티움 해전(Battle of Actium)에서 옥타비아누스에게 패하여 죽임을 당하고 결국 옥타비아누스가 로마제국 최초의 황제로 즉위하게 된다.

안토니우스가 악티움 해전에서 패배하여 최후의 승자 자리를 옥타비아누스에게 내준 원인으로 가장 자주 거론되는 것이 이집트의 여왕 클레오파트라의 존재이다. 용감한 장군이었던 안토니우스가 아름다운 클레오파트라를 만나 사랑에 빠져 정사(政事)는 돌보지 않고 연애 사업에만 열중하며 8년을 허비하다가 착실하게 기반을 다지며 성장한 옥타비아누스에게 패배하였다는 설명이다. 물론 클레오파트라 같은 미인과 사랑에 빠져 인생을 망치게 되는 일은 얼마든지 일어날 수 있다. 하지만 카이사르와 함께 전장을 누빈 역전의 용사이자, 갈리아 정복을 같이한 경험 많은 참모들까지 거느렸던 안토니우스가 8년의 세월을 허비한 이유를 단순히 연애나 전략적 판단 부족으로만 돌리는 것은 석연치 않다. 또한 이는 승자인 옥타비아누스가 패자인 안토니우스에 대해 기술한 역사이기에 그대로 믿기 어려운 측면도 있다.

나는 안토니우스가 이집트 여왕 클레오파트라와 가까운 관계였다는 사실 자체가, 그의 내적 망설임을 보여주는 하나의 증거일 수 있다고 생각한다. 당시 안토니우스가 차지한 로마 동부에는 이집트처럼 오랜 역사와 발전된 문명을 가진 나라들이 즐비했다. 로마 서부를 통치하는 옥타비아누스와의 경쟁에서 안토니우스가 우위를 점해 로마 전체의 통치자가 되는 길은 분명했다. 그것은 바로 지금의 이란과 이라크 지역을 다스리던 파르티아 왕국(Parthian Empire)을 정벌해 승리를 거두는 것이었다. 로마는 주변의 거의 모든 나라를 굴복시켰지만, 유일하게 파르티아에는 패배를 거듭했다. 따라서 파르티아를 최초로 정복하는 로마의 장군이 있다면 분명 로마인들은 그를 황제로 추대할 것이었다. 사실 카이사르가 암살당하기 직전에 계획했던 군사 작전이 바로 파르티아 정벌이었다. 공화정을 끝내고 로마의 첫 번째 황제가 되려 했던 카이사르는, 어떤 로마 장군도 해내지 못한 파르티아 정복을 해냄으로써 황제 자리를 차지하려 했던 것이다. 그리고 이를 두려워하던 공화파의 브루투스 등이 카이사르가 파르티아 원정을 떠나기 직전에 그를 암살했던 것이다.

이제 로마 동부의 막대한 경제력과 군사력을 손에 쥔 안토니우스가 파르티아 정벌에 나서 성공한다면, 20대 초반의 애송이에 불과한 옥타비아누스를 누르고 로마제국의 유일한 황제가 될 것이 분명했다. 하지만 앞서 말했듯 안토니우스는 8년 동안이나 파르티아 정벌에 나서지 않았다. 왜였을까? 개인적 견해이기는 하지만, 아마도 안토니우스에게는 남모를 고민이 있지 않았을까 짐작한다.

안토니우스가 로마의 지배를 받는 동부 지역 소왕국들의 군대를 이끌고 당장 파르티아 정벌에 나갈 수는 있었겠지만, 사실 최선의 전략이라 할 수는 없었다. 왜냐하면 안토니우스 직속의 로마 소수 정예 병력을 제외하면 이 군대는 각 소왕국 왕들이 지휘하는 연합군이었기에 안토니우스가 이들을 완전히 통솔하기란 쉽지 않았다. 그 어렵다는 파르티아 정벌에서 전세가 불리해지기라도 하면 직속 부대가 아닌 소왕국의 왕들과 그 군대는 단번에 오합지졸이 되어 그대로 도주할 수도 있었다.

더 큰 문제는, 로마의 보호 아래 편하게 지내던 소왕국의 왕들이 안토니우스가 갑자가 파르티아 원정을 제안한다고 해서 선뜻 받아들일 이유가 없었다는 점이다. 만약 카이사르였다면 어땠을까? 그는 먼저 자신의 관할 아래 있던 소왕국들을 공격해 모두 직속 영토로 만들었을 것이다. 또 이집트 클레오파트라 여왕의 군대를 위임받아 지휘하기보다는 애당초 여왕을 제거하고 이집트를 차지했을 것이다. 그렇게 이집트 군대를 자신의 직속부대로 만든 뒤 파르티아 정벌에 나섰을 것이다. 군사 작전에서는 지휘 계통을 확실하게 하는 것이 아주 중요하므로 소왕국의 왕들을 모두 제거하고 자신의 직속부대로 편성해야 전투력이 극대화될 것이기 때문이다.

이미 로마에 항복한 소왕국의 왕들을 다시 정벌해 제거하는 것이, 항복한 자를 함부로 치지 않는다는 당시 로마인의 윤리에 어긋난다고 판단했다면 안토니우스는 8년을 기다리지 말았어야 했다. 지체 없이 소왕국들을 설득하여 연합군을 이끌고 파르티아 원정길에 올랐어야 했다. 어쩌면 안토니우스는 클레오파트라와 같은 로마 동부 지역의 왕들을 제거하고 자신의 영토로 만들 것인가, 아니면 이웃 나라의 왕권을 인정해주고 군대를 위임

받아서 파르티아 원정을 떠날 것인가를 놓고 끊임없이 저울질했던 것이 아닐까?

아무리 검토에 검토를 거듭해도 100%는 없다

한편 전략적 사고가 뛰어났던 옥타비아누스는 매년 군사 정벌을 감행해 로마 서부 전역에 대한 확고한 지배권을 확립했다. 8년 동안 파르티아 원정을 망설이던 안토니우스가 옥타비아누스의 급성장에 자극을 받았는지, 마침내 소왕국들의 군대를 모아 원정에 나서려 하자 오히려 옥타비아누스가 먼저 선전포고를 하며 싸움을 걸어왔다. 혹시라도 파르티아 원정에서 안토니우스가 승전해 로마제국 최초의 황제가 될까 두려워한 것으로 보인다. 오랫동안 주저한 안토니우스와 달리 옥타비아누스의 결단은 매우 빨랐던 것이다.

그러나 옥타비아누스와 싸우기로 결정한 뒤로도 안토니우스의 행보에는 여전히 망설임이 엿보였다. 이집트에서 대군을 이끌고 출발한 안토니우스는 곧바로 이탈리아 반도에 상륙해 로마로 진격했어야 했다. 하지만 곧장 전투에 돌입하기가 부담이 되었는지 이탈리아의 바다 건너편, 즉 그리스의 악티움 해안에 진을 치고 장기간 결전을 미뤘다. 이로 인해 안토니우스의 군대는 악티움에서 별다른 전투 없이 오래 머물게 되었고, 결국 군량 보급이 어려워졌다. 옥타비아누스는 이 점을 노려 이집트에서 악티움까지 군량을 실어 나르는 배들을 급습하여 안토니우스의 군대가 오래도록 식량 부족에 시달리게 만들었다. 상황이 이렇게 악화되다 보니 안토니우스의 직속

부대가 아니었던 소왕국 군대에서 이탈자들이 나타나기 시작했다. 마침내 기원전 31년 9월 2일, 악티움 해전이 벌어졌다. 그러나 해전 도중 연인이자 가장 신뢰했던 클레오파트라가 이끄는 이집트 함대가 돌연 후퇴했고, 안토니우스가 이를 뒤따르면서 남은 함대는 총지휘관을 잃고 옥타비아누스군에 대패했다.

갈리아 원정을 마치고 돌아오던 카이사르는, 로마 공화정에서 자신의 지위를 빼앗으려 하자 로마의 국법을 어기고 루비콘강을 건너 로마 공화정, 즉 원로원을 공격한 것으로 유명하다. "주사위는 던져졌다."라는 말이 바로 이때 나온 말이다. 원정에서 돌아올 때는 군대를 해산하고 오라는 원로원의 명을 어기며 카이사르가 자신의 군대를 이끌고 루비콘강을 건너 이탈리아반도로 들어온 것이니, 이는 곧 반역자가 되겠다는 의미였다. 카이사르도 반역자가 된다는 것은 마음 한편에 부담이었을 터이지만 "주사위는 던져졌다."라는 말과 함께 단호하게 결심을 굳히고 행동에 나선 것이다.

실수가 없도록 검토하고 또 검토하는 신중한 태도는 조직의 최고 책임자라면 반드시 갖춰야 할 중요한 덕목이다. 하지만 아무리 오랜 시간 검토에 검토를 거듭하더라도 100% 확신이 드는 순간은 오지 않는다. 객관적 판단으로 이길 확률이 70% 정도 된다고 판단한다면 그때는 결심을 내려야 한다. 그러므로 만약 더는 객관적 분석이 불가능하다고 판단되는 상황이라면 한시라도 빨리 주어진 조건 내에서 최선의 결정을 해야 한다.

더 중요한 것은 승률이 몇 % 이상이면 전투를 시작할지 그 기준을 미리 정해두는 일이다. 이는 승률을 어떻게 산출할 것인지, 즉 그 계산 방법과 평가 기준을 미리 명확히 해두어야 함을 의미한다. 그래서 전투 상황이 발생하면, 우선 승률을 판단하기 위한 정보를 모으고 이를 바탕으로 승률을 계산해본다. 그 결과가 미리 정해둔 기준, 즉 이쯤이면 시작해도 된다고 정한 승률보다 높으면 곧바로 전투를 개시하고 반대로 그것이 미리 정해놓은 승률보다 낮으면 전투를 포기하고 후퇴하면 되는 것이다.

의사결정의 책임을 맡은 사람이라면 평소 '탐색이론'에 의거해 '최적중단문제'를 미리 고민해야 한다. 이를테면, 점수가 75점인 상대방과 데이트를 하게 되었을 때 결혼을 결심할지 아니면 더 높은 점수의 배우자를 계속 탐색할지를 미리 정해두어야 한다는 이야기다. 명확한 판단 기준이 없다면, 망설이느라 새로운 만남을 시도하지도 못하고 현재 만나는 75점짜리 상대방과의 관계도 진전시키지 못해, 결국 100%의 확률로 결혼에 실패하게 될 것이기 때문이다.

미국의 대통령 존 F. 케네디(John F. Kennedy)는 하버드대학교 재학 중 집필했던 졸업 논문을 바탕으로 《영국은 왜 잠들었는가(Why England Slept?)》라는 책을 출간했다. 그렇다면 케네디가 '영국은 잠들어 있었다'라고 말한 그 시점은 대체 언제를 가리키는 것일까? 때는 제2차 세계대전이 발발하기 불과 1년 전인 1938년이었고, 장소는 독일의 뮌헨이었다. 세계사에 '뮌헨 협정'으로 알려진 바로 그 사건이다.

6개월짜리 '가짜 평화'를 남긴 뮌헨 협정

　1938년은 독일의 독재자 아돌프 히틀러(Adolf Hitler)가 빠른 속도로 독일 군대를 강화하면서 주변 국가의 영토를 침략하려는 의도를 노골적으로 드러내던 시기이다. 이미 오스트리아를 병합한 히틀러는 다음 목표로 체코슬로바키아 서부의 수데텐란트(Sudetenland) 지역을 지목했다. 이곳은 체코슬로바키아 영토였지만 독일계 주민이 다수 거주하는 곳으로, 히틀러는 이들을 보호한다는 명분을 내세웠다. 최근 러시아가 우크라이나 동부 지역에 러시아인이 많이 거주한다는 이유로 우크라이나를 침공해 병합하려 하는 것과 유사한 논리였다.

　당시 체코슬로바키아는 프랑스와 상호방위조약을 맺고 있었고, 영국과도 외교적으로 가까운 관계에 있었다. 이는 독일이 체코슬로바키아를 공격할 경우 프랑스가 군사적으로 개입할 가능성이 있고, 영국도 지원할 수 있음을 의미했다. 하지만 제1차 세계대전이 끝난 지 불과 20년밖에 지나지 않은 시점에서 프랑스와 영국 국민들은 또다시 독일과 전쟁을 벌여 자국의 수많은 젊은이들이 희생되는 처참한 비극을 겪고 싶지 않았다. 이런 상황에서 독일의 히틀러, 이탈리아의 베니토 무솔리니(Benito Mussolini), 프랑스의 에두아르 달라디에(Édouard Daladier), 그리고 영국의 네빌 체임벌린(Neville Chamberlain)까지 네 명의 수장이 뮌헨에 모여 체코슬로바키아의 운명을 정하기로 했으니, 이것이 바로 '뮌헨 협정'이다.

협정의 결론은 독일계 주민이 많이 거주하는 수데텐란트를 독일에 넘기는 것을 영국과 프랑스가 용인하는 대신 독일은 더 이상 체코슬로바키아의 영토를 침범하지 않기로 합의한 것이다. 그러나 뮌헨 협정에서 가장 슬픈 사실은 정작 체코슬로바키아는 협정의 당사국임에도 불구하고 회담에 초대조차 받지 못했다는 점이다. 체코슬로바키아를 배제한 채 영국, 프랑스, 독일, 이탈리아 네 강대국이 모여 체코슬로바키아의 영토를 일방적으로 분할한 것이다.

뮌헨 협정을 맺고 귀국한 영국의 체임벌린 총리는 들고 있던 종이를 높이 치켜들며 이렇게 말했다. "친애하는 친구 여러분, (…) 명예로운 평화를 가지고 독일에서 돌아왔습니다. 이것이 우리 시대를 위한 평화임을 믿습니다. 진심으로 감사드립니다. 집에 가서 편안하게 주무십시오." 그러면서 자신이 들고 있는 종이는 히틀러가 더는 영토를 요구하지 않겠다고 합의한 친필 서명이 담긴 협정서라고 외쳤고, 영국 국민들의 열렬한 환호를 받았다. 무자비한 히틀러가 유럽을 다시 전쟁으로 몰고 갈 것이라는 불안에 떨던 영국 국민들은 체코슬로바키아의 희생으로 전쟁을 피했다고 생각하며 기뻐했다.

그러나 불과 6개월 만에 히틀러는 뮌헨 협정을 헌신짝처럼 내버리고 체코슬로바키아로 쳐들어가 독일에 병합해버린다. 뮌헨 협정이 가져왔다던 유럽의 평화는 유통기한 6개월짜리 '가짜 평화'였던 것이다. 독일의 노골적인 협정 위반을 지켜본 영국과 프랑스는 전쟁 준비를 시작했고, 1939년 히틀러가 폴란드를 침공하면서 제2차 세계대전이 발발했다. 제1차 세계대전에서는 군인들만 막대한 희생을 겪었으나, 제2차 세계대전은 군인은 물론이고 일반인들까지 엄청난 희생자를 내면서 훨씬 더 처참한 전쟁이 되었다.

바로 이 무렵, 하버드대학교에 재학 중이던 케네디는 강대국 영국이 전쟁을 피하겠다는 명분 아래, 비겁하게도 약소국 체코슬로바키아의 대표는 참가시키지도 않은 뮌헨 회의에서 체코슬로바키아의 땅을 마음대로 독일에 양보한 사실을 비판하는 내용을 자신의 졸업 논문에 담았던 것이다. 반면, 당시 영국 주재 미국 대사였던 케네디의 아버지 조지프 케네디(Joseph P. Kennedy)는 체임벌린 총리가 뮌헨 협정을 통해 독일과의 전쟁을 피할 수 있게 했다며 그를 칭송했다고 한다. 아들 케네디와 아버지 케네디의 의견이 상반되었던 것이다.

결국 제2차 세계대전이 일어나자 뮌헨 협정에 서명했던 체임벌린 총리는 국민들의 지탄을 받아 자리에서 물러났고 그 후임으로는 강경파인 윈스턴 처칠(Winston Churchill)이 임명되었다. 처칠은 "영국과 프랑스는 불명예와 전쟁 사이에서 선택해야 했다. 그들은 불명예를 선택했다. 그리고 그들은 전쟁을 겪을 것이다."라며 뮌헨 협정을 체결한 정치인들을 비난하였다. 과연 뮌헨 협정을 맺은 체임벌린 총리는 올바른 선택을 한 것인가, 그릇된 선택을 한 것인가?

영국과 프랑스는 왜 협상의 주도권을 잡지 못했나?

뮌헨 협정의 과정 역시 경제학의 '협상 게임'으로 분석해볼 수 있다. 일단 민주국가의 총리로서 영국 국민의 여론을 따라야 했던 체임벌린으로서는 협상에서 독재자인 독일의 히틀러보다 불리한 입장이었음이 분명하다. 영국 총리는 국민들이 반대하는 전쟁을 일으킬 수 없지만 독재자 히틀러는 국민 의사와 무관하게 자신의 결정만으로 전쟁을 시작할 수 있었기 때문이다. 그런 의미에서 볼 때 체임벌린 입장에서는 체코슬로바키아의 전 국토도 아닌, 일부 지역을 지키기 위해 수십만 명의 영국 군인을 위험에 빠트리는 전쟁을 선택할 수는 없었을 것이다.

협상에서 상대방을 제압할 수 있을지를 판단할 때 가장 중요한 요소가 '결렬 비용(threat value)'이다. 결렬 비용이란 협상이 결렬되어 합의에 이르지 못했을 때 분쟁이 발생함으로써 치러야 하는 비용을 말한다. 뮌헨 협상에서 영국의 결렬 비용은 당연히 독일과의 전쟁이었다. 영국 국민들은 제1차 세계대전에 지쳐 더는 전쟁을 원하지 않았기 때문에 영국 총리가 인식한 결렬 비용은 독재자 히틀러의 결렬 비용보다 컸을 것이다. 따라서 협상에서 더 많은 양보를 할 수밖에 없었다.

그런데 어떤 협상이든, 만약 자신의 결렬 비용은 높고 상대의 결렬 비용은 낮아 보인다면 양측의 결렬 비용을 반드시 재점검해볼 필요가 있다. 왜냐하면 상대방의 결렬 비용이 내가 짐작하는 것보다 실상은 더 높을 가능성이 크기 때문이다. 그 이유는 간단하다. 결렬 비용이 낮은 것처럼 보일수록 협상에서 유리한 위치를 점할 수 있으므로 협상 참가자들은 대개 자신의 결렬 비용을 의도적으로 낮게 보이도록 하는 경우가 많다.

나중에 전해진 이야기에 따르면, 당시 독일은 아직 프랑스나 영국과 전면전을 벌일 만큼 군사력이 완비되지 않은 상태였다고 한다. 따라서 수데텐란트를 넘겨주지 않으면 전쟁을 시작하겠다는 히틀러의 발언에는 상당한 과장과 허풍이 섞여 있었을 가능성이 크다. 이보다 더 큰 거짓은 히틀러가 협상에서 마치 합의를 지킬 듯 서약했다는 것이다. 앞서 언급했듯, 그는 뮌헨 협정 체결 후 불과 6개월 만에 합의를 파기하고 체코슬로바키아 전역을 점령했다. 애초 히틀러에게 전쟁을 멈추고 평화를 지킬 의지는 전혀 없었던 것이다.

만일 뮌헨 협정에서 영국의 체임벌린 총리가 체코슬로바키아 영토를 단 한 조각도 양보할 수 없다며 히틀러의 요구를 단호히 거절했다면 어땠을까? 자신의 군사력을 실제 이상으로 과장했던 히틀러는 영국의 강경한 태도에 허를 찔려 수데텐란트를 요구하지 못했을지도 모른다. 뮌헨 협정에서 프랑스와 영국의 양보를 손쉽게 얻어낸 히틀러는 프랑스와 영국이 결코 독일과 전쟁을 벌일 생각이 없다고 판단했을 수 있다. 사실 제2차 세계대전이 일어나 독일군이 프랑스를 침공했을 때 프랑스 정부가 불과 6주 만에 독일에 항복한 걸 보면 히틀러의 이런 생각이 크게 틀리지는 않았던 것 같다. 당시 영국 역시 프랑스 패전 직후 됭케르크(Dunquerque)에서 철수하면서 독일과의 전쟁을 포기하고 항복 직전까지 갔었다. 그러나 새로 총리로 임명된 강경파 윈스턴 처칠의 호소로 영국은 어렵사리 독일과의 전쟁을 계속하기로 결심했다. 프랑스와 영국이 독일에 대항하지 않을 것이라는, 도박과도 같은 히틀러의 기대가 거의 맞을 뻔했던 것이다.

협상의 진짜 기술: 나의 결렬 비용보다 상대의 결렬 비용을 따져보라

이처럼 협상이란 단지 당장의 이익과 손해만을 따지는 자리가 아니라 상대의 멘털까지 살핌으로써 나중의 협상을 위한 전략을 세울 기회가 되기도 한다. 이런 의미에서 보자면, 아마 뮌헨 협정의 협상장에서 히틀러는 체임벌린 총리의 속내를 간파했을 가능성이 높다. 즉 체임벌린이 결코 전쟁을 하지 않으려 한다는 것, 이를 위해 어떤 양보든 심지어 항복까지도 할 수 있는 인물임을 알아차렸던 것이다. 히틀러의 판단은 대체로 맞았고, 영국과 프랑스 협상 대표의 약한 멘털을 믿고 히틀러는 제2차 세계대전을 일으켰던 것이다. 그런데 독일에는 불행하게도, 영국은 전쟁이 일어나자마자 수상을 체임벌린에서 처칠로 바꾸었다. 처칠은 매우 강인한 멘털을 가진 인물이었으며, 역시나 히틀러의 기대를 거슬러 영국을 전쟁으로 이끌었다.

협상에서 보이는 이런 식의 양보가 비단 옛날 일만은 아니다. 최근 벌어진 러시아의 우크라이나 침공도 유사한 사례이다. 미국과 유럽은 우크라이나를 지지한다며 러시아를 비난했으나, 실상 재정적·인도적 지원이나 무기 제공 등 간접적 지원에 그쳤을 뿐 군대를 직접 파병하는 식의 적극적 행동은 취하지 않았다. 우크라이나 국민의 희생은 안타깝지만 머나먼 남의 나라를 지키기 위해 자국 젊은이들을 희생시킬 생각은 없었던 것이다. 물론 러시아는 1938년 히틀러의 독일과 달리 우크라이나 동부를 넘어선 대규모 세계 전쟁을 일으킬 생각은 없었던 것으로 보인다. 하지만 미국과 유럽의 국가들이 러시아에 양보를 거듭한다면, 러시아 역시 과거 히틀러의 독일처럼 미국과 유럽은 싸울 생각이 없다고 판단하고 침략적 행동을 이어갈 수도 있지 않을까?

우리 역사에서 가장 빛나는 외교 협상을 완수한 사람은 거란과의 협상으로 강동 6주를 얻어낸 서희(徐熙) 장군이다. 동아시아의 군사 강국이던 거란이 대군을 이끌고 고려로 쳐들어왔을 때 고려의 왕을 비롯하여 조정의 대다수 대신은 평양 이북 지방을 거란에 내주고라도 전쟁을 멈추어야 한다고 생각했다. 오직 서희만이 적의 속내도 파악하지 못한 채 성급히 항복을 논할 수는 없다며 자청하여 거란 진영으로 담판을 지으러 들어갔다.

물론 서희 또한 거란과의 전쟁을 원하지는 않았다. 어쩌면 고려의 전 국토가 거란에 짓밟히는 것보다는 평양 이북의 땅을 양보하는 게 좋다고 생각했을지도 모른다. 그럼에도 서희는 과감히 거란의 장수들과 직접 대화하기 위해 나섰고, 그 과정에서 거란 또한 송나라라는 강력한 적을 옆에 둔 상황에서 고려와 오랜 전쟁을 벌일 형편이 아니라는 사실을 파악했을 것이다. 즉, 전쟁을 더 빨리 끝내고 싶은 쪽은 고려가 아니라 오히려 거란일 수 있음을 간파한 것이다. 이런 판단 끝에 서희는 고려가 결코 쉽게 굴복하지 않을 것이며, 필요하다면 전쟁도 불사하겠다는 태도를 거란 장수들에게 의도적으로 드러냈다. 그 결과 고려와의 전쟁을 오래 끌 여유가 없었던 거란의 양보를 얻어낼 수 있었다.

어떤 협상에서든 나의 결렬 비용을 지나치게 의식한 나머지 지레 겁을 먹고 성급하게 양보하는 것은 바람직하지 않다. 아무리 막강해 보이는 상대일지라도 그 역시 크나큰 결렬 비용을 숨기고 있을 가능성이 있다. 따라서 그런 점을 먼저 의심하고 면밀히 조사해볼 필요가 있는 것이다.

제
13
장

협상에서의 우위가
통하지 않는 이유는?

'예측 불가능성'에 무너진 브레즈네프의 데탕트 외교

독재국가와 민주국가가 협상을 벌인다면 과연 어느 쪽이 유리할까? 영국 총리 네빌 체임벌린이 독일의 독재자 히틀러와 1938년 뮌헨에서 협상했을 때, 영국 총리는 국민과 언론을 설득하고 동료 국회의원들의 지지도 얻어야 하는 입장이었다. 반면 히틀러는 누구의 동의도 구할 필요 없이 신속하게 결정을 내리고 지시할 수 있었기에 협상에서 주도권을 쥘 수 있었다. 이런 배경에서 체임벌린은 히틀러에게 일정 부분 양보할 수밖에 없었다는 일화를 앞에서 소개했다. 하지만 그렇다고 해서 독재국가가 항상 민주국가보다 협상에서 유리하다고 단정할 수는 없다. 이 점을 확인해보기 위해 냉전 시기 소련과 미국 사이에 있었던 데탕트 외교에 관해 알아보자.

1970년대부터 이미 무너지기 시작한 초강대국

나를 포함한 50대와 그 아래 세대의 가장 큰 경험 차이 중 하나는 '소련'이라는 초강대국의 존재 아래서 살아본 적이 있느냐 없느냐일 것이라고 생각한다. 내가 대학생이던 시절, 소련이 붕괴했다는 뉴스를 접하고 정말 깜짝 놀랐던 기억이 남아 있다. 미국과 세계를 양분하던 초강대국 소련이 해체될 것이라고는 20대 초반이었던 내 인생에서 단 한 번도 생각해보지 못했기 때문이다.

그때는 몰랐지만 지금은 아는 사실이 있다. 소련이 이미 1970년대부터 경제적으로 어려움을 겪고 있었다는 점이다. 생산한 것을 모두가 똑같이 나눈다는 공산주의 시스템은 개인의 근로 의욕을 떨어뜨려 경제 발전을 가로막았다. 그러나 1917년 10월 혁명 이후 거대한 제국을 이루어 미국과 함께 20세기의 양대 초강국으로 군림했던 소련은, 당시 내가 배우던 경제학의 논리를 비웃기라도 하듯 군사적·경제적으로 강하게만 느껴졌었다. 그런 소련이 사실 내부적으로는 20년 가까이 경제 문제로 깊은 고민에 빠져 있었음을 그때만 해도 전혀 알지 못했던 것이다. 1970년대는 '오일 쇼크'라고 불리는 국제 유가 급등으로 전 세계 경제가 큰 어려움을 겪던 시기다. 그러나 석유를 수출하던 소련은 오히려 정부 수입이 늘어나면서 자국의 어려움을 어느 정도 감출 수 있었다.

  석유 수출로 비교적 자금이 풍부해져 자신감을 얻었기 때문인지 1979년 소련은 아프가니스탄을 침공했고, 그 전쟁에 막대한 군사비를 지출했다. 그러나 곧 오일 쇼크가 끝나면서 국제 유가가 급락했고, 그 결과 1980년대 들어 소련의 경제적 어려움은 한층 커졌다. 결국 1991년 소련의 붕괴는 경제학적 관점에서도 그 원인을 찾을 수 있다.

브레즈네프는 왜 '데탕트'에 실패했을까?

소련의 경제적 어려움이 심각해지기 이전인 1970년대에 소련공산당 서기장 레오니트 브레즈네프(Leonid Brezhnev)는 경제 발전 측면에서 미국을 따라잡기 힘들다는 점을 이미 인식하고 있었던 것 같다. 당시 미국 역시 1960년대부터 이어진 베트남 전쟁으로 엄청난 인명 피해와 재정적 손실이 쌓이면서 국력을 소모하고 있었다. 다시 말해 미국도 군비 축소가 절실한 상황이었다. 하지만 소련과 미국 양국이 냉전으로 대치하고 있는 상황에서 한쪽만 군비 지출을 줄이는 일은 곧 힘의 균형 붕괴로 이어질 수 있었다. 결국 군비를 줄이기 위해서는 양측이 동시에 감축하기로 합의해야만 했다.

브레즈네프는 1964년부터 소련공산당 서기장으로 집권했는데, 1969년 미국의 리처드 닉슨(Richard Nixon) 대통령이 취임하면서 군비 경쟁으로 재정이 어려워지고 있던 두 강대국 간에 대화가 가능해졌다. 이때 등장한 용어가 바로 1970년대 국제 외교의 화두가 된 '데탕트(Détente)'이다. '긴장 완화'를 뜻하는 이 프랑스어는, 전 세계를 몇 번이고 초토화할 수 있을 만큼의 핵무기를 각각 보유하던 소련과 미국이 핵무기 사용을 둘러싼 팽팽한 긴장을 다소 완화하자는 움직임을 의미했다. 여기에는 1962년 브레즈네프 서기장의 전임자였던 니키타 흐루쇼프(Nikita Khrushchev) 서기장과 미국의 존 F. 케네디 대통령 사이에 벌어진 쿠바 미사일 위기도 어느 정도 영향을 끼쳤을 것이다. 핵전쟁 직전까지 경험한 양국 지도자들이 모두가 멸망할 수밖에 없는 이러한 핵전쟁을 피하기 위해 평화적 해법을 모색한 것이 이른바 '데탕트 외교'였다.

그렇지만 1970년대 국제 외교를 주도하던 데탕트 외교는 1980년대에 접어들며 사실상 막을 내렸다. 그 배경에는 여러 가지 요인이 있지만 그중 주요한 것은 데탕트를 주도하던 두 지도자의 퇴장이었다. 닉슨 대통령은 워터게이트 사건(Watergate scandal)으로 인해 불법 선거활동이 드러나면서 대통령직에서 사임했고, 1981년에는 강경한 반공 노선을 추구하는 로널드 레이건(Ronald Reagan) 대통령이 취임하면서 데탕트는 파기되었다. 소련의 브레즈네프 서기장은 1982년 재임 중 사망했다.

당시 소련 지도자들의 임기는 사실상 종신제에 가까웠다. 흐루쇼프 서기장처럼 일종의 탄핵을 받아 쫓겨나거나 고르바초프 서기장처럼 소련 붕괴와 함께 물러난 경우를 제외하면 대부분은 죽는 날까지 지위를 유지했다. 브레즈네프 서기장도 1964년부터 1982년까지 18년간 서기장 자리에 있었고, 이 기간 동안 미국의 대통령은 린든 존슨, 리처드 닉슨, 제럴드 포드, 지미 카터, 로널드 레이건까지 다섯 명이나 바뀌었다.

브레즈네프는 1970년경에 미국의 대통령 리처드 닉슨과 관계를 잘 맺어 데탕트 외교를 추진하고 이를 통해 군비 경쟁을 완화함으로써 소련 경제의 부담을 줄이고자 했다. 하지만 닉슨이 워터게이트 사건으로 중도 하차하면서 데탕트 외교의 상대방이 바뀌게 되었다. 특히 대소련 강경파인 로널드 레이건 대통령이 취임하면서 모든 대화를 중단하고 소련과의 군비 경쟁을 재개하겠다고 선언함에 따라 브레즈네프가 추진해온 데탕트 외교는 결국 실패로 돌아갔다. 더구나 미국에서는 대통령이 연임을 통해 최대 8년까지 재임할 수 있었음에도 브레즈네프 집권기에는 미국 대통령들이 임기를 채우지 못하거나 재선에 실패하는 일이 반복되었다. 이 때문에 장기적이고 지속적인 외교 협상이 불가능했다.

'데드라인 없음'의 협상 우위를 무너뜨린 '예측 불가능성'

경제학의 협상이론에 따르면 협상에서 유리한 위치를 차지할 수 있는 방법은 여러 가지가 있다. 그중 대표적인 것이 마감 시간인 '데드라인(deadline)'을 없애는 것이다. 일반적으로 협상 마감 시간이 가까울수록 협상력이 줄어 더 많은 양보를 하게 되기 때문이다. 그렇다면 독재자와 민주주의 국가의 지도자 중 누가 마감 시간의 부담이 덜할까? 당연히 독재자이다. 독재자는 임기가 없는 경우가 대부분이라 당장 성과를 내지 않아도 장기적 안목으로 협상에 임할 수 있다.

만약 북한처럼 세습 독재 체제를 유지하는 경우라면, 더욱더 마감 시한에 쫓길 필요가 없다. 이번 미국의 대통령이 협상 파트너로서 적합하지 않다고 판단되면 적합한 인물이 등장할 때까지 기다릴 수 있는 것이 바로 독재 정권이다. 반면 민주국가의 지도자들은 대부분 선거를 통해 선출되며, 다음 선거까지 가시적인 결과를 도출해야 국민들에게 인정받아 다음 선거에 좋은 영향을 줄 수 있다. 따라서 임기 종료 전이나 다음 선거 전에 협상을 마무리해야 할 필요가 있는 것이다. 이렇다 보니 마감 시한이라는 부담을 덜어낼 수가 없다. 당연히 독재자와 민주국가 지도자가 협상을 시작하면 데드라인에 여유가 있는 독재자가 협상에서 유리한 고지를 차지한다는 것이 전형적인 협상이론의 예측이다. 그런데 소련의 브레즈네프 서기장이 미국의 리처드 닉슨 대통령과 데탕트 협상을 하면서 과연 자신이 더 유리한 위치에 있다고 생각했을지는 의심이 든다.

협상을 유리하게 이끄는 방법은 마감 시간을 없애는 것만이 아니다. 그보다 더 강력한 방법으로 '미치광이 전략'이 있다. 말 그대로 협상에서 절대로 이길 수 없는 사람은 이야기가 통하지 않는 '미친 사람'이다. 이런 상대가 협상에서 고집을 부리면 결국 협상을 결렬시키고 뛰쳐나오든지, 그럴 수 없다면 그냥 상대방이 원하는 대로 다 들어주는 것밖에 달리 방법이 없다. 그래서 사실은 정신이 멀쩡하더라도 일부러 미친 것처럼 행동해 최소한 '이상한 사람'이라는 인식을 심어주면 협상에서 훨씬 유리해질 수 있다는 것이 이 전략의 핵심이다.

민주국가에서는 지도자가 정기적으로 선거를 통해 교체된다. 이는 곧 민주국가와 협상을 하는 상대방 입장에서는 다음에 등장할 지도자가 어떤 사람일지 미리 알 수가 없다는 뜻이다. 가령 최근 미국의 대선 결과를 보면 대통령의 성향과 정책이 극과 극으로 바뀌고 있어 미국과 외교 관계를 맺은 국가의 지도자들이 큰 혼란을 겪고 있다. 이렇게 예측 불가능한 협상 상대의 교체는 오히려 협상에서 상대방의 양보를 이끌어내는 요소로 작용할 수 있다.

1970년대에 브레즈네프 서기장은 데탕트 외교를 통해 미국과의 군비 경쟁을 완화하고, 이를 발판으로 경제위기를 극복하려는 전략을 추진했다. 그러나 대화가 잘 통하던 닉슨이 갑작스럽게 사임하면서 협상 환경은 급변한다. 이후 소련에 적대적이며 군비 증강 정책을 내세운 레이건 대통령이 취임하자, 어렵사리 추진해오던 협상이 물거품이 되는 경험을 하게 되었다. 성향이 다른 다섯 명의 미국 대통령을 브레즈네프 혼자서 상대하다 보니 종잡을 수도 없고 예측할 수도 없는 미국 측 태도에 말려들고 만 것이다. 반면 미국은 이미 상대방인 브레즈네프가 어떤 사람인지 분석을 하고도 남을 시간이 있었기에 상대적으로 더 많은 정보를 가지고 소련과의 협상에 임할 수 있었다.

우리는 데탕트에 실패한 소련이 1979년부터 약 10년간 이어진 아프가니스탄 침공에서도 별다른 성과를 거두지 못한 채 1989년 철군함으로써 또 다른 좌절을 겪었다는 사실을 이미 알고 있다. 이 와중에 국제 유가까지 급락하면서 석유 수출에 의존하던 소련의 주요 수입원이 급감했고 재정 압박과 경제위기가 겹치며 체제 붕괴로까지 이어졌다. 브레즈네프 입장에서 보면, 데탕트 협상으로 군비를 축소해 재정 부담을 줄이기로 하고 그 방향으로 정책을 계속 추진해왔는데 미국의 대통령들이 연이어 바뀌면서 기존 정책을 헌신짝 버리듯 하니 헛수고만 하고 버려졌다는 기분이었을 것이다. 미국이라면 새로 취임한 대통령이 현재의 어려움은 모두 전직 대통령 탓이라며 책임을 전가할 수도 있겠지만 20년 가까이 소련을 통치한 브레즈네프는 그럴 수도 없었을 것이다.

 자유민주주의 진영에서 협상이론을 배웠던 나는 데드라인이 없는 공산주의 국가나 독재국가들이 협상에서 상대적으로 유리한 위치를 점할 수 있다는 사실을 여러 차례 접한 바 있다. 이는 곧 자유민주주의 체제가 협상에서 불리할 수 있다는 의미이기도 하다. 그러나 소련이나 다른 공산주의 국가 입장에서는 이야기가 통할 만하면 갑작스럽게 통치자가 바뀌는 자유민주주의 체제가 오히려 더 예측 불가능하고 종잡을 수 없다고 느껴졌을 수도 있다.

 현재의 북한은 소련이 겪었던 이러한 외교적 경험에서 교훈을 얻어 대한민국과의 대화와 협상에 지극히 소극적일 수 있겠다는 생각이 든다. 북한에 우호적인 지도자와 대화를 하다가 대한민국 내 정권이 교체되어 북한에 적대적인 지도자가 등장하면 북한으로서는 너무도 혼란스러워질 것이기 때문이다. 그런 의미에서 1970년대와 1980년대 소련과 미국의 협상 과정을 잘 연구하는 것은, 현재 대한민국과 북한 간 협상 전략을 수립하는 데 중요한 통찰을 제공해줄 수 있을 것이다.

제14장

최고의 이익을 내는
비즈니스 전략은?

| 태조 왕건과 빌 게이츠가 구사한 '네트워크 효과' |

마이크로소프트의 빌 게이츠는 어떻게 해서 그렇게 많은 돈을 벌었을까? 누구나 알고 있는 마이크로소프트의 대표 상품이 '윈도우(Windows)' 시리즈이다. 컴퓨터를 사용하는 거의 모든 사람이 윈도우를 쓴다. 대부분의 PC에는 윈도우 운영체제가 기본으로 설치되어 있으며, 새로 구입한 컴퓨터를 처음 켰을 때 맞이하는 화면 역시 윈도우이다.

　물론 애플 컴퓨터를 구매하면 윈도우가 깔려 있지 않은데, 이것이 의미하는 바는 윈도우 이외의 다른 운영체제로도 컴퓨터가 잘 작동한다는 의미가 아니겠는가? 다시 말해 이 세상에는 윈도우 외에도 컴퓨터를 작동시키는 다른 운영체제가 존재한다는 뜻이다. 사실 유사한 운영체제가 여럿 있다. 그런데도 대부분의 컴퓨터에 윈도우가 설치되어 있고 대다수 사람이 사용한다는 것은 아마도 윈도우가 다른 운영체제보다 더 우수한 기능을 갖추었다는 뜻이 아닐까?

　그렇지만 유감스럽게도 윈도우가 다른 운영체제에 비해 특별히 우수한 것은 아니다. 오히려 윈도우보다 우수한 운영체제들이 상당히 존재한다. 따라서 많은 소비자가 윈도우를 사용하는 이유는 윈도우가 다른 운영체제에 비해 뛰어나서가 아니다. 지난 30년간 사람들이 윈도우를 사용한 실질적 이유는 윈도우의 우수성 때문이 아니라, 주변 사람들이 대부분 윈도우를 사용하기 때문이다. 즉, 윈도우의 탁월한 성능 때문이 아니라 대다수 사람이 그것을 쓰고 있어서다.

빌 게이츠와 태조 왕건의 공통점

우리가 컴퓨터를 사용하는 목적은 무엇인가? 첫째 서류 작업을 하거나 일을 처리하는 데 컴퓨터를 쓰는 것이 편리하기 때문이다. 그런데 단지 이것이 목적이라면 내가 컴퓨터를 구매할 때 윈도우만을 고집할 필요는 없다. 만일 윈도우보다 더 좋은 운영체제가 있다면 그것을 설치해 사용하면 될 것이다. 그래야 일을 더 빠르고 정확하게 처리할 수 있을 테니 말이다.

그러나 컴퓨터를 사용하는 다른 목적, 즉 두 번째 목적이 있는데 바로 다른 사람들과 소통하거나 공동 작업을 하는 것이다. 직장에서 내가 어떤 작업을 하다가 동료의 도움이 필요한 경우, 동료의 컴퓨터가 윈도우로 작동하는 반면 나는 다른 운영체제를 쓴다면 공동 작업은 불가능해지거나 몹시 불편해질 수 있다.

현실의 직장에서는 나 혼자 일을 처리하는 경우보다, 컴퓨터로 처리한 결과를 어딘가로 보내거나 누군가와 공유하고 또는 공동 작업을 해야 하는 경우가 대부분이다. 따라서 내가 윈도우를 사용할지 다른 운영체제를 사용할지를 결정할 때 중요한 것은, 윈도우 성능의 우수성보다는 내 주변 사람들이 윈도우를 얼마나 많이 쓰고 있느냐 하는 점일 것이다.

이것을 경제학에서는 '네트워크 효과(network effect)'라고 한다. 네트워크 효과란 어떤 상품의 가치가 그 상품 고유의 성능에 의해서만 결정되는 것이 아니라 다른 사람들이 그 상품을 얼마나 많이 쓰느냐에 의해서도 결정된다는 개념이다. 즉, 나 혼자 쓰고 끝나는 상품이 아니라 여러 사람이 함께 쓰거나 공동으로 사용할 때 가치가 커지는 경우를 설명하는 말이다.

예를 들어, 미국의 어린이들 사이에서는 야구 글러브의 가치가 높다. 동네 친구들이 매일 모여 야구 시합을 하기 때문이다. 하지만 영국의 어린이들에게는 같은 야구 글러브라도 그 가치가 상대적으로 낮은데, 영국에서는 야구가 비인기 종목이라 친구들과 야구 시합을 하는 일이 흔치 않기 때문이다. 내가 아무리 값비싼 야구 글러브를 갖고 있다 해도 다른 친구들이 야구 글러브를 갖고 있지 않다면 무용지물이 된다는 의미이다. 그러므로 영국의 어린이에게는 야구 글로브보다 축구공과 축구화를 사는 것이 더 현명한 일일 것이다. 영국에서는 축구가 가장 인기 있는 스포츠이기 때문이다. 이처럼 동일한 물건이라도 미국 어린이에게는 가치가 높고 영국 어린이에게는 가치가 낮을 수 있는데, 그 차이는 바로 네트워크 효과의 유무로 결정된다.

비즈니스 측면에서 너무도 영리한 빌 게이츠는 윈도우를 만들면서 성능을 더 좋게 만들려고 공을 들이기보다는 더 많은 소비자에게 빠르게 보급하는 것이 중요하다고 판단했다. 빌 게이츠의 이런 판단은 적중했고, 처음에 무료로 배포한 윈도우는 어느새 컴퓨터 사용자 중 거의 90%가 사용하게 되었다. 그러자 빌 게이츠는 곧바로 윈도우의 가격을 인상했다. 이제 소비자들은 조금 비싸더라도 윈도우를 쓰지 않을 수 없었다. 컴퓨터를 새로 사더라도 윈도우가 아닌 운영체제로 한 숙제는 선생님이 읽을 수도 없고, 친구들과 의논하며 함께 할 수도 없기 때문이다. 이런 네트워크 효과 덕분

- 이런 네트워크 효과가 정치 분야에서 나타날 때에는 '밴드왜건 효과(band wagon effect)'라는 별칭으로 불리기도 한다.

에 빌 게이츠의 마이크로소프트는 전 세계에서 막대한 수익을 거둘 수 있었다.

국사학자 이익주 교수의 강의 중에 '본관(本貫)'과 '성(姓)'에 대해 이야기한 것이 있다. 그에 따르면, 우리 역사 속에도 네트워크 효과를 일찍이 깨달았던 인물이 있으니 바로 고려를 건국한 태조 왕건이다. 신라 귀족들이 사용했던 일부 성씨를 제외하면 대한민국의 족보는 대부분 고려 초기로부터 시작된다. 그 이유는 후삼국을 통일한 고려의 태조 왕건이 자신을 도와준 각 지역의 호족들에게 본관과 성(姓)을 내렸기 때문이라고 한다. 이 정책을 '토성분정(土姓分定)'이라 하는데, 여기서 '토(土)'는 지역을 나타내는 본관을 뜻하고 '성(姓)'은 혈연을 나타내는 성씨를 뜻한다. 왕건은 이렇게 본관과 성씨를 결합한 토성을 호족들에게 수여한 것이다.

여기서 본관이 중요한 이유는, 청주(淸州) 한씨(韓氏)라고 했을 때 한씨 성을 가진 사람들이 청주 지역에서는 상당한 권력과 특권을 가지는 것이 당연하다는 일종의 인증을 해준 것이기 때문이다. 그러니까 고려의 태조 왕건은 전국 각 지역의 유력한 호족들에게 본관과 성을 하사함으로써 각 지역의 지배권을 인정해준 셈이다. 더욱이 이러한 인정은 자신에게 협력한 사람에게만 한정되지 않았다. 자신의 반대편에서 싸웠지만 해당 지역에서 강력한 세력을 가진 호족에게도 성을 하사했다. 다만 이들에게는 '우(于)씨'나 '마(麻)씨'처럼 소(牛)나 말(馬)을 연상시키는 성을 내려 소심한 복수를 했다고 한다. 실제 한자의 뜻이 소나 말은 아니지만 발음이 같다는 점을 이용한 것이었다.

왕건이 의도한 것은 빌 게이츠가 목적한 것과 유사한 '네트워크 효과'였다. 태조 왕건이 본관과 성을 하사하자 고려의 유력 호족들은 모두 성씨를 갖게 되었다. 이는 곧 성씨가 없는 사람은 신분 높은 호족이 아니라는 뜻이 된다. 성이 없다는 사실 하나로 평민이나 천민으로 전락하는 셈이다.

왕건이 즉위하기 전에는 지방에서 권세를 떨치던 호족들이 본관과 성이 없어도 아무런 불편 없이 지냈을 것이다. 본관과 성을 받았다고 해서 당장 돈이 생기는 것도 아니고 군사가 더 생기는 것도 아니었다. 왕건이 토성분정을 시행하기 전에는 아무도 본관과 성을 갖고 싶다는 생각조차 하지 않았을 것이다. 도리어 스스로 본관과 성을 만들어 썼다면 주위 사람들에게 이상한 취향을 가졌다며 손가락질을 당했을지도 모른다.

하지만 일단 왕건이 유력 호족들에게 본관과 성을 부여하자, 그것은 곧 강력한 의미와 가치를 지니게 되었다. 성씨가 없는 호족은 아무리 힘이 있어도 '공인 인증'을 받지 못한 셈이었고, 주변에서 더 이상 호족 대접을 받지 못하게 되었다. 자신이 어느 지역에서 제일 힘 있는 호족이라고 제아무리 주장해봤자 본관과 성도 없는 사람이 하는 거짓말이라며 비웃음을 당했을 것이다.

이렇게 태조 왕건은 아무런 비용도 들이지 않고 대동강 강물 퍼주듯 시행한 토성분정 정책으로 호족의 지위를 제도적으로 공인해주었다. 호족들 입장에서는 이제 본관과 성이 자신들의 특권을 보장하는 증표가 되었고 함부로 버릴 수 없는 것, 아니 보물처럼 소중히 간직해야 할 것이 되었다. 얼마나 귀했으면 한 세대마다 업데이트가 필요한, 아주 손이 가고 비용도 많이 드는 '족보(族譜)'까지 만들어가며 자신의 본관과 성을 천년도 넘게 지켜왔을까? 이유는 단순하다. 다른 유력자들은 모두 족보가 있는데 자신만 없으면 신분을 인정받지 못하기 때문이다.

  물론 이런 본관과 성이 생기면서 가장 큰 혜택을 본 사람은 이 제도를 만든 당사자인 태조 왕건이었다. 본관과 성을 받아 호족 행세를 하는 유력자들 입장에서 보면, 이런 본관과 성이 모두 태조 왕건에게서 나온 것이므로 만일 왕건과 고려라는 새 나라의 권위가 흔들리면 자신의 본관과 성까지 위태로워져 기득권을 잃고 큰 손해를 입을 것이었다. 따라서 자신들의 정당성을 공인해주는 태조 왕건과 그 후손들의 지위를 지키는 것은 곧 자신들의 이익을 지키는 일이었고, 이는 자연스럽게 고려 왕조의 위상을 높이는 결과로 이어졌다.

  경제학의 손익 측면에서 보면, 세상에서 가장 이익이 되는 장사가 바로 이런 네트워크 효과를 창출하여 그 중심에 서는 것이다. 마치 전 세계의 컴퓨터에 윈도우를 깔게 만든 뒤 그 운영체제를 공급했던 빌 게이츠처럼 말이다.

  구글도 마찬가지이다. 사람들에게 무료로 고품질의 검색 서비스를 제공한 결과, 전 세계인이 구글로 검색하는 세상이 만들어졌다. 따라서 고객이 '신촌 빵집'이라는 검색어를 입력했을 때 자기 가게가 맨 위에 뜨길 바라는 신촌의 빵집 사장이라면 구글에 기꺼이 광고비를 지불할 것이다. 구글 이외에도 무수한 검색 포털이 있지만 빵집 사장들이 특히 구글에 더 많은 돈을 지불하는 이유는, 구글 검색 기능 자체의 우수성 때문이라기보다는, 현실에서 대다수 사람이 구글을 사용하기 때문이다. 역시 네트워크 효과이다.

기축통화로서 미국 달러가 갖는 네트워크 효과의 힘

이런 네트워크 효과를 가장 큰 규모로 이용해 이익을 보는 당사자가 바로 미국 정부이다. 미국 정부는 공공기관인데 무슨 상품을 만들며 어떻게 네트워크 효과를 누린다는 것일까? 사실 미국 정부가 만드는 세계적인 베스트셀러 상품이 하나 있는데, 바로 미국의 통화인 달러(dollar)이다. 잘 알다시피 미국 달러는 세계무역에서 지불 수단으로 사용되는 기축통화로, 미국의 통화이면서 동시에 전 세계가 사용하는 통화이다. 보통 어떤 나라가 자국 통화를 너무 많이 발행하면 돈의 가치가 하락하면서 높은 인플레이션이 발생한다. 그래서 정부는 돈이 아무리 필요해도 무작정 통화를 발행할 수 없다. 자칫 인플레이션이 발생해 경제가 마비될 수 있기 때문이다.

그러나 미국은 상황이 조금 다르다. 달러를 많이 발행해도 다른 나라에 비해 인플레이션이 덜 발생한다. 그 이유는 간단하다. 미국이 찍어낸 달러가 미국 안에만 머물지 않고 전 세계로 퍼져나가기 때문이다. 달러가 미국 안에만 머문다면 추가로 찍어낼 경우 달러가 넘쳐 가격이 올라가겠지만, 기축통화로 인정받는 미국 달러는 국경을 넘어 세계 곳곳에서 사용된다. 미국과 직접 거래하지 않는 경우에도, 예컨대 일본 사람이 한국 상품을 구매할 때도 달러가 쓰인다.

사실 전 세계 경제가 성장하고 무역이 확대될수록 서로 다른 국가의 사람들이 물건을 사고팔 때 더 많은 달러가 필요해진다. 이런 이유로 미국은 글로벌 무역 활성화를 위해서도 달러를 더 많이 찍어낼 필요가 있다. 그런데 미국에서 찍어낸 달러를 한국이 그냥 가져올 수는 없기 때문에 한국 기업이나 개인이 달러를 얻으려면, 미국에 물건을 팔고 그 대가로 달러를 받아 와야 한다. 이 말은 곧 미국은 종이에 숫자를 찍어 '달러'라는 통화를 발행하기만 하면, 다른 나라 사람들이 열심히 일해서 만든 물건들을 사실상 공짜로 얻을 수 있다는 의미이다. 달러가 자국 통화일 뿐만 아니라 전 세계 무역의 기축통화로 사용되기 때문에 가능한 일이다.

이렇게 할 수 있는 이유 역시 네트워크 효과에서 비롯된다. 미국 달러가 가치를 지니는 것은 전 세계 사람들이 서로 물건을 사고팔 때 달러를 쓰기 때문이다. 내가 아무리 한국 원화로 아프리카에서 물건을 사려고 해도 아프리카 국가들이 세계무역에서 달러를 기축통화로 사용하는 현실이라면, 나만 다른 화폐를 사용할 수는 없다. 모두가 달러를 쓰기 때문에 나도 달러를 쓸 수밖에 없는 것, 그것이 바로 네트워크 효과이다.

미국 달러가 기축통화인 것이 미국에 얼마나 이익인지를 가장 잘 보여준 사례가 1985년 미국, 영국, 프랑스, 독일(당시 서독), 일본의 재무장관들과 중앙은행 총재들이 뉴욕 플라자 호텔에 모여 맺은 '플라자 합의'이다. 복잡한 경제학 논의를 빼고 플라자 합의의 결론을 요약하면 이렇다. 당시 미국은 더 이상 양질의 상품을 경쟁력 있는 가격에 생산하기 어려웠던 반면, 독일과 일본은 품질 좋은 상품을 훨씬 낮은 가격에 세계 시장에 공급하고 있었다. 이런 상황이 계속되면 미국의 무역 적자는 심화되고 독일과 일본은 계속 흑자를 낼 것이었다. 결국 미국의 경제가 어려워질 것이므로 독일과 일본 정부가 자국에서 생산된 상품의 가격을 억지로 올려 미국 상품이 팔릴 수 있도록 독일과 일본의 환율을 인위적으로 조정했다. 이렇게 양국이 미국 경제를 위해 자국 경제에 불리한 결정을 수용하기로 한 것이 바로 '플라자 합의'다.

흔히 일본의 '잃어버린 20년' 또는 '잃어버린 30년'이라 불리는 오랜 불경기의 시작점을 하나 꼽으라면, 바로 이 플라자 합의를 들 수 있다. 물론 플라자 합의가 없었다면 일본 경제가 계속 호황을 누렸을지에 대해서는 논란의 여지가 있다. 그러나 그와 상관없이 놀라운 사실은 영국, 프랑스, 독일, 일본의 경제 책임자들이 모여 미국 경제가 나빠지면 안 된다고 생각하여 자국 경제를 희생하더라도 미국 경제와 미국 달러를 지키기로 합의했다는 점이다. 어떻게 일본 사람이 자국 경제보다 미국 경제를 더 중시하는 결정을 할 수 있었을까?

그 답은 1971년 닉슨 행정부 재무장관이었던 존 코널리(John Connally)의 발언에서 찾을 수 있다. 그는 그해 G10 재무장관 회의에서 다른 나라 재무장관들에게 이렇게 말했다. "달러는 미국의 화폐이지만, 여러분들이 해결할 문제입니다(The dollar is our currency, but it's your problem)." 즉, 달러에 문제가 생기면 가장 곤란해지는 것은 미국이 아니라 달러를 사용하는 다른 나라들이니, 달러와 관련된 미국 경제의 문제는 다른 나라들이 알아서 해결하라는 의미였다.

당시 영국, 프랑스, 독일, 일본에는 무역 결제용 달러가 잔뜩 쌓여 있었다. 만일 미국 경제에 문제가 생겨 달러가 기축통화 지위를 잃어버리면 달러는 휴지조각이 되고, 그 결과 달러를 많이 쌓아둔 나라들의 재정은 큰 타격을 입게 된다. 더 나아가 달러를 대체할 다른 기축통화가 없는 상황에서 미국 경제가 무너져 달러 가치가 급락하면, 세계무역에서 어떤 화폐로 결제해야 할지 혼란이 일어나 세계무역이 축소될 것이고 그에 따른 경제적 충격이 엄청날 것이다. 이런 현실적 이유로 일본은 자국 경제가 '잃어버린 20년' 또는 '잃어버린 30년'이 될 위험을 감수하고라도 미국 경제와 달러를 지켜야 했다. 옛사람들이 흔히 하던 말처럼 "큰 집이 잘되어야 작은 집도 잘 된다."라는 논리가 세계경제 질서에도 그대로 적용된 셈이다.

이런 플라자 합의와 같이, 다른 국가들의 지원 덕분에 1980년대에 미국 경제는 되살아날 수 있었다. 더 중요한 점은 그것이 공산권에 대한 경제적 승리이기도 했다는 것이다. 1985년 플라자 합의로 자유주의 진영 국가들은 큰형님 미국을 도왔지만 공산권에서는 소련을 도울 국가가 없었다. 그런 상황에서 소련은 이미 진행 중이던 경제 침체의 돌파구를 찾지 못했고 결국 1991년 붕괴로 이어졌다.

윈도우와 구글이 각각 자기 분야에서 표준이 되어 전 세계 사람들이 사용하는 운영체제와 검색 서비스가 된 것이나, 고려 태조 왕건이 본관과 성씨 제도를 도입하여 전국의 유력 호족들 사이에 빠르게 확산시킨 것, 그리고 미국의 달러가 기축통화로 자리 잡아 전 세계 무역 결제의 중심이 된 것 등은 모두 네트워크 효과의 강력함을 보여주는 사례이다. 경제학자로서 세상에서 가장 큰 이윤을 남기고 압도적인 위치에 설 수 있는 사업 모델은 바로 이러한 네트워크 효과를 만들어내는 것이라고 단언할 수 있다. 좋은 제품을 생산하고 좋은 서비스를 제공하는 것도 중요하지만 항상 나의 상품과 서비스가 네트워크의 중심에 설 수 있는 전략을 먼저 고민해야 하는 이유가 여기에 있다.

개인들 사이에서도
네트워크 효과가 가능하다

내가 몸담고 있는 대학사회에서도 한 명의 교수가 네트워크 효과를 활용해 중요한 지위와 책임을 맡는 일이 가능하다. 예를 들어, 상경대학의 김 교수가 특별한 재주나 능력이 없는데도 불구하고 상경대학의 동료 교수들뿐 아니라 대학 본부 총장과 부총장에게도 인정받은 비법이 존재하는데, 바로 네트워크 효과를 잘 활용한 덕분이다.

상경대학의 동료 교수들이 김 교수를 인정하고 의지하는 이유는 간단한데, 김 교수가 총장과 부총장에게 신뢰받는 존재이기 때문이다. 그래서 상경대학에서 해결하기 어려운 일이 생기면 김 교수에게 도움을 요청한다. 그가 총장이나 부총장에게 직접 건의하면 대학 본부가 그 요청을 더 잘 들어줄 것이라고 믿기 때문이다. 그래서 김 교수는 상경대학에 없어서는 안 될 존재가 된 것이다.

그런데 총장과 부총장은 어째서 김 교수의 말을 특히 잘 들어줄까? 그 이유 역시 간단한데, 상경대학의 교수들이 김 교수를 신뢰하고 잘 따르기 때문이다. 바꾸어 말하면, 상경대학에서 영향력 있는 오피니언 리더인 김 교수의 요청을 잘 들어주면 김 교수와 대학 본부의 관계가 좋아지고, 그런 김 교수의 활약으로 상경대학 교수들이 총장과 부총장에게 더욱 잘 협조할 것이기 때문이다. 즉, 김 교수는 총장과 친하기 때문에 상경대학 교수들에게 인정받은 것인데 총장과 친한 이유가 상경대학 교수들에게 인정받기 때문이라는 논리가 된다. 마치 컴퓨터 운영체제가 윈도우인 것이 당연하고, 검색 서비스가 구글인 것이 당연하며, 세계무역에서 결제 통화가 미국 달러인 것이 당연하듯이 상경대학을 대표하는 인물은 당연히 김 교수라고 생각되도록 만드는 것이 바로 네트워크 효과의 힘이다.

 사람들은 흔히 노력한 만큼 정당한 대가를 받는 사회가 좋은 사회라고 말한다. 하지만 개인의 입장에서 보면, 노력한 것 이상으로 보상을 받을 수 있다면 더 좋다고 느끼는 것도 자연스러운 일이다. 그러한 보상을 가능하게 하는 최고의 지름길은 상황을 잘 파악하여 네트워크를 형성한 뒤 그 네트워크의 중심에 자신을 두는 것이다. 개인이나 조직이나 이런 네트워크를 파악하려는 노력을 게을리해서는 안 되는 이유이다.

알렉산드로스 대왕(Alexander the Great)의 전투 능력은 오늘날 우리가 상상하기 어려울 정도로 뛰어났음이 분명하다. 그는 불과 20세 나이에 그리스의 한 지방인 마케도니아의 왕위에 오르자마자 순식간에 그리스를 군사적으로 통일했고 2년 후인 22세에 당시 세계적인 강대국이던 페르시아로 쳐들어갔다. 이를 한국 역사에 비유하자면, 신라의 한 젊은 왕이 즉위한 지 2년 만에 백제와 고구려를 정복해 삼국을 통일한 후, 곧장 당나라로 쳐들어가서 멸망시키고 중국 전역을 점령해버린 것과 비슷하다.

달걀로 바위 치기에 가까운 무모한 군사 작전처럼 보였지만 알렉산드로스 대왕은 병력 규모에서 수십 배나 우세한 페르시아 군대를 연이어 물리쳤고, 결국 페르시아 제국을 멸망시켰다. 그 결과 그는 현재의 튀르키예, 이집트, 이란, 이라크, 시리아를 모두 합한 것에 맞먹는 광대한 영토를 지배하게 되었으며, 이 모든 것을 불과 4년 만에 이루었다. 그 과정에서 알렉산드로스 대왕은 단 한 번도 전투에서 패배하지 않았다. 그는 여기서 멈추지 않고 인도로 진격해 인도 북부 지역까지 군사적으로 정복하는 데 성공한다.

단 한 번도 패배하지 않았던 정복자가 멈춘 날

모든 전쟁에서 승리한 그가 단 한 번 전투를 시작하기도 전에 포기한 적이 있었는데 바로 인도 원정 도중의 일이었다. 인도 전역을 정복할 때까지 전투를 계속하려 했던 알렉산드로스 대왕이 전투가 불가능하다고 판단할 수밖에 없었던 것은 부하 장병들이 전쟁을 거부했기 때문이다. 말하자면 일종의 '파업'이 일어난 셈이다.

"세계 끝까지 가는 것은 폐하께는 어울리지만 우리에게는 어울리지 않습니다."

간단히 말해, 알렉산드로스 대왕 밑에서 싸우면 반드시 승리한다는 것은 알겠지만 대체 언제까지 싸움만 계속해야 하느냐는 것이었다. 놀랍게도 당시 그리스 병사들은 알렉산드로스 대왕의 명령이라 해도 무조건 복종하지는 않았다. 알렉산드로스 대왕은 병사들에게 전쟁의 목적을 충분히 납득시킨 후에야 전투를 시작했는데, 이는 그의 적이었던 페르시아의 다리우스(Darius) 왕과는 전혀 다른 방식이었다. 페르시아 병사들은 왕의 명령에 맹목적으로 따르며 싸웠지만, 알렉산드로스의 병사들은 왜 싸우는지 이해하고 자발적으로 참전했다. 이 차이는 알렉산드로스 대왕이 했다고 전해지는 연설을 통해 확인할 수 있다. 페르시아로 쳐들어가면서 알렉산드로스 대왕은 페르시아 군대의 숫자가 아무리 많더라도 그리스가 승리할 수밖에 없다고 병사들을 설득하며 다음과 같은 연설을 했다.

"페르시아 군대는 자기 의지로 싸우지 않는다. 명령에 따를 뿐이다. 허수아비다. 하지만 우리는 대의를 위해 싸운다. 조국 그리스를 침공하고 괴롭혀온 페르시아를 막기 위해 전쟁을 하는 것이다. 따라서 이 전쟁은 노예와 자유인의 싸움이다. 그러므로 우리가 승리할 수밖에 없다."

대략 이런 내용이었다고 한다. 요컨대, 페르시아 군대는 왜 싸우는지도 모른 채 싸우지만 그리스 군대는 조국을 지키기 위해 자유의지에 따라 싸우기에 그리스 병사의 힘이 훨씬 강할 수밖에 없다는 말이다.

또한 알렉산드로스 대왕은 페르시아 원정을 앞두고 자신의 재산 대부분을 병사들에게 나누어 주었다고 한다. 그러자 한 장군이 "폐하께서는 이제 무엇이 남았습니까?"라고 물었고 알렉산드로스 대왕은 자신에게는 가장 중요한 보물이 하나 남아 있다고 답했다. 그는 이렇게 말했다.

"최고의 보물은 내 안에 있는 희망이다. 희망이 있기에 오늘의 내가 존재하고 나의 미래가 존재하는 것이다."

어쩌면 이 말은 부하들에게 전하는 강력한 메시지가 아니었을까? 지금 그리스가 가진 작은 재물과 땅이 중요한 것이 아니라, 저 넓고 풍요로운 페르시아를 정복하면 병사들은 훨씬 더 큰 부와 명예를 누릴 수 있다는 확신을 심어주는 말이었다. 나 알렉산드로스는 그것을 알기에 지금 가진 것을 모두 나누어 주더라도 미래에 영토나 재물이 부족할까 걱정하지 않는다는 의미였을 것이다.

결국 알렉산드로스는 무모해 보이는 페르시아 정벌을 시작하면서, 이 전쟁은 단순히 왕을 위한 것이 아니라, 병사들 각자가 정복의 열매를 누릴 좋은 기회임을 인식시켰던 것이다. 억지로 끌려와 싸우는 페르시아 병사들과 달리, 그리스 병사들은 조국을 페르시아의 침략으로부터 지킬 뿐 아니라 개인적으로도 부와 명예를 얻을 수 있었기에 스스로를 위해 싸울 수 있었다.

실제로 알렉산드로스 대왕의 의도를 잘 이해한 그리스 군대는 페르시아와의 전쟁에서 연전연승을 거두었다. 하지만 페르시아 전역을 정복하고도 만족하지 못한 알렉산드로스 대왕이 인도까지 진격하려 하자 병사들도 더는 납득할 수 없게 되었다. 인도는 그리스를 침공하기에는 너무 먼 지역이었고 병사들은 이미 넓은 페르시아를 정복하며 평생 누릴 부와 명예를 얻었기에 더는 목숨 건 전쟁에 나설 필요가 없다고 생각한 것이다. 따라서 인도 원정은 병사들 눈에 알렉산드로스 대왕의 개인적 욕심일 뿐, 그들 자신의 이해관계와는 무관했다. 이것이 그리스 병사들이 더 이상 전투에 나서기를 거부한 이유였다.

경제학에서는 기본적으로 사회현상을 '균형(equilibrium)' 개념으로 설명한다. 사익을 추구하는 무수한 개인이 모여 사회를 이루었을 때, 개인들의 욕망을 충족시키는 방식이 있다면 사회는 결국 그 방향으로 흘러가게 된다. 이것이 균형 개념의 핵심이다. 그리스 군대의 균형은 모든 병사가 전심전력으로 페르시아와 싸우면 페르시아를 점령할 수 있고, 그 결과 병사 개개인이 부와 명예를 얻을 수 있다는 기대 속에서 작동했다. 물론 전투 중 전사할 가능성도 있지만 알렉산드로스 대왕의 뛰어난 지휘 덕분에 그 위험은 낮다고 판단되었고 따라서 위험을 감수하고라도 전투에 참여하는 것이 이익이라는 계산이 성립했다.

요컨대 알렉산드로스 대왕은 비전을 제시해 이런 균형이 가능함을 병사들에게 납득시켰고 병사들 역시 이를 잘 인식했던 것이다. 페르시아와 열심히 싸워 승리하면 부와 명예를 얻을 수 있다는 믿음이 병사들 사이에 공유되며 하나의 균형이 형성되었다. 이로써 병사들은 알렉산드로스 대왕이나 귀족들을 위해서가 아니라 자신의 이익을 위해 싸우는 상황이 되었다. 이렇게 각자의 희망을 품은 자유인들이 자발적으로 전투에 참여했으니 그들의 힘은 당연히 컸을 것이다.

다시 말해, 그리스 병사들이 자기 이익을 위한 전투에 자발적으로 참여하는 균형에 도달한 순간부터, 알렉산드로스 대왕의 존재는 필요가 없어진 셈이다. 설령 알렉산드로스 대왕이 전사하더라도 병사들은 스스로의 부와 명예를 위해 페르시아와 전쟁을 계속할 마음이 있었을 것이다. 이것이 그리스 군대의 균형이다. 지휘관인 알렉산드로스 대왕은 그런 균형의 비전을 제시하고 병사들을 이끌었을 뿐이다.

그리스와 페르시아의 서로 다른 '균형' 개념

반면 페르시아 병사들의 균형은 그리스와 달랐다. 페르시아 병사들은 전투에서 승리하더라도 그 이익을 직접적으로 누리기 어려웠다. 그러나 전투에서 목숨을 잃을까 봐 비겁한 행동을 하거나 도망친다면 지휘관에 의해 처형당할 수 있었으므로 싸우지 않을 수 없었다. 전투에 참가한 이유는 그리스 병사와 달랐지만 페르시아 병사 역시 전투에 나설 분명한 이유가 있었으니 이 또한 균형이었다.

그렇다면 페르시아 부대 지휘관은 어째서 싸움을 회피하는 병사를 죽여야만 했을까? 그 이유는 부대가 열심히 싸우지 않아 전투에서 패배하면 다리우스 왕에게 문책을 받아 영지를 빼앗기거나 목숨을 잃을 수도 있었기 때문이다. 지휘관은 다리우스 왕이 무서워서, 즉 왕에게 벌을 받지 않기 위해 자신도 전투에 참여하고 부하들 또한 열심히 싸우도록 지휘할 수밖에 없었다. 결국 페르시아 군대가 전투에서 열심히 싸운 것은 자신들의 생사여탈권을 쥔 다리우스 왕에게 잘 보이고 인정받기 위함이었다. 다시 말하지만 이것도 하나의 균형이다.

　하지만 이런 페르시아 군대의 균형은 다리우스 왕의 존재에 크게 의존했다. 만약 다리우스 왕이 사라진다면 부대 지휘관들은 열심히 싸워도 인정해줄 사람이 없고, 반대로 몸을 사리며 전투에서 후퇴해도 벌할 왕이 없으니 열심히 싸울 이유가 없어진다. 지휘관이 이런 마음을 먹게 되면 그 밑의 병사들 또한 마찬가지다. 도망쳐도 벌을 내리지 않는 지휘관 밑에서는 목숨을 걸고 싸울 이유가 없다. 즉 페르시아 군대의 전투력은 다리우스 왕에게서 비롯되었지만, 동시에 그 아킬레스건 또한 다리우스 왕이었던 셈이다.

　나 역시 군대 생활을 하며 비슷한 경험을 했다. 사단장이 외출하면 장교들이 모두 근무 시간에 자리를 비우고 그러면 병장들은 막사로 일찍 들어가버려 사실상 부대 전체가 업무를 쉬는 상황이 벌어졌다. 한마디로 사단장이 없으면 부대 전체에 근무자가 없는 것이나 마찬가지였다. 페르시아 군대도 왕이 없으면 싸움도 없는 그런 상황이었을 것이다. 그래서 당시 내가 근무하던 부대에는 '무단장 무노동 원칙'이라는 우스갯소리가 있었다.

　알렉산드로스 대왕이 영리했던 점은 바로 이런 그리스와 페르시아의 서로 다른 균형을 완전히 파악하고 있었다는 것이다. 그래서 전투가 시작될 때마다 그리스 군대의 목표는 단 하나였다. 오로지 다리우스 왕을 죽이거나 생포하는 데 모든 전력을 집중하는 것이었다. 비록 그리스 군대의 규모는 작았지만, 전 병력이 오로지 다리우스 왕을 잡겠다는 목표로 돌진하자 다리우스 왕은 공포를 느끼고 전쟁터에서 도망쳤다고 한다. 왕이 전장에서 도망칠 때마다 예상대로 페르시아 군대는 전투 의지를 잃고 급속도로 붕괴했다. 이런 패전이 반복되면서 마침내 페르시아는 그리스에 정복당했다.

그렇다고 다리우스 왕을 단순히 비겁했다고만 볼 수는 없다. 페르시아의 균형 개념에 따르면, 다리우스 왕이 죽거나 사로잡히는 순간 페르시아 군대는 전투를 계속할 이유를 잃게 된다. 전 군대의 전투 의지가 오직 왕 한 사람의 존재에서 비롯되었기 때문이다. 따라서 왕 입장에서는 그리스군에 사로잡히거나 죽기보다는 일단 전장을 벗어났다가 다시 전쟁을 준비하는 편이 전략적으로 옳을 수도 있었다. 하지만 문제는 그다음 전투에서도 똑같은 일이 반복되었다는 사실이다. 만약 다리우스 왕이 자신은 궁전에 머물면서 군대만 내보냈다면 어땠을까? 왕이 없는 전장에서 페르시아 군대가 목숨 걸고 싸울 이유는 없었을 것이다. 상황이 이러하니 다리우스 왕은 이러지도 저러지도 못했을 것이다.

어쨌든 이런 경제학적 균형 개념을 꿰뚫어 보고 다리우스 왕을 집중적으로 공격한 알렉산드로스 대왕은 천재적 지략을 지닌 인물이었다. 하지만 그런 알렉산드로스 대왕도 인도와의 전쟁을 시작할 때는, 그것이 그리스 군대의 균형 개념에 따르면 결코 시작해서는 안 되는 전쟁이라는 사실을 미처 인식하지 못했던 것이다. 그리스 군대의 균형에서 개별 병사들에게 이익이 되는 전쟁이라면 알렉산드로스 대왕이 말리더라도 병사들은 자신의 이익을 위해 싸울 것이다. 그러나 개별 병사들에게 이익이 되지 않는 전쟁이라면 알렉산드로스 대왕이 아무리 호소하고 위협하더라도 그들은 절대로 싸우지 않을 것이다.

19세기 유럽에서 마르크스의 공산주의 사상이 인기를 얻자 각국의 왕들은 이러한 사상이 널리 퍼져 왕권이 위협받을 것을 두려워했다. 공산주의 사상은 국왕을 중심으로 한 지배층이 일반 백성의 이익을 착취하고 있다고 비판했는데, 여기에 일정 부분 사실이 담겨 있었기 때문이다. 이에 유럽 각국의 왕과 지배층이 생각해낸 대응책이 바로 민족주의 사상의 고취였다. 마르크스의 공산주의가 세상을 자본가와 노동자로 구분하며 자본가와 왕족을 타도하고 노동자와 농민의 세상을 건설해야 한다고 주장했다면, 민족주의는 '프랑스인은 프랑스인의 편에, 독일인은 독일인의 편에 서야 한다.'라는 논리를 내세웠다. 이 논리에 따르면, 프랑스 노동자는 독일 노동자 편에 서지 말고 프랑스 자본가의 편을 들어야 한다는 결론이 나온다. 이렇게 함으로써 자본가와 왕족은 공산주의 사상의 확산을 희석시킬 수 있었다.

때마침 인쇄 기술이 발전하여 신문과 잡지가 보급되자 각국 정부는 이러한 매체를 통해 민족주의를 효과적으로 퍼뜨릴 수 있었다. 어쩌면 이전까지 자신을 그저 소속 없는 농민이라고 여겼던 한 프랑스인이, 민족주의를 고취하는 신문과 잡지를 읽으며 '프랑스인은 선하고 프랑스를 괴롭히는 독일과 영국은 악한 민족이라는 인식을 갖게 되었을지도 모른다. 이런 민족주의 사상은 상당히 효과적이었던 것 같다. '민족' 개념을 부정하는 공산주의를 신봉한 소련조차, 전쟁이 발발하자 러시아 민족임을 강조하며 국민들의 전쟁 참여를 독려했기 때문이다.

민주주의 또한 시대적 필요의 산물이라 볼 수 있다. 과거의 전쟁은 왕족이나 귀족이 자기 영토를 넓히거나 지키기 위해서 벌이는 지배층만을 위한 전쟁이었다. 보통의 농민들은 전쟁이란 그저 세금을 거두는 사람이 바뀌는 일일 뿐이라고 인식했을 수도 있다. 누구에게 세금을 내든 사실 농민 입장에서야 큰 차이가 없었으니 전쟁의 결과에도 관심이 없었을 것이다. 그래서 중세 시대의 전쟁은 지배층인 기사들이 서로 싸우는 형태였고, 농민들이 전쟁에 참여하는 일은 많지 않았다. 설사 전쟁에 참여한다 해도 목숨 걸고 싸울 이유는 없었다.

하지만 프랑스대혁명으로 프랑스가 왕족과 귀족의 나라가 아니라 일반 국민의 나라라는 인식이 확산되면서 보통의 프랑스 국민들도 전쟁의 의미를 깨닫게 되었다. 전쟁에서 패하면 이전처럼 왕족과 귀족의 국가로 돌아갈지도 모르고 그렇게 된다면 다시 과도한 세금에 시달릴 것이므로 어렵게 혁명으로 이루어낸 민주주의 프랑스를 지켜내고 싶었을 것이다. 이렇게 주인의식으로 뭉친 프랑스 군대는 마치 알렉산드로스 대왕의 그리스 군대가 페르시아 군대를 상대로 연전연승을 거두었듯 나폴레옹의 지휘 아래 왕이 다스리던 유럽의 다른 국가들을 상대로 연전연승을 거둘 수 있었다.

군대나 조직의 구성원들을 움직이는 최고의 통치 기술

그런데 앞서도 말했듯 이런 주인의식을 가진 평민들이 전쟁에 나서게 하고 좋은 결과를 내도록 하려면 이 전쟁의 승리가 국가뿐 아니라 개인에게도 실질적인 이익이 된다는 점을 잘 납득시켜야 한다. 알렉산드로스 대왕이 그랬듯이 말이다. 하지만 이런 방식은 병사들이 납득하지 못하는 전쟁은 시작할 수도 없다는 한계 또한 존재한다. 그리스 병사들이 인도 원정을 거부한 것이 대표적인 사례다.

이런 관점에서 보면 알렉산드로스 대왕의 군대를 포함하여 역사상 그 어떤 정복 군대보다 방대한 영토를 점령한 사람이 몽골의 칭기즈칸과 그 군대였다는 사실이 이해될 수 있다. 알렉산드로스 대왕의 그리스 병사나 나폴레옹의 프랑스 병사는 주로 농민 출신이었다. 농민이 직접 경작할 수 있는 토지 크기에는 한계가 있다. 일정 규모의 땅을 갖게 되면, 그 이상 땅을 넓혀봐야 관리와 경작이 어렵기 때문에 실익이 줄어든다.

반면 유목민은 다르다. 그들은 농사를 짓지 않았다. 유목민이라고 하면 흔히 소나 양을 키우는 것을 떠올리지만 그들의 경제생활에는 가축을 키우는 것 외에도 주변 농경지로부터의 약탈이 중요한 비중을 차지했다. 그러므로 더 넓은 땅의 더 많은 농민들에게서 약탈할 수 있기를 원했을 것이다. 물론 약탈도 일정 범위가 되면 더 넓어질 필요가 없겠지만, 적어도 농민이 필요로 하는 땅의 크기보다는 유목민이 안정적으로 살아가기 위해서 필요한 땅의 크기와 거기 속하는 농민의 숫자가 훨씬 컸을 것이다.

이런 이유로 칭기즈칸이 중국과 인도 북부를 점령하고 지금의 중앙아시아와 이란까지 점령한 후 러시아와 유럽까지 군대를 이끌고 갔을 때 더 이상 전쟁을 하기 싫다고 말하는 몽골군은 없었다. 만일 몽골의 병사들이 칭기즈칸에게 "우리는 더 이상 전쟁을 해봐야 얻을 것이 없으니 유럽에는 가지 않겠습니다."라고 했다면 칭기즈칸도 포기할 수밖에 없었을 것이다. 하지만 약탈 경제 시스템으로 살아가던 그들에게 아시아 전역을 손에 넣은 뒤 유럽까지 지배한다면 더 큰 부와 권력을 얻을 수 있다는 생각이 강하게 작용하지 않았을까.

왕의 권위가 무서워 억지로 전쟁에 끌려 나온 병사들로 전쟁을 수행하는 균형도 존재한다. 하지만 전쟁 참여가 자신에게 이익이라는 생각에서 병사들이 자발적으로 전투에 임하는 군대는, 억지로 끌려 나온 군대보다 훨씬 강할 수밖에 없다. 국가의 지도자나 군 지휘관은 병사 개개인에게 전쟁의 필요성, 즉 전쟁이 그 개인에게 어떻게 이익이 되는지를 설득해야 한다. 단순히 국군통수권자의 명령만으로 병사들은 움직이지 않는다. 그 명령이 정당하고 병사들에게 실질적으로 이익이 된다고 납득되지 않는다면, 병사들은 싸우는 시늉만 하거나 전투를 회피할 것이다.

물론 현실에는 여전히 공포(恐怖)로 구성원을 통제하는 리더들이 존재한다. 현재 북한이 그러하고 100년 전 소련의 독재자들도 그랬다. 특히 스탈린은 NKVD(내부인민위원부)라는 강력한 비밀경찰 조직을 만들어 공산주의에 동조하지 않는 민간인 수백만 명을 체포해 처형하거나 시베리아 등지로 유배를 보냈다. 누구든지 NKVD에 투서를 넣어 특정인을 고발하면 사실상 재판도 없이 해당 인물을 바로 처형했다고 하니 NKVD는 소련 전 국민에게 공포의 대상이었을 것이다. 제2차 세계대전 당시에는 전선 후방에 NKVD 차단부대를 배치해 무단 후퇴하는 병사를 체포하거나 사살하도록 했다. 이런 공포 속에서 병사들은 후퇴해도 죽고 싸워도 죽는 상황에 놓였고, 차라리 적과 맞서 싸우다 죽겠다는 마음이 들지 않았을까.

이런 스탈린의 통치 방식은 페르시아 다리우스 왕의 방식과 비슷한 점이 있다. 하지만 스탈린의 소련군은 이런 시스템으로 독일군을 무찌르고 제2차 세계대전의 승자가 될 수 있었으니, 알렉산드로스 대왕의 민주적 통치 방식은 옳고 다리우스 왕의 억압적인 상명하복식 통치 방식은 틀리다고 단정하기는 어렵다.

하지만 다리우스 왕이나 스탈린은 무소불위의 권력을 휘두른, 국가의 총사령관이었다/ 반면, 오늘날의 국가 지도자나 기업 CEO는 조금이라도 인권을 무시하는 말이나 행동을 했다가는 법적·사회적 제재를 받는다. 결국 구성원들의 동의를 받아내 자발적 참여를 이끌어내는 지도자의 통치 기술을 터득할 수밖에 없는 상황이다. 현대의 리더에게 소통과 설득이 더욱 중요한 이유다.

모두가 잘 알고 있듯, 고구려를 건국한 인물은 동명성왕(東明聖王)이다. 그리고 동명성왕이 왕이 되기 전의 이름이 주몽이었다는 사실도 한국인이라면 대부분 알고 있을 것이다. 주몽에 대한 기록은 신화와 역사의 경계가 다소 모호한 시기의 이야기이지만, 설화에 따르면 그의 어머니는 강을 다스리는 신, 하백(河伯)의 딸이었다. 그런데 그녀는 결혼하지 않은 상태에서 아이를 임신하게 되었고, 이에 분노한 하백은 딸을 집에서 내쫓았다. 쫓겨난 그녀는 결국 홀로 아이를 낳았는데, 놀랍게도 사람이 아니라 알을 낳았다. 그 알을 까고 나온 사내아이가 바로 훗날의 동명성왕, 즉 주몽이다. 하지만 주몽은 어머니와 단둘이 살아간 것이 아니었다. 당시 동부여를 다스리던 금와왕(金蛙王)이 그의 어머니를 왕궁으로 데려갔고 자연스럽게 주몽은 궁에서 금와왕의 보호를 받으며 자랄 수 있었다.

고구려 태조 주몽의 뜻밖의 행동 두 가지

　금와왕에게는 아들이 일곱 있었는데 그들은 주몽과 주몽의 어머니를 달가워하지 않았다. 아버지 금와왕이 젊은 여성을 궁으로 들인 데다 그 여성이 다른 곳에서 낳은 아이까지 함께 데려왔으니 왕자들로서는 불편하게 여겼을 법도 하다. 그중 맏아들 대소가 유독 주몽을 괴롭혔다. 그러자 금와왕은 주몽에게 궁을 나가 왕의 말들을 키우는 마구간에 살면서 말을 돌보라고 지시했다. 금와왕이 대소 등 일곱 왕자의 말만 듣고 주몽을 내쫓았다는 설도 있기는 하지만, 어쨌든 주몽이 왕자들의 괴롭힘을 피할 방안을 마련해준 셈이다.

그런데 이 대목에서 나를 놀라게 하는 일이 벌어진다. 마구간 관리를 맡은 주몽이 말들을 자세히 살핀 뒤, 가장 뛰어난 말을 골라 그 말의 혀에 몰래 바늘을 꽂아둔 것이다. 어째서 이렇게 잔혹한 행동을 한 것일까? 그 이유는 얼마 뒤 밝혀진다. 마구간을 찾은 금와왕이 말들을 살펴보다가 유난히도 마르고 힘이 없어 보이는 말을 발견하고는 쓸모없는 말이라 여겨 주몽에게 하사한다. 전쟁에 타고 나가거나 행사에 쓰기엔 부족하다고 판단했기 때문에 선심을 쓴 것이다. 그런데 그 말이 그렇게 보였던 것은 주몽이 혀에다 바늘을 꽂아두었기 때문이었다. 왕이 돌아간 뒤 주몽은 조용히 말의 혀에서 바늘을 빼내고, 먹이를 듬뿍 주며 정성껏 돌보았다. 그 말은 빠르게 원기를 회복했고, 본래의 힘세고 날쌘 명마로 되돌아왔다. 자신과 모친을 데려다 돌보아준 금와왕을 속여 가장 좋은 말을 차지한 주몽은 맹랑할 정도로 영리할 뿐 아니라 배은망덕하다는 생각까지 들게 한다. 오늘날의 윤리관을 적용해보면 주몽은 절대로 정직하고 좋은 청년은 아니었던 것이다.

마구간의 최고 명마를 가로챈 주몽은 결국 자신을 죽이려 하는 대소를 피해 그 말을 타고 도주했다. 그런 주몽이 도달한 곳은 졸본부여였고, 그곳의 지배자는 연타발(延陀勃)이라는 사람이었다. 연타발은 아들이 없었고, 소서노(召西奴)라는 딸이 있었다. 소서노는 결혼해서 두 아들을 낳았으나 남편과 사별하여 혼자가 되어 있었다. 주몽이 마음에 들었던 연타발은 소서노와의 결혼을 제안하였고, 주몽은 이를 받아들여 그의 사위가 되었다.

얼마 후 연타발은 나이 들어 죽고, 대를 이을 아들이 없는 상황에서 주몽은 사위의 자격으로 졸본부여의 통치자가 되었다. 그는 뛰어난 능력을 발휘해 졸본부여의 영토를 넓혀나갔고, 이후 오늘날 우리가 아는 고구려를 세우게 된다. 여기서 주몽은 나를 놀라게 한 또 하나의 행동을 하게 된다.

사실 주몽은 금와왕의 아들들의 핍박을 피해 동부여에서 도주하기 이전에 이미 결혼한 상태였으며, 그의 아내 예씨(禮氏)는 임신 중이었다. 자신의 도주가 성공할지 불확실했던 주몽은 아내와 뱃속의 아이를 동부여에 남겨둔 채 홀로 떠났고, 훗날 아들이 자신을 찾아올 수 있도록 다음과 같은 말을 남긴다. "일곱 모가 난 돌 위 소나무 아래에 징표가 있다."

세월이 흐른 뒤, 장성한 아들 유리는 졸본부여의 왕이 된 아버지 주몽을 찾아가고자 했다. 징표의 의미를 고민하던 유리는 어느 날 아침, 집을 떠받친 기둥이 소나무로 만들어졌고 그것이 바로 일곱 모가 난 주춧돌 위에 세워졌다는 사실을 발견한다. 그는 곧 그 기둥 아래를 파헤쳐 부러진 칼을 찾아냈다. 이 칼은 주몽이 떠나기 전, 반으로 부러뜨려 절반은 자신이 갖고 나머지 절반은 소나무 기둥 아래에 묻어둔 것이었다. 유리는 이 칼을 가지고 주몽을 찾아가고 주몽은 자신이 가진 칼 조각과 맞춰본 뒤, 유리가 자신의 아들임을 확인하고 그를 왕자로 삼았다.

문제는 당시 주몽의 아내이자 왕비 자리에 있던 소서노였다. 아마도 소서노는 주몽과 결혼하면서, 주몽이 언젠가는 자신의 아들인 비류나 온조에게 왕위를 물려주리라 생각했을 것이다. 하지만 주몽은 비류와 온조 대신 동부여에서 낳은 자신의 친아들 유리를 왕위 계승자로 삼았다. 이렇게 해서 고구려의 제2대 왕은 유리왕(琉璃王)이 되었다. 굴러 들어온 돌이 박힌 돌을 빼낸 전형적인 경우였다.

　잘 알다시피, 이에 크게 실망한 소서노와 두 아들 비류와 온조는 남쪽으로 떠났다. 비류는 인천 지역에, 그리고 온조는 한강 유역에 각각 정착하여 나라를 세웠는데, 이후 형 비류는 통치에 실패했고 아우인 온조가 그 땅을 통합하여 백제를 건국했다고 전해진다.

　주몽은 이 두 번째 이야기에서도 정도를 걷는 인물이라는 평가를 받을 수는 없을 것 같다. 주몽이 소서노와 결혼할 때, 비류나 온조를 왕위 계승자로 삼겠다고 연타발에게 약속했는지는 알 수 없다. 그러나 원래 졸본부여를 다스리던 연타발이나 그 딸 소서노의 피는 한 방울도 섞이지 않은 자신의 친아들 유리를 차기 왕으로 삼은 것은 분명 연타발과 소서노가 기대한 일은 아니었을 것이다. 그렇지 않았다면 소서노가 두 아들을 데리고 고향과 남편을 떠나지 않았을 터이니 말이다. 주몽은 능력도 있고 명석한 인물임에 틀림없지만 도덕이나 윤리 측면에서 흠 없는 사람은 아니었던 듯하다.

비윤리적 행동을 하는 지도자, 어떻게 이해해야 할까?

고구려를 세운, 그래서 대한민국의 역사에서 존경받는 동명성왕은 윤리적이지 못했고 오히려 일종의 사기꾼에 가까운 행동을 했다는 사실에 대해 우리는 어떻게 생각해야 할까? 그런데 만약 그런 비윤리적인 행동을 하지 않았다면 주몽은 동부여에서 대소 등에게 죽임을 당했거나, 졸본부여의 왕이 되지 못한 채 역사에서 사라졌을지도 모른다. 그렇게 되었다면 우리가 자랑스러워하는 고구려는 아예 건국되지도 않았을 것이다.

　고구려 왕실의 도덕성을 의심케 하는 이야기는 또 있다. 바로 호동왕자와 낙랑공주의 이야기이다. 동명성왕 주몽의 아들인 유리왕에 이어 고구려의 제3대 왕이 된 인물이 대무신왕(大武神王)이다. 호동왕자는 바로 그 대무신왕의 아들 중 한 명이다. 호동왕자의 어머니는 대무신왕의 정실이 아니었다고 하니 호동왕자는 아마 막내에 가까운 서자였던 듯하다.

　당시 고구려 바로 옆에는 고조선이 멸망한 뒤 세워진 여러 나라 중 하나인 낙랑국이 있었다. 이 낙랑국을 다스리던 왕은 '최리(崔理)'였고 그의 딸이 낙랑공주였다. 그런데 고구려가 낙랑을 쳐들어가지 못한 중요한 이유가, 낙랑에 오늘날로 치면 '첨단 경보 시스템' 같은 장치가 있었기 때문이다. 즉, 적이 다가오면 자명고(自鳴鼓)라는 북이 저절로 울리고 자명각(自鳴角)이라는 나팔이 저절로 소리를 내어 고구려 군사들이 낙랑 쪽으로 쳐들어오는 것을 금세 알아차렸다. 기습 공격을 해야 승산이 있었던 고구려는 자명고와 자명각 때문에 낙랑을 공격할 엄두를 내지 못했다.

　설화에 따르면, 아름다운 외모로 이름난 호동왕자는 낙랑공주에게 접근하여 자신과 사랑에 빠지게 만든다. 그리고 자신과 결혼하고 싶다면 자명고를 찢고 자명각을 부서뜨려야 한다고 말한다. 아버지와 호동왕자 사이에서 고민하던 낙랑공주는 결국 사랑을 선택해 자명고를 찢고 자명각을 산산조각 낸다. 이 때문에 낙랑의 군주 최리는 고구려 군사들이 낙랑의 도성을 에워싸고 공격해 올 때까지 알아차리지 못했다. 낙랑이 함락되기 직전 자명고와 자명각을 파괴한 배신자가 낙랑공주라는 사실을 알게 된 최리는 결국 공주를 처형한다. 낙랑공주는 조국을 배신하고 사랑을 선택했지만 슬프게도 그 사랑은 이루어지지 못한 것이다.

이 이야기 또한 액면 그대로 받아들이면 호동왕자가 공을 세우기 위해서 순진한 낙랑공주를 이용했다는 해석이 가능하다. 호동왕자는 낙랑공주를 좋아하긴 한 것일까? 만약 좋아했다면 낙랑공주가 자명고를 파괴한 뒤 탈출할 계획도 미리 마련해두었어야 하지 않을까? 설사 좋아했다 하더라도 사람의 마음을 이용해 조국을 배신하게 만든 것은 분명 신사적인 행동은 아니었다. 호동왕자는 연인조차 도구로 삼은 못된 남자였던 것이다.

낙랑공주와의 사랑을 자신의 공적을 세우는 데 이용한 호동왕자도 결국 비극적 최후를 맞게 된다. 비록 서자였지만 낙랑 함락에 결정적인 공을 세운 호동왕자는 고구려 백성들 사이에서 영웅이 되었다. 하지만 이런 호동을 시기한 대무신왕의 왕비가 그를 모함했고, 결국 호동왕자는 궁지에 몰린 끝에 땅에 칼을 꽂아놓고 그 위로 자신의 몸을 던져 자살했다고 한다. 실로 비참한 최후가 아닐 수 없다.

마지막으로 을지문덕(乙支文德) 장군의 이야기를 해보려고 한다. 수나라의 백만 대군이 고구려를 침공했을 때 고구려의 최고 사령관이었던 을지문덕 장군은 적의 상황을 직접 살피기 위해 항복하겠다고 거짓말을 하고 수나라 진영을 방문했다. 당시 수나라 군대는 우문술(宇文述)과 우중문(于仲文)이라는 두 장군이 지휘하고 있었다. 을지문덕은 고구려가 더 이상 싸우기 힘들어 항복할 테니 공격을 멈춰달라고 말하며 수나라 진영의 상황을 살폈는데, 이때 수나라 군대가 먼 길을 공격해 들어온 터라 매우 지쳐 있음을 간파했다. 우문술과 우중문은 을지문덕을 생포하자고 했으나 다른 수나라 장수인 유사룡(劉士龍)이 항복하러 온 적장을 죽이거나 체포하는 것은 옳지 않다고 주장했고 그 덕분에 을지문덕은 무사히 빠져나올 수 있었다.

당연히 을지문덕의 항복은 거짓이었으며 직접 본 정보를 바탕으로 새로운 전략을 수립한 그는 수나라 군대를 괴롭힌 끝에 결국 수나라 군대의 퇴각을 이끌어냈다. 안타깝게도 사신으로 온 을지문덕을 풀어주자고 주장했던 유사룡은 이 일로 인해 수양제의 노여움을 사 참수를 당했다고 한다.

동명성왕, 호동왕자, 을지문덕은 현대의 윤리적·도덕적 관점에서 보면 모두 문제가 있는 인물이라 평가할 수 있다. 약속을 지키지 않거나 더 나아가 상대를 속이는 행동을 주저 없이 했기 때문이다. 하지만 대한민국 국민이라면 그러한 이유만으로 이 세 인물을 평가절하하기는 어려울 것이다. 왜냐하면 결과적으로는 우리 민족에게 유리한 '선의의 거짓말'을 한 것이기 때문이다.

꼼수와 거짓말을 보는 경제학의 시선

경제학의 게임이론은 전략을 연구하는 학문이다. 전략에는 때때로 상대를 속이거나 기만하는 방식도 포함될 수 있는데, 이런 접근 방식에 불편함이나 거부감을 느끼는 사람들도 있다. 마치 부정직한 꼼수를 권장하는 것처럼 보이기 때문이다. 이 문제에 대해 전략을 연구하는 사람들은 다음과 같이 반문한다. "거짓말을 하는 것이 왜 나쁜가?"

물론 대다수 사람들은 거짓말이 남을 속이는 행위이므로 비윤리적이라고 답할 것이다. 하지만 경제학, 특히 게임이론에서는 윤리나 도덕이 목표가 아니다. 철저히 이익과 손해의 관점에서 모든 행동을 평가하고 다룬다.

그렇다면 경제학자들은 거짓말이 좋은 것이라고 생각할까? 그렇지는 않다. 경제학자들 또한 거짓말은 바람직하지 않다고 본다. 왜 그럴까? 노예해방을 선언한 링컨(Abraham Lincoln) 대통령의 말로 알려진 유명한 문구가 있다.

"You can fool some of the people all of the time, and all of the people some of the time, but you cannot fool all of the people all of the time(소수의 사람을 항상 속이는 것은 가능하다. 또 모든 사람을 잠시 속이는 것도 가능하다. 하지만 모든 사람을 영원히 속이는 것은 불가능하다)."

즉, 거짓말은 언젠가는 반드시 탄로가 난다는 말이다. 경제학 관점에서 이 말이 주는 교훈은 이렇다. 영원히 탄로 나지 않을 거짓말은 단기적으로는 이익이 될 수도 있지만 언젠가 발각되어 거짓말쟁이로 낙인찍히고 신뢰를 잃는다면 그 피해는 훨씬 더 크다. 차라리 정직한 태도를 유지하는 것이 장기적으로는 더 이익일 수 있다는 것이다.

거짓말과 관련된 가장 유명한 이야기 중 하나는 《이솝우화》의 양치기 소년 이야기일 것이다. 양치기 소년이 마을 사람들을 놀리려고 매일 "늑대가 왔다!"라고 외치다가 결국 진짜 늑대가 나타났을 때 마을 사람들이 와주지 않아 비극적 결말을 맞게 된다는 그 이야기 말이다. 여기서 양치기 소년은 무엇을 잘못한 것일까? 일반적인 답은 거짓말을 했다는 바로 그 점이다. 하지만 게임이론을 공부한 사람에게 물어보면 다른 답이 나올 수도 있다. 예컨대 양치기 소년이 거짓말 놀이를 하고 싶었다면 매번 같은 거짓말을 반복하지 말고 거짓말의 종류를 바꾸었어야 했다는 것이다. 즉, 한두 번은 마을 사람들이 "늑대다!"라는 거짓말에 속겠지만 링컨 대통령의 말처럼 영원히 속지는 않을 것이다. 그러니 늑대가 왔다는 거짓말을 그다음에는 불이 났다는 거짓말로 바꾸고 그다음에는 산사태가 나서 양들이 흙더미에 깔렸다는 식으로 바꿔서 했다면, 마을 사람들은 혹시나 이번에는 정말일까 하는 마음에 계속 속았을지도 모른다. 나쁜 짓을 하려 해도 연구와 노력이 필요한 것이다.

그렇다고 해서 게임이론을 공부하면 거짓말을 해도 된다는 의미는 아니다. 하지만 세상 모든 사람이 선하고 정직할 것이라 믿는다면 을지문덕을 풀어주었다가 참수를 당한 수나라 장수 유사룡이나 호동왕자를 위해 자명고를 찢었다가 아버지에게 죽임을 당한 낙랑공주 같은 신세가 될 수 있다. 비록 나는 거짓말을 하지 않더라도 다른 사람이 나를 속이려 들 수 있다는 가능성은 항상 염두에 두어야 한다. 인간은 성선설(性善說)의 주장대로 선한 성품을 타고나기도 하지만, 한편으로는 성악설(性惡說)의 주장대로 자신의 이익을 위해서는 타인을 해칠 수 있는 악한 마음도 가지고 태어나기 때문이다.

경제학의 일부 기본 전제는 성악설과 통하는 면이 있다. 그래서 경제학은 타인이 나를 속일 수 있다는 전제 아래 전략을 설계하고 분석한다. 꼭 경제학자가 아니더라도 세상 사람들 모두가 정직하다고 믿는 태도는 위험할 수 있다는 점은 누구나 인식하고 있어야 하지 않을까.

개인적으로 조선 역사에서 참 이해하기 어려운 인물 중 한 명이 조광조이다. 많은 사람이 그를 두고 "존경받는 훌륭한 학자가 억울하게 죽임을 당했다."라고 말하는데, 구체적으로 어떤 점에서 훌륭하다고 평가받는지 나로서는 잘 이해가 가지 않는다. 또 중종의 각별한 총애를 받던 그가 갑작스럽게 중종에게 죽임을 당한 이유도 명확하지 않다. 그래서 내게 조광조는 마지막까지 이해하기 힘든 인물로 남아 있다.

조광조를 총애했던 중종의 속내

 이제 기억을 되살리며 조광조의 삶을 같이 이야기해보자. 조광조는 폭군으로 묘사되곤 하는 연산군 시절에는 벼슬에 뜻이 없었지만 반정이 일어나 연산군이 폐위되고 중종이 즉위하자 과거시험에 응시하여 1515년 8월 급제를 했다. 그리고 불과 4년 4개월 후인 1519년 12월, 그는 중종에게 사약을 받고 죽는다. 짧은 시간 안에 너무도 많은 일이 일어났다.

 조광조는 '광인(狂人)' 또는 '화태(禍胎, 재앙의 씨앗)'라고 불렸는데, 자신의 주장이 너무 강하고 스스로 옳다고 여기는 일이면 다른 사람의 기분을 생각하지 않고 끝까지 자기주장을 내세우는 모습 때문이었다. 이러한 면모는 단순히 성격적 특성만이 아니라 성리학에 대한 엄격한 태도와 그에 대한 기득권 세력의 경계심에서 비롯된 측면도 있다고 봐야 할 것이다. 과거

급제 후 조광조는 사간원의 정6품 관직인 정언(正言)에 임명되었는데, 부임 다음 날 왕에게 사간원과 사헌부의 모든 관리를 파직하라는 상소를 올렸다고 한다. 이유는 이들이 언관으로서 책무를 다하지 않았고, 도덕성과 학문적 자질이 부족하다는 것이었다. 파직의 이유는 나름대로 논리 정연했으나, 회사로 치면 입사한 바로 다음 날 신입 사원이 자기 부서의 선배들을 전원 해고하라고 사장에게 건의한 셈이니 보통 일이 아닌 셈이다. 놀랍게도 중종은 이 상소를 옳다고 판단하여 받아들였다 하니, 신입인 조광조가 부서 선배들을 모두 내보내는 데 성공했다는 말이 된다.

그런데 이런 파격적인 조광조의 상소는 그가 벼슬을 한 4년 내내 계속된다. 당시 조선 왕실에는 도교 사상에 따라 하늘에 제사를 지내던 소격서(昭格署)라는 기관이 있었는데 성리학에 충실했던 조광조는 도교 의례를 인정할 수 없다며 소격서를 없앨 것을 요구했다. 중종은 세종과 성종 같은 역대 왕들도 유지한 전통을 함부로 폐지할 수 없다고 했지만 조광조가 거듭 상소를 올리며 폐지를 요청하자 결국 동의했다. 이 과정에서 조광조는 성군으로 존경받던 선대 왕 세종과 성종도 잘못된 점이 있다고 주장했다 하니 용감하다고 해야 할지 무모하다고 해야 할지 모르겠다.

만일 조광조가 무리한 주장을 했더라도 그 주장의 결과로 조선의 국력이 크게 신장했다면 후대의 우리도 긍정적으로 평가할 수 있을 것이다. 그러나 소격서가 있든지 없든지 일반 백성의 삶이나 국왕 중종의 왕권 강화에는 크게 영향을 주지 않는 사안인데, 실리와는 무관한 일로 며칠 동안 상소를 올리며 국정을 마비시키다시피 한 셈이어서 도대체 조광조가 조정에 어떤 실질적 기여를 했는지 짐작이 가지 않는다. 오히려 신하인 조광조가 국왕 중종과 입씨름을 벌여 연거푸 이겼으니, 어쩌면 국왕의 체면을 손상시킨 장본인이 아닌가 하는 생각이 든다.

하지만 이렇게 나라의 실질적 발전과는 무관한 명목상의 쟁점에 집착하던 조광조는 1515년 정6품 사간원 정언으로 벼슬을 시작한 지 불과 3년 만인 1518년 종2품 사헌부 대사헌으로 승진한다. 3년 만에 품계가 여덟 계단 승진한 셈이니 공무원으로서 이렇게 빠른 속도로 승진한 경우가 또 있을지 모르겠다. 조광조에 대한 중종의 애정이 대단했던 것은 분명해 보인다.

그러던 중 조광조가 스스로에게 치명적일 수 있는 상소를 올린다. 바로 연산군을 폐위하고 중종을 왕으로 추대하여 공신이 된 사람들 중에서 실제로는 공을 세우지 않았음에도 공신으로 이름만 올린 자들이 있으니, 그들로부터 공신의 지위를 박탈하라는 '위훈삭제(僞勳削除)'를 건의한 것이다. 중종 입장에서는 이미 공신으로 임명한 사람들이고 자신의 든든한 지원 세력인 만큼 그들의 지위를 철회하는 일은 하고 싶지 않았을 것이다. 그것은 곧 아군을 순식간에 적군으로 만드는 일이나 마찬가지였기 때문이다.

물론 공이 없으면서도 공신으로 책봉된 인물이 있다는 조광조의 주장은 상당 부분 사실이었을 것이다. 그리고 어떤 시각에서 보더라도 조광조가 개인적 이해관계를 멀리한 청렴한 인물이었다는 점에 대해서는 큰 이견이 없다. 그러나 중종을 추대한 공신 117명 중 76명을 거짓된 공신이라 규정하고 지위를 박탈하자고 주장하여 끝내 이를 관철시킨 것은 정치적으로 매우 위험한 선택이었다. 전체 공신의 65%에 해당하는 고위 관료를 적으로 돌리고도 무사할 수 있으리라 생각했을까? 아마 당시 조선의 고위 관료들은 조광조가 조정에 있는 한 자신들도 얼마 못 가 벼슬을 잃으리라는 위기감을 느꼈을 것이다.

이렇게 본다면 조광조는 정치 감각이 없어도 너무 없었던 것이 아닐까? 더욱이 앞서도 이야기했듯, 조광조의 이런 정책이 조선의 경제가 부흥하고 군사력이 강해지는 실질적 성과로 이어졌는지에 대해서는 의문이 든다. 내 생각으로는 전혀 그렇지 않았던 것 같다.

왕인 중종의 뜻과는 반대되는 정책들을 연이어 관철시키며 초고속 승진을 한 조광조는 돌연 중종의 신임을 잃고 1519년 '기묘사화(己卯士禍)'로 사약을 받아 죽게 된다. 그런데 여기서 내가 분석하고자 하는 사람은 조광조가 아니다. 이미 주변에서 재앙을 부르는 사람이라는 뜻의 '화태(禍胎)'라 불릴 만큼 조광조는 눈치도 없고 융통성도 부족한, 그래서 주위 사람들에게는 자멸이 뻔히 보이는 인물이었을 것이다. 어느 시대에나 이렇게 고지식하고 이상만을 좇는 인물은 반드시 존재한다.

내가 이해해보고자 하는 인물은 국정 운영의 최종 책임자였던 중종이다. 조광조는 아무리 봐도 성격이 극단적이고 융통성이 부족한 인물이었는데, 중종은 왜 그를 그토록 신뢰하고 아꼈던 것일까? 중종은 4년간 조광조를 고속으로 승진시켰고 거의 매일 만나다시피 하면서 밀접한 관계를 유지했으며 때로는 무리한 의견도 들어주다가 급작스럽게 태도를 바꿨다. 1519년 11월 어느 날 새벽 중종은 기습적으로 조광조를 체포하여 유배를 보냈고 한 달도 채 지나지 않아 역모 혐의를 씌워 사약을 내렸다. 이때 조광조와 가까웠던 관리들 역시 함께 처형되었다. 조광조를 아끼던 중종의 마음이 하루아침에 180도 변했던 것이다.

분명 중종은 어리석은 왕은 아니었던 것으로 보인다. 그렇다면 중종 또한 조광조가 지나치게 고지식하고 주변 사람들에게 미움을 사는 인물이라는 점을 충분히 간파했을 법하다. 그럼에도 중종은 오히려 이러한 조광조의 성품을 정치적으로 이용했던 것 같다. 왜냐하면 중종 자신이 반정으로 왕위에 오른 인물이었기 때문이다. 전임자인 연산군은 충언을 무시하고 제멋대로 국정을 운영했으며, 반대 의견을 낸 신하들을 잔혹하게 처벌했다. 세종대왕 때부터 일곱 명의 임금을 보필했던 환관 김처선(金處善)이 연산군의 음탕한 행동을 참지 못하고 "이 늙은 신하인 제가 네 임금을 섬겼고, 경서와 사서를 대강 모두 읽었지만 고금에 상감과 같은 짓을 하는 이는 없었다."라고 충언하자 연산군은 김처선을 활로 쏘아 죽이고 혀와 팔다리를 절단하였다고 한다.

　중종은 자신이 연산군과는 완전히 다른 군주임을 만천하에 드러내 보이고 싶었던 것 같다. 연산군은 조심스러운 간언조차 받아들이지 않고 제멋대로 살다가 폐위되었지만, 중종 자신은 충신을 등용하고 충언을 수용하는 군주라는 점을 과시하고 싶었을 것이다. 물론 단순히 과시가 아니라 전임 군주와 같은 일을 당하지 않으려는, 즉 트집을 잡히지 않으려는 마음도 있었을 것이다. 그런 점에서 신하를 대하는 자신의 너그러운 마음을 온 세상에 알리는 데 조광조만큼 적합한 인물은 없었을 것이다. 아마도 당시 많은 사람이 조광조가 대단하다기보다 저렇게 위아래 구분도 못하는 조광조와 매일 만나 이야기를 들어주는 중종이 대단하다고 생각하지 않았을까. 그 덕분인지 당시 선비들 사이에서는 중종이 성군이 될 것이라는 기대가 퍼지기도 했다고 한다. 그러나 중종은 진정한 성군이라기보다는, 성군처럼 보이길 원한 군주였던 것 같다. 조광조와의 동행은 결국 4년이 한계였으니 말이다. 이상주의적인 주장을 반복하며 지나치게 강경한 태도를 고집하는 조광조를, 너그러워 보이고자 했던 중종도 더는 용납할 수 없었던 것이다. 사실 조광조를 애초 그렇게 중용한 것 자체가 중종의 크나큰 실수였을 수 있다. 3년간 여덟 품계를 승진시킨 것도 지나쳤을 뿐 아니라 중종이 수용한 조광조의 개혁안은 보다 신중한 접근이 필요한 사안들이었다.

그런데 조선의 국왕들 가운데는 중종과 유사한 실수를 저지른 인물이 한 사람 더 있다. 바로 병자호란 당시 남한산성에서 청나라에 굴복하여 '삼전도의 굴욕'을 겪은 인조이다.

실패한 전임자를 둔 인조와 중종의 선택과 교훈

인조 또한 중종처럼 전임 군주인 광해군을 반정으로 몰아내고 즉위한 왕이었다. 광해군이 폐위된 가장 큰 이유는 임진왜란 당시 조선을 도와준 명나라를 저버리고 신흥 강국인 후금(後金), 즉 훗날의 청나라와 우호적인 관계를 맺으려 했기 때문이었다. 이런 이유로 인조는 전임자인 광해군과 달리 명나라에 충성하고 청나라에 적대적 입장을 취할 수밖에 없었다. 인조로서는 큰 딜레마에 빠진 것인데, 청나라와 충돌하면 국력이 약한 조선이 망할 위험이 있었고 반대로 청나라에 신하의 예를 표하면 반정 세력의 반발로 자신 또한 광해군처럼 폐위될 수 있었다. 결국 인조는 패배가 뻔한 청나라와의 전쟁을 감수해야 했고 그 결과가 바로 '삼전도의 굴욕'이었다. 이는 조선을 실제로 멸망 직전까지 몰아넣을 만큼 심각한 위기를 초래했다.

자녀를 교육하는 방법에는 두 가지가 있다는 말이 있다. 부모가 자신을 키운 방식을 그대로 따르거나, 아니면 그와 정반대의 방식을 선택하는 것이다. 왕의 도리도 부모의 도리와 크게 다르지 않다. 전임자의 정책을 그대로 이어받는 경우와, 완전히 다른 길을 택하는 경우가 있다. 특히 전임자가 연산군이나 광해군과 같이 처절하게 실패한 왕이라면 정반대 방향으로 갈 가능성이 매우 높다. 마치 부모의 양육 방식에 불만을 품은 자녀가 자신은 전혀 다른 방식으로 아이를 키우려 하는 것과 같다.

경제학에서 최근 주목을 받는 분야가 행동경제학(Behavioral Economics)이다. 사실 경제학은 인간에 대해 딱 두 가지 가정 위에서 연구가 이루어지는 학문이다. 첫 번째 가정은 "인간은 이기적이다."라는 것이고, 두 번째 가정은 "인간은 똑똑하다."라는 것이다. 하지만 이 두 가정은 많은 비판을 받아왔다. 생각해보면 우리는 누구나 한 번쯤은 타인을 위해 기꺼이 희생해본 경험이 있을 것이고, 아마도 바로 지난주에도 두고두고 후회할 만한 실수를 했을 것이다. 이렇게 실제 인간의 행동은 경제학의 기존 이론과 자주 어긋난다. 행동경제학은 이러한 현실과 이론의 불일치를 해결하려는 시도에서 출발했다. "인간은 그렇게까지 똑똑하지 못하다."라는 가정하에 사람들이 실제로 어떻게 판단하고 행동하는지를 연구하는 것이다.

행동경제학에서 인간의 어리석음을 설명하는 이론 중 하나가 '결과 편향(outcome bias)'이다. 경제학자들은, 세상은 인간의 노력과 신의 장난에 의해 결정된다고 말하곤 한다. 아무리 올바른 결정을 내리고 행동을 하더라도 가끔 신이 장난을 치면 결과를 망치는 경우가 생긴다. 반대로 잘못된 선택이 신의 장난 덕에 큰 성공으로 이어지기도 한다. 영국의 과학자 알렉산더

플레밍(Alexander Fleming)은 휴가를 떠나면서 실험 중이던 물질의 뚜껑을 제대로 닫지 않는 실수를 했다. 그런데 신이 장난을 치듯 그 틈으로 푸른곰팡이가 퍼지면서 페니실린을 발명할 수 있었다는 식으로 경제학자는 설명한다. 신이 존재하는지는 모르겠지만 인간이 통제할 수 없는 우연적 요소가 세상에 존재한다는 점은 분명하다.

그런데 만약 플레밍이라는 과학자가 실험 물질의 관리를 잘못해 페니실린을 발견했다는 사실을 알게 된 전 세계의 과학자들이 휴가를 떠날 때 실험 물질이 오염되도록 일부러 방치한다면 그것이 과연 옳은 행동일까? 절대로 그렇지 않다. 플레밍 박사가 휴가를 떠나며 한 일은 분명한 실수였고 따라서 그 행동을 따라 해서는 안 된다. 물론 신의 장난 덕에 그 실수가 위대한 발견으로 이어졌지만, 신의 장난을 기대하고 의도적으로 실수를 한다는 것은 완전히 잘못된 선택이다. 그럼에도 현실의 인간들은 플레밍 박사가 페니실린을 발견한 이야기를 듣고는 일부러 실험 물질이 오염되도록 방치하는 식의 행동을 할 가능성이 충분히 있다. 바로 이런 그릇된 행동이 결과 편향적 행동이다.

경제학적 관점에서 보자면 연산군과 광해군의 판단과 행동이 반드시 잘못되었다고 단정하기는 어렵다. 단지 반정으로 폐위되었다는 결과만으로 그들의 정책을 모두 부정한다면, 이는 결과 편향적 판단이다. 비록 결과적으로는 실패했다 해도 그 과정에서의 선택이 모두 어리석었던 것은 아니다. 특히 광해군이 후금과의 관계를 중시한 것은 시대의 흐름을 정확히 읽은, 매우 현명한 판단이었다. 광해군은 어리석지 않았다. 다만 그의 정적들이 이러한 실용적 외교 정책을 정치적으로 공격했고 결국 반정에 성공했을 뿐이다. 하지만 왕이 광해군에서 인조로 바뀌었더라도 명나라는 이미 쇠퇴하고 있었고 청나라는 신흥 강국으로 부상하고 있었다. 청나라가 중국의 새로운 주인이 될 것은 예정된 흐름이었다.

이런 상황에서 힘이 약한 조선이 이미 쇠퇴한 명나라를 위해 당시 최강의 전투력을 가진 청나라와 맞서 싸운다는 것은 무모한 선택이라 하지 않을 수 없다. 광해군의 외교 정책을 비판하며 반정을 일으킨 세력에 의해 왕위에 오른 인조는, 어쩌면 광해군의 외교가 현실적이고 옳은 선택이었다는 사실을 알고 있었을지도 모른다. 하지만 그 정책을 그대로 따를 수는 없었을 것이다. 만약 인조가 청나라와의 전쟁을 피한 광해군의 판단을 잘못된 것으로 여겨 병자호란을 피하지 않았다면, 인간의 어리석음을 연구하는 행동경제학의 좋은 사례가 될 것이다. 반대로 광해군의 외교 정책이 옳았음을 알면서도 여전히 명나라를 지지하는 당시 민심 때문에 청나라를 적대시했다면 인조는 결과 편향의 희생자가 된 셈이다.

연산군은 조금 다른 경우이지만, 그의 정책에 대해서도 부분적으로는 다른 해석을 해볼 수 있다. 연산군이 방탕한 생활을 하고 국정에 소홀했던 것은 사실이다. 그러나 동시에 조선의 정치 시스템이 연산군의 통치를 어렵게 만든 측면도 있었다고 생각된다. 당시 제도에서는 신하들이 왕의 권력을 제한하는 경우가 많았다. 만일 조선의 관리들이 국민 전체를 대표한다면 모르겠지만 그들은 양반이라는 특권 계층을 대표하는 사람들일 뿐이었다. 그들이 왕권을 제한하려 했던 이유에는 양반들의 이권을 확대하려는 의도도 있었을 것이다. 잘 알려진 예로 세종대왕이 한글을 만들 때 많은 신하가 반대한 사실을 들 수 있다. 그들은 오랜 세월 배우기 어려운 한문을 독점함으로써 지식과 권력을 유지해왔는데, 누구나 쉽게 배울 수 있는 한글이 만들어지면 일반 백성들도 글을 읽고 쓸 수 있게 되어 양반 계급의 지식 독점이 무너질 수 있음을 우려했기 때문이다.

이런 특권층 관리들을 견제하고 국익을 위한 정책을 펴기 위해서는 왕권이 강화될 필요가 분명히 있었다. 연산군이 신하들과 갈등을 빚고 때로는 그들을 탄압한 행동도, 적어도 그 일부는 이런 필요성에서 나왔을 수 있다. 특히 왕의 명령이 신속하게 집행되어야 할 상황에서는 신하들이 끝없이 반대만 하기보다는 그 명령을 따르는 것이 필요했다는 이야기다.

러시아의 국력을 비약적으로 성장시킨 전제군주 표트르 대제(Peter the Great)는 신하들에게 서양 문물을 배울 것을 강하게 요구했다. 그래서 직접 신하들을 이끌고 영국, 독일, 네덜란드를 방문해 목수 일 등 여러 가지 실무를 체험하고 과학기술을 익히도록 했다. 그러던 중 시체해부실을 견학하게 되었는데, 귀족 출신의 러시아 신하들이 시체 보기를 거부하자 표트르 대제가 그들을 꾸짖으며 시체를 입으로 물어뜯으라고 명령했다고 전해진다. 물론 연산군과 정확히 같은 경우라 보기는 어렵지만, 동서고금을 막론하고 왕권 강화를 시도한 군주들은 종종 광기 어린 인물로 비칠 만한 행동도 했던 것이다. 황제로서 표트르 대제가 이런 강력한 의지를 표명한 덕분에 러시아는 서유럽의 과학기술과 문물을 받아들이기 용이한 현재의 상트페테르부르크로 수도를 옮기고 국가의 현대화를 이루어낼 수 있었다.

고려 왕실을 반석 위에 올려놓은 광종 또한 예측 불가능한 행보와 신하들에 대한 잔혹한 처사로 잘 알려져 있다. 당시 고려의 신하들은 그를 폭군 중 폭군으로 여겼을 수도 있다. 하지만 광종은 왕실을 만만히 보고 함부로 대하는 지방 호족 세력들을 모두 제거함으로써 고려 왕실의 권위를 높이고 왕권을 굳건히 세울 수 있었다. 이런 맥락에서 본다면, 비록 신하들을 억압하고 심지어 함부로 죽이기까지 했던 연산군의 행동이 바람직하지는 않았지만 그 의도나 정책적 판단의 배경을 살펴볼 필요는 있는 것이다.

그렇다고 해도 왕권을 무시하다시피 하며 막무가내로 상소를 올리던 조광조를 빠르게 승진시키며 중용한 중종의 행동은 확실히 결과 편향의 영향을 받은, 결코 바람직하지 못한 사례이다. 결과적으로 중종은 조광조를 통해 태평성대를 이루기는커녕 불과 4년 만에 조광조 일파를 모두 죽임으로써 조선 역사에서 비극적 사건 중 하나로 꼽히는 기묘사화를 불러오고 말았다.

좋은 정책은 70%로 성공하고
나쁜 정책은 70%로 실패할 뿐

전임자가 광해군이든 연산군이든 그들의 실패한 정책이라고 해서 바로 버릴 일은 아니다. 예를 들어, 태종 이방원은 정도전이 사병을 혁파하려 하자 이에 반발하는 왕족과 신하들을 이끌고 왕자의 난을 일으켜 정권을 잡았다. 하지만 정권을 잡고 나서는 정도전의 정책을 이어받아 사병을 철저히 혁파하였다. 이방원은 중종이나 인조처럼 전임자의 정책이라는 이유만으로 무조건 부정하지는 않았던 것이다.

많은 경우 사람들은 전임자가 실패했을 때 그 정책 자체가 잘못되었으리라 쉽게 예단한다. 그러나 경제학적 관점은 이와는 조금 다르다. 좋은 정책은 100% 성공하고 나쁜 정책은 100% 실패한다는 식으로 세상은 돌아가지 않는다. 경제학자들은 오히려 좋은 정책이 예를 들어 70%의 확률로 성공하고 나쁜 정책이 70%의 확률로 실패한다고 보는 것이 옳다고 생각한다. 다시 말해, 좋은 정책도 30%의 확률로는 실패할 수 있고, 나쁜 정책도 30%의 확률로는 성공이 가능하다는 것이다. 불확실성이 지배하는 세상은 결국 확률 게임의 논리로 움직이기 때문이다. 전임자가 실패했다고 해서 그 사람의 정책을 검토도 없이 폐기해서는 안 되는 이유이다. 어쩌면 올바른 정책임에도 불구하고 운이 없어 30% 확률의 실패가 발생했을 수 있다. 만일 정책이 잘못된 것이 아니라 불운했던 것이라면 그 정책을 이어받는 편이 더 나은 결과를 가져올 수도 있다.

그런 의미에서 내 부모의 교육 방침이 내게 실패한 경험으로 남아 있다 하더라도 정반대로 가는 것이 반드시 답은 아니다. 내 부모도 나름대로 열심히 연구하고 판단하여 나를 교육했지만 외부적 요인이나 운의 영향으로 기대한 결과가 나타나지 않았을 수도 있다. 세상을 무조건 흑백으로 구분하기보다는 확률적 사고를 바탕으로 판단해야 옳다는 것이 경제학의 결론이다. 물론 경제학이 옳다는 것은 옳을 확률이 높다는 뜻이지 절대적으로 옳다는 의미는 아니지만 말이다. 따라서 경제학자의 이런 의견도 반드시 따를 필요는 없고 참고만 하는 것이 좋다는 점은 분명히 밝히는 바이다.

제
18
장

1%의 확률이라도
대비해야 하는 이유는?

| 촉의 멸망과 '테일 리스크' |

《삼국지연의》는 의형제를 맺은 유비, 관우, 장비와 조자룡이 세운 촉나라를 제갈공명이 지켜오다. 이들이 모두 세상을 떠난 뒤 유비의 아들 유선(劉禪)의 무능으로 위나라에 멸망하는 슬픈 이야기로 끝난다. 《삼국지연의》 자체가 소설이기 때문에 역사적 진위를 정확히 판단할 수는 없지만, 촉나라가 무너지는 장면에 이르면 허망함을 느끼지 않을 수 없다. 왜냐하면 촉나라는 너무도 어처구니없이 순식간에 무너졌기 때문이다. 당시 촉나라 군사들이 중요한 관문을 지키며 방어하고 있을 때, 위나라의 등애(鄧艾)라는 장수가 도저히 사람이 다닐 수 없다고 생각되던 음평(陰平) 지역을 통과하여 전혀 예상하지 못한 방향에서 촉나라를 기습했다. 음평이 워낙 험한 산악 지역인지라 등애가 그곳을 통과하는 데만 20일이 걸렸고 산을 넘을 때는 길도 없고 발 디딜 곳도 없어 담요로 몸을 감싸고 산비탈을 굴러 내려갔을 정도라고 한다.

　그런데 이 장면에서 내가 언급하고 싶은 것은 그렇게 음평 지역을 간신히 통과하고 있던 등애 앞에 텅 빈 군사기지가 있었다는 점이다. 통행조차 어려운 지역이라 비워두었던 것인지는 알 수 없으나, 만약 소수 병력이라도 주둔하고 있었다면 등애의 기습은 분명 실패했을 것이다. 사실 제갈공명은 이곳이 중요한 지점이라 판단해 한때 2,000명의 군사를 배치해두었다. 그러나 제갈공명이 세상을 떠난 뒤, 유비의 어리석은 아들이자 촉나라의 두 번째 황제인 유선은 그곳이 적이 쳐들어올 엄두도 내지 못하는 지역이라 판단하고 재정 낭비라 여겨 군사를 철수시킨 것이었다.

사람이 다니기가 거의 불가능한 음평 지역을, 길을 만들고 다리를 놓으며 통과하려 한 등애의 작전은 사실 위나라 군대조차 비웃을 만큼 실현 가능성이 매우 낮았다고 한다. 아마 강철 같은 의지와 고집이 있는 등애 같은 장수가 아니었다면 시도조차 하지 않았을 것이고, 설령 시도했더라도 중간에 포기했을 가능성이 크다. 그러므로 확률적으로만 보면, 적이 쳐들어올 가능성이 거의 없는 음평 군사기지를 폐쇄한 유선의 결정이 오히려 합리적으로 보인다.

그러나 이런 유선의 결정은 경제학에서 가장 경계하는 행위 중 하나인 '테일 리스크(tail risk)'를 무시하는 행동이기도 하다. 여기서 테일 리스크는 영어의 뜻 그대로 '꼬리 위험'이라고도 불리는데, 발생 가능성은 매우 낮지만 한번 발생하면 치명적인 결과를 초래하는 리스크를 말한다.

'테일 리스크'를 무시했다가는 나라도 망한다

이 세상은 불확실성으로 가득 차 있다. 오늘까지 건강하던 사람이 내일 갑작스러운 교통사고를 당할 수도 있다. 그렇기에 보험회사들이 각종 보험 상품을 쏟아내는 것이며, 그 많은 보험에 가입하는 사람이 적지 않다는 사실만 보아도 사람들이 이러한 불확실성을 얼마나 의식하고 또 두려워하는지를 짐작할 수 있다.

예를 들어 내일 온 가족이 소풍을 간다고 해보자. 어떤 일이 일어날 수 있을까? 아마도 90%의 확률로 화창할 날씨 속에 공원에 가서 김밥 도시

락을 먹으며 즐거운 시간을 보내고 내일 하루가 끝날 것이다. 하지만 일기예보가 좋아도 갑자기 소나기가 올 가능성이 10%쯤은 있다. 김밥을 서둘러 먹다가 가족 중 한 명이 체해 약국에서 소화제를 사서 먹거나 병원에 가야 할 확률도 2%쯤 있을 수 있다. 심지어 0.01%라는 극히 낮은 확률로 내일 공원에서 범죄가 발생해 경찰들이 출동하여 소풍 왔던 사람들을 일찍 귀가시키는 바람에 곧바로 나들이를 끝내야 하는 일도 있을 수 있다.

대부분의 경우 사람들은 내일 날씨도 좋고 별일 없으리라 믿으며 소풍을 간다. 실제로 아무런 문제가 없을 확률이 90% 정도 될 것이다. 그래서 대다수는 가장 높은 확률만을 고려해 행동하고, 실제로도 대개의 경우 문제없이 소풍이 진행된다. 하지만 10% 확률로는 예기치 못한 소나기가 내릴 수도 있다. 열 번 소풍을 간다면 그중 한 번은 비를 만난다는 말이다.

이런 10% 확률의 '꼬리 위험', 영어로는 '테일 리스크'를 앞서서 생각해보는 사람들이 있다. 그런 사람들은 소풍을 계획할 때 어떤 행동을 할까? 아마도 내일 비가 올 경우를 대비해 공원 근처에 있는 미술관이나 박물관을 미리 찾아둘 것이다. 비가 안 오면 다행이지만 비가 오면 그 미술관이나 박물관으로 가려는 것이다. 또 가족이 김밥을 먹다가 체할 수 있다는 테일 리스크를 생각해둔 사람이라면 소화제를 챙기거나 근처 병원의 위치를 확인해둘 수 있다. 그러다가 내일이 주말이라 병원이 문을 닫는다는 점까지 고려한다면 주말에도 응급실이 운영되는 종합병원의 위치까지 확인해둘 것이다.

이렇게 테일 리스크를 생각하는 사람은 작은 확률의 상황이 실제로 발생했을 때 그렇지 않은 사람보다 훨씬 더 잘 대처할 수 있다. 그러나 모든 테일 리스크를 하나하나 따져 미리 해결 방법을 생각해놓는 것은 매우 어렵고 무엇보다 아주 피곤한 일이다. 대부분의 사람들이 '내일은 90% 확률로 날씨가 좋으니 별일 없을 것이고 가족 모두 즐거운 시간을 보낼 거야.'라고 생각하며 소풍 준비를 할 때, 테일 리스크를 고려하는 사람은 비가 내릴 경우, 가족이 갑자기 아플 경우, 혹은 범죄 사건이 일어날 경우 등 여러 가지 가능성을 예상해보고 각각의 경우에 따른 대책을 사전에 강구해두어야 하기 때문이다. 가장 실망스러운 점은, 90% 이상의 확률로 이런 위험이 발생하지 않아 그 모든 수고가 물거품이 될 수 있다는 것이다.

제갈공명은 산이 험해 사람이 지나기조차 힘든 음평 쪽에서도 위나라가 공격해 올 수 있다는 테일 리스크를 평시에도 염두에 두었다. 아마도 위나라가 음평으로 공격할 확률은 5%도 되지 않았을 것이다. 하지만 제갈공명은 그 테일 리스크에 대비해 2,000명의 군사를 그곳에 주둔시켰다. 하지만 유비의 아들 유선은 이런 테일 리스크를 무시했다. 5%의 확률까지 대비하는 것은 너무 수고로웠기 때문이다. 게다가 지난 수십 년 동안 위나라가 음평으로 쳐들어올 기미조차 없었으니 제갈공명의 우려가 지나치다고 여겼을 것이다. 하지만 지금 우리는, 유선이 테일 리스크를 무시한 결과 촉나라가 멸망했다는 사실을 너무도 잘 알고 있다.

사실 가족이 소풍을 가는데 갑자기 소나기가 올 테일 리스크를 생각하지 않는다고 해서 경제학자들이 그런 가족을 어리석다고 하지는 않는다. 소나기가 와서 소풍이 엉망이 되는 것은 유감스러운 일이지만, 그렇다고 큰 불행이 닥치는 것도 아니고 다시 날을 잡아 다녀오면 된다. 게다가 혹시 누가 아는가? 비를 쫄딱 맞으며 다녀온 소풍이 가족에게 특별한 추억으로 남을지. 김밥을 먹다가 체한다 해도 119 앰뷸런스를 부르면 된다. 미리 병원의 위치를 파악하고 소화제를 챙겨 가면 더 좋겠지만, 그게 너무 번거롭다면 체한 가족이 조금 참았다가 병원에 가도 괜찮다. 다시 말해, 이런 종류의 테일 리스크는 치명적 위험이 아닌 것이다.

그러나 촉으로 들어오는 음평 지역의 산을 지키지 않은 것은 소나기를 맞거나 체하는 것과는 차원이 다른 일이다. 나라가 망할 수도 있는, 그야말로 치명적인 재앙이 발생한다는 의미이다. 즉 테일 리스크를 고려할 때는 발생 확률만이 아니라 그 테일 리스크가 어떤 결과를 초래할지도 생각해봐야 한다. 소나기를 흠뻑 맞는 정도의 테일 리스크라면 10% 확률로 발생한다 해도 굳이 대비할 필요가 없을지 모르지만 나라가 멸망할 정도의 테일 리스크라면 0.0001%의 확률이라도 반드시 대비해야 한다.

제2차 세계대전 당시 독일군이 사용한 암호는 사실상 해독이 불가능에 가까운 것으로 여겨졌다. 독일의 암호 장비인 에니그마(Enigma) 기계를 확보하지 않으면 일단 해독 시도조차 할 수 없었고 설사 어떻게 해서 기계를 확보한다 해도 18억 개가 넘는 조합들 중 정답을 찾아내야 하는데 이 조합이 매일 바뀌었다. 영국과 미국이 모든 조합을 확인하려면 며칠에서 몇 달이 걸렸고 그사이 독일군은 새로운 조합으로 암호 체계를 바꾸었다. 이런 이유로 독일군은 에니그마 기계를 이용한 암호는 절대로 뚫리지 않으리라 믿었고 보안 유지를 위해 다른 암호 시스템을 도입하거나 하는 조치를 취하지 않았다.

결국 영국과 미국은 온갖 비밀 작전을 통해 에니그마 기계를 확보했고, 영화 〈이미테이션 게임(The Imitation Game)〉에서 볼 수 있듯 당대 최고의 수학자 앨런 튜링(Alan Turing)을 중심으로 여러 수학자가 모여 오늘날의 컴퓨터와 유사한 계산 장치를 만들어 매일 18억 개의 조합을 모두 테스트할 수 있게 되었다. 그 결과 제2차 세계대전 중반 이후 영국은 독일군의 암호 통신을 대부분 해독할 수 있었으며, 연합군은 이를 바탕으로 독일의 군사작전을 사전에 파악하여 최종적 승리를 거둘 수 있었다.

여기서 독일군도 촉나라 유선과 같은 어리석은 실수를 범한 것이다. 에니그마 기계의 암호가 해독될 확률은 18억분의 1에 불과했을지 모른다. 하지만 그 낮은 확률이 현실화되면 독일은 국운을 건 전쟁에서 패할 수밖에 없었다. 독일이 이런 테일 리스크를 조금만 더 진지하게 고려했다면 매년 새로운 에니그마 기계를 제작해 보급했을 것이다. 그랬더라면 앨런 튜링 같은 천재 수학자 수백 명이 모인다 해도 독일의 암호는 뚫리지 않았을 것이다. 하지만 독일은 끝내 그런 테일 리스크를 생각하지 못했다.

역사의 승패를 가르는 1%의 확률

경제학에서도 유사한 상황이 발생했는데 바로 2008년 글로벌 금융위기다. 2008년 금융위기가 '서브프라임 모기지(subprime mortgage)' 부실에서 비롯되었다는 이야기는 모두가 들어보았을 것이다. 서브프라임 모기지란 신용도가 낮은 사람들에게 빌려준 주택담보대출을 말한다. 대출을 받는 사람들은 신용 상태에 따라 등급이 나뉘는데, 좋은 직장에 다니며 수입도 안정적이라 대출금을 잘 갚을 가능성이 높은 사람은 프라임(prime) 등급으로, 반대로 수입이 불안정해 대출금을 갚지 못할 수도 있는 사람들은 그보다 단계가 낮은 서브프라임(subprime) 등급으로 분류되었다. 당연히 은행은 서브프라임 등급에 속한 사람들에게 돈을 빌려주는 것을 꺼리게 된다.

이런 상황에서 은행들은 한 가지 사실을 발견했다. 신용등급이 낮은 서브프라임 등급이라 하더라도 1만 명을 묶어놓으면 그중 대출금을 갚지 못하는 비율이 평균적으로 5%, 즉 500명을 크게 벗어나지 않는다는 점이었다. 다시 말해, 개인별로 보면 부실 위험이 크더라도 집단 단위로 보면 전체 손실률은 어느 정도 예측이 가능했다. 이는 확률·통계학에서 말하는 '대수의 법칙(Law of Large Numbers)'에 따른 것으로, 실제로 대학 교과서에 나오는 개념이다.

이에 착안하여 은행들은 서브프라임 모기지를 기초로 한 새로운 형태의 증권을 발행했다. 예컨대 서브프라임 등급 대출자 1만 명을 묶어 그중 9,000명만 대출금을 갚으면 투자자는 높은 이자와 함께 원금을 돌려받을 수 있도록 설계한 증권이었다. 수학적으로 보았을 때 1만 명 중에서 1,000명 이상이 동시에 대출금을 갚지 못할 확률은 극히 낮다고 간주되었고, 이로 인해 세계적인 신용평가사들도 이 상품에 AAA 등급, 즉 미국 정부의 국채와 같은 신용등급을 주었다. 따라서 일반 투자자들에게는 미국 정부가 망할 확률과 서브프라임 모기지 증권이 부실화될 확률이 동일하게 느껴졌을 것이다. 그렇게 안전함에도 불구하고 국채보다 이자율까지 높았으니 투자자들은 앞다투어 서브프라임 모기지 증권을 사들였다.

그런데 이렇게 안전해 보였던 서브프라임 모기지 증권에 도대체 무슨 일이 생겼던 것일까? 사실 미국 국채도 100% 안전하지는 않다. 최악의 경우를 상정해본다면, 가령 미국에 핵폭탄이 터져 국가 시스템이 마비되면 미국 국채도 휴지조각이 될 수 있다. 미국 정부의 빚이 늘어 파산해도 미국 국채는 휴지조각이 된다. 미국 국채의 안전성조차 이러하다면 하물며 소득이 불안정한 사람들의 주택담보대출을 기초로 한 서브프라임 모기지 증권이 100% 안전할 수는 없을 것이다.

위에서 말한 "대출금을 갚지 못하는 비율이 평균적으로 5%, 즉 500명을 크게 벗어나지 않는다."라는 표현은 5%를 절대로 넘지 않는다는 의미가 아니다. 다만 지금까지는 미국 역사에서 그러한 일이 아직 한 번도 일어나지 않았다는 말이다. 하지만 우리는 "지난 100년간 관측이 시작된 이래 이런 날씨는 처음이다."라는 기상이변 관련 보도를 자주 접한다. 과거에는 경험하지 못했던 날씨를 요즘은 일상적으로 겪고 있다는 말이다. 마찬가지로 지금까지 집을 사느라 대출을 받은 사람들 중 5% 이상이 대출금을 갚지 못한 적이 없었다고 해서 앞으로도 그런 일이 결코 일어나지 않는다는 보장은 없는 것이다.

아마 월스트리트의 천재적 투자가들도 서브프라임 모기지 증권이 100% 안전하다고는 생각하지 않았을 것이다. 그들 역시 1% 정도의 확률로 한 번도 일어나지 않은 상황이 발생할 수 있다는 생각은 했을 것이다. 하지만 그들이 간과한 사실이 있었다. 만약 그 1%의 가능성이 현실이 된다면 월스트리트는 물론 자본주의 경제 전체가 붕괴할 수도 있다는 점이었다. 혹시라도 그 1%가 자본주의 시스템 전체를 뒤흔들 만큼 엄청난 결과로 이어질 수 있음을 제대로 인식했다면 뭔가 대책을 세웠을 것이다. 유비의 아들 유선이 촉의 음평 지역으로 적이 쳐들어오면 나라가 망할 수 있다는 생각을 하지 못했던 것과 마찬가지다. 어쨌든 월스트리트는 그런 테일 리스크를 무시한 채 엄청난 규모의 투자를 감행했고, 그 결과 리먼 브러더스를 비롯한 많은 은행이 도산하고 말았다. 국가나 조직을 책임진 사람들의 가장 큰 책무는 바로 이런 테일 리스크를 미리 파악해 대책을 세워두는 일이다.

테일 리스크라는 용어가 국가위기나 금융 붕괴 같은 나쁜 상황에서만 쓰이는 것은 아니다. 1922년 미국의 아마추어 무선통신 애호가들이 전파를 이용하여 멀리 있는 적의 전함을 미리 발견할 수 있다는 사실을 우연히 발견하였다. 그들은 이 발견을 바탕으로 미국 해군에 레이더 개발을 제안했지만 해군은 이를 무시했다. 당시 해군 간부는 "성공할 가능성이 전혀 없는 허무맹랑한 꿈" 같은 이야기라며 거절했다고 한다.

그러나 레이더 개발 아이디어는 당시 과학자들 사이에서 이미 중요한 연구 과제로 부상하고 있었다. MIT 교수 출신 과학자 버니바 부시(Vannevar Bush)는 1940년 6월 프랭클린 루스벨트 대통령을 만나, 독일에 뒤처진 과학기술을 따라잡으려면 연방정부 내에 새로운 과학기술 그룹을 창설해야 한다고 건의한다. 루스벨트 대통령은 이 요청을 10분 만에 수락해 새로운 과학기술 그룹이 창설될 수 있었고, 그곳에서 레이더를 비롯한 첨단 무기 연구가 급속도로 이루어졌다.•

18년 전 레이더 기술 개발에 관심을 보이지 않았던 해군 담당자와 달리 루스벨트 대통령은 '레이더'가 실제로 어느 정도 성과를 낼지는 알 수 없었지만, 만약 성공한다면 적의 비행기나 전함의 위치와 이동 경로를 파악하

• 사피 바칼 (2020). 《룬샷》. 이지연 옮김. 흐름출판.

여 전쟁의 승패를 바꿀 수 있다고 판단했을 것이다. 레이더 연구는 성공 확률이 불확실한, 일종의 테일 리스크 같은 것이었지만 그 낮은 확률이 현실화되면 전쟁을 승리로 이끌 결정적 계기가 되기 때문이다.

현재 우리는 레이더가 군사적으로 얼마나 중요한지를 잘 알고 있다. 제2차 세계대전에서 레이더는 독일군의 공습을 탐지하는 데 큰 역할을 하여 연합군이 독일군을 무찌르고 승리하는 데 결정적으로 기여했다. 이러한 경이로운 결과는 테일 리스크를 10분 동안 진지하게 고민했던 루스벨트 대통령의 뛰어난 판단력 덕분에 가능했다. 다만 안타까운 것은 1941년 12월 일본군이 미국의 진주만을 공습해 큰 피해를 입혔던 날이 바로 하와이에서 레이더가 처음 가동되던 날이었다는 사실이다. 당시 일본군 폭격기가 하와이로 떼를 지어 날아오는 모습이 레이더에 포착되었지만 그날 처음 장비를 다루던 관측병들은 이를 철새 떼라고 오인해 상부에 제대로 보고하지 않았다고 한다. 만약 레이더가 몇 달만 더 일찍 실전에 도입되어 관측병들이 전투기를 식별하는 경험을 쌓을 수 있었다면 진주만 공습도 막을 수 있었을지 모른다는 안타까움이 남는다.

90%의 확률로 발생하는 사건은 누구라도 미리 예상하고 대처할 수 있다. 그러나 역사의 승패를 가르는 것은 누구도 쉽게 예측하지 못하는, 1%의 확률로 발생하는 테일 리스크다.

중국의 전국시대(戰國時代)는 '전국칠웅(戰國七雄)'이라 불리는 일곱 나라가 중국을 나누어 차지하고 서로 싸우던 시기를 가리킨다. 그중에서 연(燕)나라는 북방에 위치한 비교적 약소국이었는데, 기원전 311년 소왕(昭王)이라는 젊고 의욕 넘치는 인물이 새로이 왕위에 올랐다.

당시 연나라는 멸망 직전의 위급한 상황에 놓여 있었다. 소왕의 아버지였던 쾌왕(噲王)은 왕으로서 능력이 부족하고 국사에 전념할 의지가 없어 국정을 재상 자지(子之)에게 맡겨놓다시피 하였다. 급기야 그에게 왕위까지 선양했다. 이렇게 절대 권력을 차지한 재상 자지가 권력을 남용하여 국정을 어지럽히자 민심이 매우 흉흉해졌다. 태자 평(平)은 자지를 몰아내고 정권을 바로잡고자 반란을 일으켰고 그 결과 태자의 군대와 자지의 군대 사이에 내란이 벌어졌다.

설상가상 이 내란의 틈을 노리고 이웃의 강대국 제나라가 연나라를 공격하여 결국 태자 평과 자지가 모두 전사하였다. 그러나 제나라는 연나라를 완전히 멸망시키지는 않았다. 대신 태자 평의 동생이자 쾌왕의 서자였던 직(職)을 불러들여 제나라의 속국이 되는 조건으로 왕에 올린 뒤 물러갔다. 그가 바로 소왕이다.

연나라의 부국강병을 이루어 제나라에 복수하고자 했던 젊은 소왕은, 구석진 연나라에는 훌륭한 인재가 부족하다는 점을 늘 안타깝게 여겼다. 그래서 연나라에서 지략이 가장 뛰어나다는 곽외(郭隗)를 불러 천하의 인재를 모을 비책이 있는지를 물었다. 이때 곽외가 소왕에게 들려준 이야기가 있으니, 바로 '매사마골(買死馬骨)'이다. 한자를 풀이해보면, '죽은 말의 뼈를 돈 주고 산다'는 의미인데 다음과 같은 이야기가 함께 전한다.

'시그널링', 죽은 말의 뼈를 비싼 값에 사라

오래전 중국의 어느 지역에 천하의 명마(名馬)를 얻고자 하는 욕망이 아주 큰 왕이 있었다. 멀리 떨어진 곳에 훌륭한 명마가 있다는 소문을 듣게 된 왕은 신하에게 많은 재물을 주며 그 명마를 사 오라고 명하였다. 그런데 그 신하가 막상 사 온 것은 명마가 아니라 명마의 뼈였다. 왜냐하면 신하가 도착했을 때 그 명마는 갑작스러운 병으로 이미 죽어 있었으므로 어쩔 수 없이 뼈만 사 왔다는 것이다. 보고를 받은 왕은 신하를 크게 꾸짖었다. 쓸데없이 죽은 말의 뼈를 사 왔다는 이유에서였다. 그런데 예상 밖의 일이 벌어졌다. 중국 전역에서 명마를 키우는 말 주인들이 앞다투어 이 왕을 찾아와 자기 말을 사달라고 청하는 것이었다. 죽은 명마의 뼈조차 큰돈을 주고 산 왕이라면, 살아 있는 명마는 당연히 더 높은 값으로 사줄 것이라 여겼기 때문이다.

대략 이러한 '매사마골' 이야기를 끝낸 곽외는, 소왕이 천하의 인재를 얻고자 한다면 먼저 연나라의 인재들부터 융숭히 대우해야 한다고 건의했다. 깨달음을 얻은 소왕은 곽외를 비롯한 연나라의 인재들에게 궁궐 같은 집을 지어주고 토지도 넉넉히 하사했다. 이 소식은 곧 중국 전역으로 퍼져 나갔다. 천하의 인재들은 '곽외조차 저런 대접을 받는데 내가 가면 엄청난 대우를 받을 것'이라는 생각으로 연나라에 모여들었다. 그들의 목적은 단순히 후한 대접을 받기 위함만이 아니라, 자신의 정책을 왕이 귀 기울여 듣고 실제로 채택해줄 가능성이 높다고 판단했기 때문이었을 것이다. 그 결과 악의(樂毅), 추연(鄒衍), 극신(劇辛)과 같은 걸출한 인재들이 중국 각지에서 연나라로 몰려들었다. 연나라는 마침내 부국강병을 이루었고, 이전에 연나라를 침략했던 강대국 제나라를 무찔러 영토를 크게 넓힐 수 있었다.

경제학적으로 분석할 때, 연나라 소왕은 자신이 진심으로 인재를 등용해 부국강병을 이루려는 의지가 있음을 만천하에 알릴 필요가 있었다. 그래서 능력이 조금 아쉽더라도 연나라 인재들에게 먼저 과도하다 싶을 정도로 후한 대접을 해주었다. 자신의 의지를 중국 전역의 인재들에게 전달하는 일종의 '시그널(signal)'이었다.

매사마골 이야기와 아주 비슷한 상황이 메이지유신 시기의 일본에서도 있었다. 당시 서양 문물을 배우고자 하는 의지가 강했던 일본은 영국인 토머스 윌리엄 킨더(Thomas William Kinder)를 월급 1,045엔을 주는 조건으로 일본 조폐국의 수장으로 모셔온다. 서양의 경제 제도를 도입하고자 했던 메이지 정부가 서양식 화폐를 만드는 등 통화 시스템부터 구축하려는 생각에서 관련 기술 전문가인 킨더를 초빙했던 것이다. 그런데 당시 일본에서 총리에 해당하는 최고위 관료 월급이 850엔이고 장관급에 해당하는 관료의 월급이 600엔 정도였으니, 메이지 정부는 자국의 최고위 관료보다도 더 많은 월급을 외국인에게 지급한 셈이다.

영국인 킨더는 수년간 일본에 거주하면서 통화 시스템 구축에 큰 역할을 했다. 하지만 그에 대한 파격적인 대우는 단지 좋은 성과로 이어지는 데 그치지 않았다. 그것은 이후 군사 전문가를 비롯한 다른 외국인 전문가들을 초빙할 때도 분명 도움이 되었을 것이다. "일본 정부는 외국인 전문가에게 엄청난 대우를 해준다."라는 소문이 퍼졌을 것이기 때문이다. 외국인에게 높은 월급을 지급하며 막대한 재정을 쏟아부은 메이지 정부의 정책은 곧 서양 문물을 간절히 배우고 싶다는 강력한 시그널을 외국 전문가들에게 전달한 것이었다.

어떤 개인이 뛰어난 능력을 지녔다고 해서, 또 어떤 기업이 최고 품질의 상품을 만든다고 해서 곧바로 성공이 보장되는 것은 아니다. 중요한 것은 그 뛰어난 능력과 우수한 품질을 널리 알리는 일이다. 경제학에서는 이러한 과정을 '시그널링(signaling)'이라고 부른다.

전국칠웅 가운데 다른 여섯 나라를 차례로 멸망시키고 중국을 최초로 통일한 진시황(秦始皇)의 진나라에도 비슷한 이야기가 전해진다. 진시황의 5대조 효공(孝公)은 진나라를 강대국으로 만든 뛰어난 군주였다. 훗날 진시황이 통일을 이룰 만한 경제력과 군사력을 갖출 수 있었던 것도 효공이 기초를 잘 쌓아놓은 덕분이었다. 효공은 법가(法家) 사상을 도입해 부국강병을 이루었는데 효공에게 법가 사상을 알려준 사람은 상앙(商鞅)이라는 재상이었다.

'법가' 사상은 덕으로 백성을 교화한다는 '유가(儒家)' 사상과 달리, 국가가 정한 법에 따라 백성을 엄격히 다스려야 한다는 사상이다. 상앙은 자신이 연구하던 법가 이론을 바탕으로 매우 상세한 법과 제도를 마련했다. 노비도 전쟁에서 공을 세우면 해방해주었고, 오가작통법(五家作統法)을 제정하여 다섯 집을 한 단위로 묶어 세금과 병역을 공동 부담하게 했다. 또 건장한 남성이 일하지 않으면 무거운 세금을 부과해 일할 수 있는 남성이면 누구나 생산 활동에 참여하도록 강제했다. 그중에는 아버지와 장성한 아들이 한 집에 살지 않도록 하는 법, 즉 장성한 아들은 반드시 독립하도록 하는 등 지나치다 싶을 만큼 세밀한 조항도 있었다.

상앙이 국정을 맡기 전에는 거의 무법 상태에서 자유롭게 살던 진나라 백성들은 갑자기 이런 법조문이 반포되자 어안이 벙벙했을 것이다. 이 법을 정말 지켜야 하는 것인지 반신반의했을지도 모른다. 이때 상앙이 백성들에게 자신의 의지를 보여주기 위해 행한 것이 바로 '이목지신(移木之信)'으로, '나무를 옮겨 믿음을 이끌어낸다.'는 뜻이다. 상앙은 도성 남문에 커다란 나무 기둥을 세워놓고 이를 북문으로 옮기면 10금의 상금을 주겠다고 공표했다. 사실 별것도 아닌 일인데 그 일을 하면 엄청난 돈을 준다는 것이었다. 이런 상앙의 말이 너무 터무니없게 느껴져 아무도 나서지 않자, 상앙은 상금을 50금으로 올렸다. 이때 한 사람이 밑져야 본전이라는 생각으로 나무를 옮겼더니 상앙은 약속대로 그에게 큰 상금을 지불했다.

이 광경을 본 진나라 백성들은 상앙의 말이 농담이 아님을 깨달았다. 상앙의 법이 다소 지나치고 어처구니없게 보이더라도 반드시 지켜야 한다는 강력한 '시그널링'을 받은 것이다. 이제 백성들은 법에서 상을 준다고 하면 반드시 상을 주고 반대로 벌을 준다고 하면 반드시 벌을 내릴 것이라고 믿게 되었을 것이다.

상앙의 법이 시행된 지 10년이 지나자 진나라에는 길에 물건이 떨어져 있어도 줍는 사람이 없었고, 산에는 도적이 사라졌으며, 집집마다 생활이 풍족하여 백성들이 모두 만족스러워하였다고 한다. 그 결과 진나라는 부국강병을 이루고 연이어 전쟁에서 승리하여 국토를 넓힐 수 있었다.

대학, 광고, 깃털이 세상에 보내는 신호

2001년 노벨 경제학상 수상자인 마이클 스펜스(Michael Spence) 교수는, 능력이 우수한 개인들이 교육을 통해 잠재적 고용주들에게 자신의 능력을 시그널링할 수 있음을 밝혔다. 실제로 대학에서 4년간 받는 교육이 현실의 비즈니스에 직접적으로 도움이 된다고 생각하는 사람은 많지 않다. 기업에 입사해 19세기 영문학 작품에 대한 지식이나 수학의 미분방정식을 활용해 곧바로 이익을 창출하는 경우는 거의 없기 때문이다. 하지만 스펜스 교수에 따르면, 이러한 학문을 배우는 과정 자체가 대학 교육을 마칠 수 있는 능력을 기업에 시그널링하며, 이를 통해 기업은 적합한 인재를 선발할 수 있게 된다.

요컨대, 지적 능력이 뛰어난 개인이 고등학교 졸업 후 바로 기업에 취직하려 해도 기업으로서는 그 개인의 능력을 정확히 판단하기 어려워 채용을 망설일 수밖에 없다. 그런데 현실 비즈니스에는 직접적인 도움이 되지 않더라도, 만약 능력이 뛰어난 사람만이 대학에서 높은 학점을 받고 졸업할 수 있다고 인정된다면 어떨까? 아마 기업들은 4년간의 대학 교육을 이수하고 졸업한 개인은 우수한 인재로 여기고 좋은 대우를 해주며 채용하려 할 것이다. 단, 이때 중요한 것은 대학 교육의 난이도가 능력이 우수하지 못하면 졸업하기 어렵게 설계되어야 한다는 점이다. 그래야만 능력이 뛰어난 사람만이 졸업을 하고 취업에 나설 것이기 때문이다.

이런 관점에서 보면 대학은 인재들의 생산성을 높여주는 기관이라기보다는 우수한 인재와 그렇지 못한 인재를 가려내어 개인이 자신의 능력을 시그널링하도록 돕는 기관이라 할 수 있다. 비록 젊은 인재들이 대학에서 보내는 4년이라는 시간이 생산성과 곧바로 연결되지는 않더라도 기업들이 뛰어난 인재들을 파악할 수 있도록 해줌으로써 결과적으로 정보의 비대칭성을 줄이고 시장의 효율성을 높이는 데 기여한다는 것이 스펜스의 '에듀케이션 게임(Education Game)'의 결론이다.

자신의 우수함을 알리고자 하는 주체에는 개인뿐 아니라 기업도 포함된다. 우수한 품질의 상품을 생산하는 기업이라면 소비자들에게 그 우수성을 널리 알려야 한다. 아무리 뛰어난 상품이라 하더라도 소비자들이 구매하고 사용하지 않는다면 그 가치를 인정받을 수 없다. 기업이 자사의 상품 품질을 소비자들에게 시그널링하는 대표적인 수단이 바로 광고다.

우리는 어째서 광고에 담긴 내용을 신뢰할까? 유명한 연예인이 광고에 출연해 이 과자는 정말 맛있고 영양이 풍부하다고 말하기 때문일까? 그렇지는 않다. 우선 연예인은 생물학이나 식품영양학을 전공한 전문가가 아니기 때문에 과자의 성분을 세세히 알지 못할 가능성이 높다. 게다가 그 연예인은 해당 기업으로부터 거액의 출연료를 받았을 것이 분명하므로 실제로 맛이 없다고 느끼더라도 광고에서는 맛있다고 말할 수밖에 없다. 그러므로 기업이 내보내는 광고를 곧이곧대로 믿고 과자나 옷 또는 자동차를 구매하는 것은 합리적 선택이라고 보기 어렵다. 광고가 실제보다 과장될 가능성은 언제나 존재하기 때문이다.

그렇지만 정말 광고가 믿을 수 없는 것이라면 기업은 왜 큰 비용을 들여 광고를 하는 것일까? 또 소비자들은 왜 허위일 가능성이 있는 광고를 보고 상품을 구매하는 것일까? 사실 경제학자들은 소비자가 광고를 믿고 구매를 결정하는 것은 합리적인 태도라고 본다. 그 이유는 광고가 일종의 '캐시 버닝 시그널링(cash burning signaling)'이기 때문이다. 잘 알다시피 '캐시'는 현금을 뜻하고 '버닝'은 불태워버린다는 뜻이다. 경제학 이론에 따르면 광고는 엄청난 현금을 불태워버리는 것과 같은 행위를 통해 상품에 대한 정보를 소비자들에게 전달하는 시그널링 전략이다. 예를 들어, 어떤 자동차 회사가 서울역 광장에 현금 100억 원을 쌓아놓고 휘발유를 끼얹어 불을 붙였다고 생각해보자. 곧바로 세간의 화제가 될 것이고 저녁 뉴스와 SNS를 통해 순식간에 퍼질 것이다. 이 회사의 캐시 버닝 행동을 관찰한 소비자라면 당연히 왜 이런 말도 안 되는 행동을 하는지 의문을 가질 것이다. 그리고 그 질문에 대한 유일한 논리적 설명은 다음과 같다.

자동차 회사는 소비자들에게 자사의 자동차가 가격과 품질 면에서 우수하다는 점을 시그널링하고자 한다. 물론 자동차의 가격과 품질이 형편없는 경우에도 마치 그렇지 않은 것처럼 속이려고 광고를 할 수도 있다. 하지만 그런 경우라면 처음 그 자동차를 구매해 운전해본 소비자들이 그 광고가 거짓말이었음을 금세 알게 될 것이고 주변에 소문을 낼 것이다. 결국 광고의 효과는 잠깐에 그치고 오히려 불매 운동이 벌어질 수 있다. 따라서 품질이 좋지 않은 자동차 회사가 캐시 버닝 형태로 광고를 한다면 엄청난 현금을 불태운 손실만 남고 매출은 초기 잠깐의 기간을 빼고는 거의 오르지 않으리라는 추론이 가능하다. 결론적으로 품질이 나쁜 자동차 회사는 엄청난 비용이 들어가는 캐시 버닝 광고를 통해 이익을 얻기는커녕 손해만 늘어날 것이다.

　반면 가격과 품질이 우수한 자동차 회사라면 이야기가 달라진다. 캐시 버닝 형태의 광고를 통해 소비자들이 한번 타보고 자동차의 우수성을 인정하면, 곧 주변에 입소문이 퍼져 매출이 크게 증가할 것이다. 그렇다면 광고로 불태워버린 현금을 모두 회수하고도 남을 이익을 낼 수 있다. 즉 캐시 버닝은 기업이 소비자에게 다음과 같은 메시지를 시그널링하는 것이다. "내 상품의 품질이 형편없다면 이렇게 막대한 돈을 들여 광고를 할 리가 없다. 나는 어리석지 않다. 이런 식의 현금 소각이 정당화될 수 있는 유일한 이유는, 내 상품의 품질이 뛰어나 한 번만 써봐도 소비자들이 반복 구매할 것이라는 확신이 있어서다." 그리고 이런 시그널을 접한 소비자들은, 기업이 저렇게 막대한 비용을 들여 광고하는 것은 그만큼 품질에 자신이 있기 때문이라 믿고 상품을 구매하게 된다.

　수컷 공작새는 화려한 깃털을 자랑한다. 이 화려한 깃털은 공작새가 표범이나 늑대의 공격을 피해 도망쳐야 할 때는 도움이 되지 않는다. 오히려 깃털이 화려하고 풍성할수록 수컷 공작새의 생존 가능성은 떨어진다. 하지만 진화론의 목표는 생존이 아니라 번식이다. 오래 사는 것보다 많은 자손을 남기는 자가 이기는 것이 진화의 원칙이다. 따라서 수컷 공작새 입장에서는 암컷에게 "나는 이렇게 화려한 깃털을 풍성히 유지할 정도로 건강할 뿐 아니라 이렇게 거추장스러운 깃털을 달고도 표범과 늑대의 공격을 피할 수 있을 정도로 신체 능력이 우수하므로 나와 결혼해서 새끼를 낳으면 좋을 것"이라는 시그널링을 하는 것이다. 수컷 공작새는 자신의 건강함과 우수함을 암컷에게 알리고 번식 경쟁에서 유리한 위치를 차지하고자 목숨을 담보로 시그널링을 하고 있는 셈이다.

1999년 미국 시장에서 현대자동차는 미국인들이 이전까지 듣지도 보지도 못했던 파격적인 서비스 조건을 제시했는데 바로 '10년간 무상 수리 보증' 제도였다. 당시 많은 사람이 자동차를 10년간 무상으로 애프터서비스를 해준다는 사실에 놀라면서 자칫 현대자동차가 파산할지 모른다고 걱정하기도 했다. 하지만 뜻밖의 결과가 나타났다. 현대자동차가 자사 자동차의 우수한 품질을 효과적으로 시그널링함으로써 판매량을 엄청나게 높이는 계기가 된 것이다.

아무리 품질에 확신이 있었더라도 10년간 무상 수리를 해준다는 것이 쉬운 결정은 아니었을 것이다. 이것이 쉬운 결정이라면 미국, 독일, 일본의 자동차 회사들이 앞다투어 시행했을 것이다. 현대자동차는 회사의 파산까지 각오하면서 10년 무상 수리를 보증한 것이다. 마치 수컷 공작새가 목숨 걸고 화려하고 풍성한 깃털을 과시하듯 말이다. 이처럼 시그널링 전략의 핵심은, 그 시그널링이 다소 과도하다 싶을 정도로 강력해야 한다는 것이다. 누구나 쉽게 따라 할 수 있는 시그널링이라면 실제로 많은 이들이 따라 할 것이고, 그러면 우수한 능력이나 강한 의지를 타인에게 효과적으로 전달할 수 없기 때문이다.

시그널링, 목숨을 걸 정도로 강력해야 한다

다시 진나라의 부국강병을 이끈 상앙의 이야기로 돌아가보자. 상앙이 나무 기둥을 옮긴 사람에게 상금을 주는 '이목지신'을 통해 일반 백성들에게 자신이 공포한 법은 농담이 아니라 반드시 지켜야 하는 것임을 시그널링했지만 아마 그 정도의 시그널링으로는 충분하지 않았을 것이다. 상금을 주는 일쯤은 법을 강행할 의지가 없는 재상이라도 흉내낼 수 있는 비교적 손쉬운 행동이기 때문이다.

게다가 상앙의 법으로 가장 큰 손해를 보게 된 왕족과 귀족들은 그 법이 시행되는 것을 방해하고 싶었을 것이다. 왜냐하면 상앙의 법은 귀족이든 평민이든 심지어 노비까지 신분을 가리지 않고 공을 세우면 상을 주고 승진을 시켰으며, 죄를 지으면 귀족이라도 동일한 잣대로 벌하는 엄격한 규정이었기 때문이다.

그러던 중 진나라 왕 효공의 맏아들이자 차기 왕위 계승자인 태자가 상앙의 법을 어기는 일이 벌어졌다. 백성들은 설마 법을 어겼다고 태자를 벌하지는 못할 것이라고 생각했지만 상앙은 예상을 깨고 태자에게 벌을 내렸다. 직접 태자를 처벌할 수는 없었으므로 태자의 스승이며 왕족의 한 명이었던 공자 건(虔)에게 코를 베는 형벌을 내렸다고 한다. 정말 대담한 행동이었다. 태자가 잘못해도 법은 예외 없이 집행된다는 사실을 보여준 이 사건은 단순히 시늉만 내는 재상이라면 결코 따라 할 수 없는 강력한 시그널링이었다. 이목지신과 함께 태자의 스승까지 벌하는 것을 본 진나라 백성들은 상앙이 만든 법의 아주 사소한 조항까지 모두 지키기 위해 노력했을 것이다.

그런데 이러한 강력한 시그널링은 그 자체로 위험이 내재되어 있는데, 상앙의 최후가 이를 잘 보여준다. 진나라 효공의 보호 아래 법가 정책으로 국가를 부강하게 만들었던 상앙이지만 효공이 병으로 죽고 태자가 즉위하자 운명이 완전히 달라졌다. 태자는 과거에 스승을 벌함으로써 자신에게 모욕을 주었던 일을 잊지 않고 원한을 품고 있었고 왕위에 오른 뒤 상앙을 제거하려 했다. 상앙은 자신에 대한 체포 명령이 내려지자 도망쳤고 피신 중 여관에 묵으려 했지만 자신이 만든 법령에 따라 신분증명서가 없다는 이유로 투숙을 거부당한다. 결국 상앙은 도주 중 체포되어 처형당한다. 결과적으로는 자신이 만든 법에 걸려 죽은 셈이니, 상앙은 자신이 도입한 법가 정책의 시행 의지를 시그널링하기 위해 그야말로 목숨까지 건 셈이다.

경기도 오산에는 '독산성(禿山城)'이라는 곳이 있는데 그 한가운데에 '세마대(洗馬臺)'가 있다. 이름 그대로 말을 씻긴 곳이라는 의미이다. 임진왜란 당시 권율 장군이 일본군에 포위된 채 이 독산성을 지키고 있었는데 성안에는 물이 부족했다. 일본군 역시 독산성에 물이 부족하다는 정보를 얻어 이곳을 공격하려 했다. 이때 권율 장군이 꾀를 내었다. 일본군에게 잘 보이는 곳에 말들을 세워놓고 물을 부어가며 목욕을 시킨 것이다. '독산성 안에 물이 얼마나 풍족하면 말까지 저렇게 목욕을 시킬까' 하고 당황한 일본군은 공격을 포기하고 물러갔다.

그렇다면 물도 부족한데 권율 장군은 어떻게 말들을 씻길 수 있었을까? 사실 권율 장군은 물이 아닌 쌀을 바가지에 떠서 말에게 끼얹었다고 한다. 멀리서 보던 일본군들에게는 그것이 마치 물을 붓는 것처럼 보였을 뿐이다. 이 일화는 자신의 우수함을 알리려는 전형적인 시그널링과는 달리, 자신의 불리함을 우수함으로 가장한 일종의 위장 시그널링 전략의 사례다. 그러나 이러한 위장 전술은 예외적인 경우이고, 보통 사람들이 자신의 우수성을 효과적으로 전달하고자 한다면, 앞서도 언급했듯 경쟁자들이 감히 따라 하지 못할 정도의 규모와 금액으로 강력한 시그널링을 해야 한다. 만일 현대자동차가 10년이 아니라 2년간 무상 수리 보증 정도로 조건을 제시했다면 미국 소비자들은 절대 움직이지 않았을 것이다. 현대자동차는 이전에는 상상도 하지 못한 기간인 10년이라는 엄청난 조건을 내걸었기에 시그널링에 성공해 미국 소비자들을 설득할 수 있었던 것이다.

자신의 능력과 의지를 시그널링으로 널리 알리는 것도 중요하지만, 일반 사람들 입장에서는 그런 시그널링의 진정성 여부를 잘 판단하는 것도 중요한 문제다. 게임이론에서도 진정성 있는 사람이 보내는 시그널링이 있는 반면 진정성이 없으면서도 있는 듯 위장해서 보내는 시그널링도 존재한다고 본다.

《삼국지연의》는 위나라의 조조, 오나라의 손권, 그리고 촉나라의 유비가 천하를 놓고 다투는 이야기로 잘 알려져 있지만, 실제로 삼국을 통일한 것은 전혀 다른 인물인 사마의(司馬懿)였다. 사마의는 조조가 세운 위나라의 유능한 관리였는데 조조의 손자이자 위나라의 황제였던 조방(曹芳)이 재위하던 시기, 황제의 측근이자 실세였던 조상(曹爽)을 죽이고 실권을 장악한다. 이 일을 역사에서는 '고평릉의 변(高平陵之變)'이라고 부른다. 당시 조상은 사마의의 배반을 의심하여 사람을 보내 그의 집을 정탐하게 했다고 한다. 그런데 사마의는 이미 중병에 걸려 거의 죽어가는 듯 보였고 몸도 제대로 가눌 수 없는 상태였다. 이를 확인한 조상은 사마의가 반란을 일으킬 수 없다고 판단하고 안심했다. 그래서 조상은 국가 행사에 참석하기 위해 황제를 수행해 수도를 떠나 고평릉이라는 곳으로 갔고 그 틈을 타 사마의가 정변을 일으켰다.

그렇다면 중병에 걸려 몸조차 제대로 가누지 못하던 사마의가 어떻게 벌떡 일어나 반란을 일으킨 것일까? 사실 사마의는 꾀병을 부린 것으로, 조상의 정탐꾼이 병문안을 왔을 때 그는 병들어 죽어가는 사람처럼 연기를 기가 막히게 해냈던 것이다. 이토록 철저하게 중병에 걸린 연기를 해낸 사마의의 속셈을 알아차리지 못한 위나라 조정은 사마의가 진짜로 중병을 앓고 있다 여겼고 결국 그 방심은 황실의 몰락으로 이어졌다. 이처럼 상대방이 보내는 시그널링은 반드시 제대로 확인해야 하며, 나아가 그 이면의 의도까지 파악할 수 있어야 한다.

시그널링 전략은 최고 의사결정자에게도 시사하는 바가 크다. 과거 진나라 상앙이 법을 제정하고 그 시행 의지를 여러 방법으로 백성에게 시그널링했듯, 최고 의사결정자는 조직의 구성원들에게 조직의 나아갈 방향과 의도를 보다 명확하고 효과적으로 전달할 필요가 있다. '언젠가는 저절로 내 뜻을 깨닫게 되겠지' 하는 태도는 시시각각 변화하는 오늘날의 상황에 맞지 않는다. 또한 나의 경쟁자들도 다양한 시그널링을 활용해 자신들의 의도와 역량을 전달하고 있기 때문에, 그들의 시그널이 진실인지 아니면 과장이나 허위인지를 분별할 수 있는 판단력 또한 중요하다. 이때 정보 수집 노력은 필수 조건이다.

거짓 시그널이 난무하는 상황에서 시그널의 진위를 가려내는 정보 수집 능력과 자신의 의도를 효과적으로 전달하는 역량은 최고 의사결정자가 조직을 이끌어나갈 때 최고의 무기가 될 수 있다.

공민왕은 참으로 어려운 시기에 고려의 왕위에 올랐다. 외부적으로는 아직 원나라의 간섭을 받고 있었고, 내부적으로는 원나라 세력을 등에 업은 권문세족들이 경제와 권력을 독점하여 백성들이 큰 고통을 겪고 있었다. 공민왕은 우선 대외적으로는 원나라로부터 독립을 선언하고, 원나라에 빼앗겼던 쌍성총관부(雙城摠管府, 지금의 함경도 함흥 일대)를 되찾아 온다. 대내적으로는 권문세족의 힘을 약화시키기 위한 개혁을 추진하였다.

원나라에 대응하는 문제는 우리가 잘 아는 최영 장군이나 쌍성총관부 출신인 이성계 장군을 등용해 해결해나갔으나 대내적인 문제를 풀어가는 일은 쉽지 않았던 듯하다. 당시 고려의 관료들은 대부분 권문세족 출신이었기 때문에 그들의 기득권을 자발적으로 내려놓게 하는 공민왕의 개혁을 원하지 않았기 때문이다.

이런 상황에서 공민왕 앞에 등장한 인물이 신돈(辛旽)이다. 신돈은 노비 출신 어머니에게서 태어나 절에서 자란 승려로, 개인적 능력은 뛰어났지만 신분상의 한계로 권문세족과는 거리가 먼 인물이었다. 원나라의 간섭에서 벗어나 권문세족을 견제하고 새 정치를 펼치고자 했던 공민왕은 과거 기득권층의 암살 시도로 죽을 뻔한 경험도 있었기에, 직접 개혁에 나서기보다는 자기를 대신해 권문세족과 맞설 인물이 필요했다. 이렇게 두 사람의 이해관계가 맞아떨어지면서 공민왕은 신돈에게 막강한 권한을 주어 개혁을 추진하도록 했다.

공민왕의 개혁 제도 중 하나였던 전민변정도감(田民辨整都監)은 권문세족이 불법적으로 차지하고 있던 토지와 노비를 원래대로 돌려놓기 위한 기관으로, 권문세족 소유의 노비를 해방하고 토지를 회수하여 국가 재정을 튼튼히 하는 데 기여했다. 하지만 이러한 개혁은 기득권층의 거센 반발을 불러왔고 결국 권문세족의 공격이 신돈에게 집중된다. 그런 와중에 신돈의 개인 비리까지 드러나면서 결국 공민왕은 신돈을 버리게 되고 이로써 공민왕이 추진하던 개혁도 좌절되고 말았다.

공민왕과 신돈의 관계는, 말하자면 주인(principal)인 공민왕이 신돈을 대리인(agent)으로 활용한 경우라 볼 수 있는데 앞서 제9장에서 '주인-대리인 문제'에 관해 설명했듯 이 문제는 게임이론 연구자들이 상당한 난제로 여기는 주제이다. 주인-대리인 문제는 사실 한 가지 원인으로 발생하는 것이 아니라 여러 복잡한 요인이 상호작용하는 과정에서 발생하기 때문에 해결의 실마리를 찾기가 쉽지 않다. 이번 장에서는 그중에서도 '커미트먼트 문제(commitment problem)'를 중심으로 이야기해보자.

주인만 영리한 게 아니라 대리인도 영리하다

주인이 대리인을 필요로 하는 것은, 자신을 대신해 특정한 임무를 책임지고 수행해줄 사람을 원하기 때문이다. 그런데 '책임을 진다'라는 말은 곧 모든 권한을 부여받는다는 의미가 된다. 만약 대리인이 일을 추진하는 데 필요한 전권을 갖지 못한다면, 즉 매번 주인의 허락을 구해야 하거나 정해진 규정 내에서만 움직여야 한다면 그는 사실상 전권을 위임받았다고 할 수 없다. 이런 상황에서 일이 실패로 끝나면 대리인은 그 실패의 원인이 자신이 아니라 매사에 간섭한 주인에게 있다고 생각할 가능성이 높다. 더 나아가, 전권을 주지 않은 채 매사에 보고받고 관여해온 주인이 실패의 책임을 모두 대리인에게 떠넘긴다면 대리인으로서는 억울할 수밖에 없다.

그래서 공민왕이 신돈을 불러 권문세족의 토지와 노비 관련 사항을 철저히 조사하여 바로잡으라고 명했을 때 신돈은 처음에는 거절했었다고 한다. 성공하기는 어렵고 권문세족들의 원망을 사기에는 딱 좋은 일이었기 때문이다. 괜히 그 일을 맡았다가 조금이라도 잘못되면 모든 책임을 뒤집어쓰고 처형당할 수 있다는 두려움도 있었을 것이다. 하지만 자신을 믿으라는 공민왕의 간곡한 청을 뿌리치지 못하고 신돈은 결국 개혁 업무를 떠맡게 된다.

역사서에 따르면, 공민왕에게 전권을 위임받은 신돈이 사사로운 욕심을 부리며 부정부패를 저질렀고 이 사실을 알게 된 공민왕이 격노하여 신돈을 처형했다고 한다. 하지만 신돈을 대리인으로 내세워 막강한 권한을 준 공민왕이, 신돈이 권력을 남용할 가능성을 전혀 예상하지 못했을 리는 없다. 두뇌가 명석했던 공민왕은 그 위험성을 충분히 알고 있었을 것이다. 그렇다면 공민왕은 왜 그런 위험을 감수하면서까지 신돈에게 전권을 맡겼는가 하는 의문이 남는다.

공민왕은 몽골 출신 왕비가 아닌 고려인 출신 왕비에게서 태어났다. 당시 고려는 몽골이 세운 원나라의 속국이자 사위의 나라였기 때문에 이러한 출신 성분은 공민왕에게 불리하게 작용했다. 실제로 그는 한동안 정식 왕위 계승자로 인정받지 못한 채 오랫동안 원나라에 볼모로 잡혀가 있었다. 그 과정에서 공민왕은 원나라 조정에서 벌어진 황실과 관료들 간의 권력 다툼을 가까이에서 지켜보았고 그 다툼에서 승자 편에 선 덕분에 불리한 출신 성분에도 불구하고 고려의 왕위 계승자로 인정받을 수 있었다. 이처럼 험난한 정치적 성장 과정을 거친 공민왕이 대리인인 신돈의 일탈을 과연 예상하지 못했을까?

공민왕은 '대리인 문제'의 발생을 예상하면서도 권문세족과 직접 충돌하기보다는 신돈을 앞세워 개혁을 추진하는 길을 택한 것으로 보인다. 공민왕 입장에서는 일부 권문세족이 자신을 암살하려 한 정황도 있었던 만큼 권문세족의 공격을 피하면서 동시에 개혁을 이루어낼 방법이 필요했을 것이다. 아마 공민왕은 "신돈이 전민변정도감에서 무슨 일을 하고 있는지 모른다."라는 식의 핑계를 대면서 권문세족의 비난을 회피하고 신돈에게 악역을 맡겼을 가능성이 높다. 이런 목적이 있었기에 공민왕은 신돈이 권력을 남용해도 한동안은 눈감아주었던 것이 아닐까? 하지만 권문세족의 반발이 점차 커지며 개혁 자체가 어려워지자 공민왕은 결국 모든 책임을 신돈에게 돌리고는 그를 처형했던 것이다.

그 과정에서 비록 완벽한 성공은 아니었지만 전민변정도감을 통한 개혁으로 권문세족의 힘을 일정 부분 약화시킨 것은 사실이다. 공민왕으로서는 신돈을 희생시킴으로써 절반의 성공을 거두었다고 여겼을지도 모른다. 특히 모든 원망을 신돈이 떠안고 처형되었으니 공민왕은 권문세족과 직접 충돌하지 않고도 소기의 성과를 얻었다고 판단했을 수 있다.

공민왕은 신돈의 개혁이 성공하면 그 공을 자신이 차지하고 반대로 실패하면 그 책임을 신돈에게 묻고자 했을지도 모른다. 하지만 '주인이 대리인의 일탈을 미리 예상하지 못할 정도로 어리석지는 않다.'라는 게임이론의 결론은 반대로도 적용될 수 있다. 대리인 역시 주인의 의도를 모를 만큼 어리석지 않다는 것이다. 즉, 잘못되면 대신 죄를 뒤집어씌우려는 주인의 의도를 대리인 또한 모르지 않는다는 이야기다. 따라서 대리인 역시 그런 상황에 대비해 자신을 방어할 대책을 마련해둘 가능성이 높다.

신돈은 공민왕에 의해 등용되어 개혁을 추진하다가 결국 처형되었지만 이러한 신돈의 운명은 공민왕의 발목을 잡는다. 신돈을 제거한 뒤 공민왕은 자제위(子弟衛)라는 친위 조직을 만들어 주변에 젊은 청년들을 모았다. 신돈을 이용한 계획이 실패하자 이번에는 청년들로 친위 부대를 만들어 자신의 세력을 키우려 한 시도였던 것으로 보인다. 그런데 이 자제위의 한 명인 홍륜(洪倫)이 죄를 지어 공민왕에게 벌을 받게 되자 한밤중에 공민왕의 방에 숨어들어 왕을 죽인다. 공민왕의 죽음으로 고려의 운명은 결정적으로 기울고 얼마 후 이성계의 조선에 나라를 넘겨주게 된다.

내 생각에 홍륜은 신돈의 죽음을 보면서 공민왕과 아무리 가까운 사이라도 언제든지 버림받고 처형될 수 있다는 교훈을 얻었던 것 같다. 그래서 홍륜은 자신이 그렇게 되기 전에 한발 먼저 공민왕을 죽인 것이라고 생각된다. 앞선 대리인 신돈의 비참한 최후를 지켜본 그다음 대리인 홍륜은 같은 운명을 피하기 위해 먼저 칼을 들었던 것이다.

고려를 건국한 왕건의 사례에서도 우리는 '주인-대리인 문제'를 확인해볼 수 있다. 원래 왕건은 궁예를 왕으로 모시고 후백제와 싸우던 장군이었는데 결국 궁예를 죽이고 새 나라를 세웠다. 왕건 자신이 궁예라는 주인을 위해 일하는 대리인이었음에도 궁예를 죽인 것이니 극단적인 주인-대리인 문제라고 볼 수 있다. 애초 궁예가 왕건을 동생으로 삼고 군사권을 넘긴 것이 문제의 시작이었다. 왕이 된 궁예는 직접 전투에 나서지 않고 안전한 후방의 수도에 머무르며 왕건만 최전선에 보내 후백제와 싸우게 했다. 왕건은 배를 타고 험한 바다를 건너 적의 후방인 금성(錦城), 즉 지금의 전라남도 나주에 상륙해 후백제를 압박했는데 이는 후삼국 전쟁에서 매우 중요한 전투였다.

어쩌면 궁예는 왕건이 금성 공략과 같은 위험한 전투에서 이기면 그 공은 자신이 차지하고 전투에서 지면 왕건에게 책임을 돌리려는 얄팍한 계산을 했던 것인지도 모른다. 하지만 이런 속셈을 왕건 역시 알아차렸을 것이고 오랫동안 전군을 지휘하며 권한이 커진 왕건은 토사구팽을 당하기 전에 먼저 반란을 일으켜 궁예를 제거한 것이다.

궁예도 공민왕도 대리인에게 모든 책임을 떠넘기려는 전략을 영리하다고 여겼을 수 있다. 하지만 주인만 영리하고 대리인은 어리석을 것이라고 생각하는 것만큼 위험한 착각도 없다. 궁예만 영리했던 것이 아니라 왕건 역시 영리한 인물이었던 것이다.

백워드인덕션을 뛰어넘는 '커미트먼트' 관계는 과연 가능할까?

게임이론에는 '백워드인덕션(backward induction)'이라는 용어가 있다. 이는 상대방의 미래 행동을 예측하여 현재의 전략을 결정하는 추론 방식으로 우리가 자주 사용하는 표현 중 '역지사지(易地思之)', 즉 상대의 입장에서 생각해보는 태도와 통한다고도 할 수 있다. 주인은 대리인을 마음껏 이용한 뒤 필요 없어지면 버리겠다고 생각할 수 있지만, 역지사지를 해보면 대리인 또한 그런 주인의 속셈을 먼저 예상하고 주인을 배신할 수도 있는 것이다. 이렇게 백워드인덕션에 따라 대리인이 먼저 움직이는 상황을 막으려면 주인이 자신은 결코 배신하지 않겠다고 대리인에게 확실히 약속을 해주어야 한다. 바로 그 확실한 약속을 경제학에서는 '커미트먼트(commitment)'라고 부른다.

대리인이라면 주인이 내린 지시를 충실히 수행했더라도 주인이 나중에 그 사실을 감추고 오히려 책임을 자신에게 돌리지 않을까 하는 불안감을 가질 수밖에 없다. 그래서 '공은 나의 것이고, 실수는 부하의 것'이라는 말이 회자되는 것이다. 윗사람은 때때로 부하의 공을 차지하고 자신의 실수는 부하에게 떠넘기고 싶은 유혹을 느낀다. 문제는 상관만 영리한 것이 아니라 부하들도 영리하다는 것이다. 그래서 홍륜이 공민왕을 죽인 것이고 왕건이 궁예를 몰아냈던 것이다. 상관이자 주인인 나는 부하이자 대리인인 너의 공을 결코 가로채지 않을 것이며, 내 실패를 네게 떠넘기지 않으리라는 점을 명확히 '커미트먼트'할 수 있을 때에만 대리인은 진심으로 주인을 따른다. 그러나 내 약속을 상대방이 끝까지 믿을 수 있게 만드는 것은 매우 어렵기 때문에 커미트먼트 문제는 쉽게 해결되지 않는다.

실제 역사에서도 왕이 타인에게 전권을 맡길 때 심각한 대리인 문제가 자주 발생했다. 대리인 문제를 피할 수 있었던 경우는 어린 왕을 대신해 어머니가 수렴청정을 하거나, 흥선대원군처럼 아버지가 어린 아들을 대신해 정사를 돌볼 때였다. 다만 차기 왕의 아버지는 대개 생전에 이미 왕위에 오르기 때문에 아들을 대신해 통치하는 사례가 흔하지는 않았다. 어머니인 왕비가 대리인의 역할을 하는 경우, 피로 이어진 모자 관계이고 자식의 성공을 자신의 성공보다 더 기뻐하는 존재가 어머니이기 때문에 대리인 문제가 최소화되었다. 자식인 왕 역시 어머니를 쉽게 버리거나 책임을 전가하기 어렵기 때문에 커미트먼트 문제 또한 발생할 우려가 거의 없었다.

여담이지만, 아들에 대한 어머니의 사랑도 반드시 보장이 되는 것은 아니다. 예컨대 당나라의 측천무후(則天武后)는 본래 당고종의 황후였으나 자신의 아들을 제거하고 스스로 황제의 자리에 올랐다.

그럼에도 불구하고 어린 통치권자가 정치를 하려면 결국 의지할 사람은 어머니일 수밖에 없는데, 그나마 대리인 문제 발생의 소지가 가장 적은 사람이 어머니이기 때문이다. 그러나 수렴청정 같은 경우가 아닌 일반적인 주인-대리인 관계에서는, 결국 공민왕처럼 주인이 대리인 신돈을 제거하거나 반대로 왕건처럼 대리인이 주인 궁예를 제거하는 사태가 벌어지곤 한다. 커미트먼트가 불가능한 상황에서, 대리인은 주인이 자신을 버리기 전에 먼저 주인을 배신하려 하고, 주인은 또 대리인이 배신하기 전에 서둘러 대리인을 제거하려 하기 때문이다.

결국 대리인에게 책임을 전가하려는 주인의 의도 자체가 이 모든 문제를 일으킨다고 봐야 한다. 공민왕이 진정으로 개혁을 원했다면 자신이 직접 전면에 나서서 개혁을 진두지휘했어야 했다. 신돈을 발탁해 전권을 맡겼다고는 하나 고려 사람들 역시 그 개혁이 공민왕의 뜻임을 모르지 않았을 것이다. 궁예도 마찬가지다. 자신은 안전한 수도에 머물면서 왕건만 계속 위험한 전쟁터에 내보낸 것이 실책이었다. 왕이 직접 군대를 이끌고 전투에 나갔어야 했다. 궁예가 다스리던 나라인 태봉(泰封)의 백성들 역시 전공(戰功)을 세운 이가 주인인 궁예가 아니라 대리인인 왕건이라는 사실을 똑똑히 알고 있었을 것이다. 이러한 잘못된 선택들이 결국 주인을 실패로 이끌었다.

어떤 조직이든 최고 결정자는 모든 책임을 지는 자리다. 자기 한 몸 편하자고, 또 비난을 피하려고 대리인을 내세워 대신 비난받게 하거나 궂은일을 떠맡게 하는 것은 언뜻 영리한 전략 같아 보이지만 성공으로 이어진 사례는 거의 없다. 최고 결정자는 자신의 어깨에 실린 무게를 감당하며 스스로 책임지는 모습을 보여야 한다. 그러지 못하면 주인-대리인 문제가 조직 안에 만연하게 되고 궁극적으로는 실패할 확률이 높아진다.

커미트먼트 문제가 완전히 해결되어 서로 배신하지 않으며 공도 함께 나누고 실패도 함께 책임지는 주인-대리인 관계가 가능하다면 모를까, 현실에서는 부모와 자식처럼 피로 맺어진 관계가 아닌 이상 절대로 배신하지 않는 커미트먼트 관계는 이루어지기 어렵다. 따라서 대리인을 쓰고 버릴 생각으로 대하는 주인은 오히려 대리인의 배신으로 자신이 파멸할 수 있음을 명심해야 한다. 결국 모든 권한과 책임을 주인이 짊어지고 일을 추진하는 리더십만이 주인-대리인 문제를 피하고 성공에 다가서는 방법이다.

일본은 처음부터 무신인 사무라이들이 지배하던 나라는 아니었다. 원래 일본은 천황을 중심으로 한 문신귀족들이 다스렸다. 그러나 1156년 '호겐의 난(保元の乱)'과 1159년 '헤이지의 난(平治の乱)'을 거치며 문신귀족이 독점하던 정부의 요직이 점차 무신들에게 넘어갔다. 그리고 1192년 가마쿠라 막부(鎌倉幕府)가 수립되면서 무신들로만 구성된 정부가 등장하여 사무라이들이 권력을 장악하게 되었다.

　고려 '무신의 난'이 1170년에 일어난 사건이라는 점을 떠올려보면, 일본에서 사무라이들이 정권을 장악한 시기와 고려에서 무신들이 정권을 잡은 시기가 너무도 비슷하다는 느낌을 지우기 어렵다. 다만 고려 무신의 난은 무신들이 정변을 일으켜 하루아침에 문신귀족을 몰아낸 사건이었던 반면, 일본에서는 정권 교체가 상당한 기간에 걸쳐 점진적으로 이루어졌다는 차이가 있다.

　이 장에서는 일본에서 사무라이들이 정권을 잡게 된 과정을 살펴보면서 이를 게임이론의 전략적 관점에서 분석해보고자 한다. 특히 주목할 점은, 다이라(平) 가문이 무신으로서는 최초로 국정을 좌우하는 위치에 오르는 전례 없는 성공을 거두었다가 불과 30년 만에 미나모토(源) 가문에 의해 몰락했다는 사실이다. 무신 정권의 선두 주자로서 성공과 실패를 모두 경험한 다이라 가문을 중심으로 일본 무신 정권의 성립 과정을 살펴보자.

일본의 사무라이는 어떻게 권력을 잡았나?

일본에서 천황과 문신귀족이 몰락하고 사무라이들이 권력을 잡게 된 원인을 제공한 것은 다름 아닌 귀족들 자신이었다. 이는 고려 말기의 상황과도 유사하다. 우리는 고려 말 권문세족이 득세하여 권력을 독점했다는 사실을 잘 알고 있다. 권문세족은 세금을 내지 않는 거대한 토지를 사유화하며 국가 재정을 심각하게 악화시켰고 토지를 잃은 농민들은 생계를 유지하지 못해 노비로 전락하기 시작했다. 국가는 부족한 재정을 메우기 위해 남아 있는 소수의 토지와 농민에게서 더 많은 세금을 거둘 수밖에 없었고, 세금 부담을 견디지 못한 농민들이 자신들의 토지를 권문세족에게 넘기고 스스로 노비가 되는 악순환이 심화되었다.

고려의 패망과 조선의 건국 과정을 경제적 측면에서 보면, 권문세족의 횡포로 국가 재정이 크게 무너지자 이를 바로잡으려 신진사대부들이 이성계와 같은 전쟁 영웅을 중심으로 반란을 일으켜 새 나라를 건국하게 된 것으로 이해할 수 있다. 당시 이성계가 강력한 사병을 보유하고 있었다는 사실 역시 같은 맥락에서 설명할 수 있다. 국가 재정이 무너지자 고려는 군대를 유지할 능력을 상실했고 강력한 사병 집단을 거느린 인물을 등용해 벼슬을 주고 왜구나 여진족 같은 외적의 침입을 막게 할 수밖에 없었다. 정부군을 지휘하는 장군이면서 동시에 사병을 거느리고 전투에 임했던 이성계의 비정상적인 모습은 이러한 배경에서 비롯된 것이었다.

일본의 사무라이 정권 성립 이야기를 하다가 갑자기 고려의 패망을 언급하는 것은 천황과 문신귀족이 다스리던 시기의 일본에서도 유사한 일이 벌어졌기 때문이다. 일본의 상황은 고려보다 훨씬 심각했던 것 같다. 당시 일본의 문신귀족은 일본 전역에 거대한 토지를 사적으로 소유하면서도 세금을 내지 않았는데 이러한 사유지를 '장원(莊園)'이라 불렀다. 장원이 확대될수록 중앙정부의 재정은 급속히 악화될 수밖에 없었다. 아마도 당시 일본 정부의 재정은 수도였던 교토를 지킬 소규모 군대를 간신히 유지하는 수준에 불과했을 것이다. 지방에서 도적들이 농민들의 곡식을 약탈해도 이를 막을 경찰이나 군대가 없었다는 이야기다. 봉급을 지급할 돈이 없었기 때문이다. 말 그대로 무법천지에 가까운 상황이었다.

이렇게 정부의 치안 시스템이 사실상 무너진 상황에서 농민들은 도적들로부터 스스로 마을을 지킬 수밖에 없었고 무술을 직접 연마하는 농민도 나타나기 시작했다. 이렇게 무장한 농민들은 자경단(自警團)과 유사한 형태로 활동했으며, 일부는 지방 호족이나 귀족의 사병으로 편입되었다. 이러한 과정은 훗날 사무라이(武士) 계층이 형성되는 중요한 기반 가운데 하나가 되었다.

무장 농민들은 홀로 또는 소수의 병력으로 마을을 지키기보다는 이웃 마을의 무장 농민들과 연계해 마을을 지키고자 했을 것이다. 또한 자신들의 무력 활동이 문제가 되지 않도록 중앙정부의 문신귀족과도 관계를 맺을 필요가 있었다. 어쨌든 자신들이 농사짓는 땅 상당수가 교토 귀족이나 사찰이 소유한 장원에 속해 있었기 때문이다. 중앙정부 역시 군대를 유지할 형편이 못 되는 상황에서 지방 농민들이 자경단을 조직해 도적을 막아 주는 것을 마다할 이유가 없었다. 더 나아가 중앙의 군대가 부족한 형편이니 지방 사무라이들을 번갈아 교토로 불러 수도 방위 임무까지 맡기게 되었다.

　고려 초기 태조 왕건이 호족 세력들을 규합해 국정을 운영했던 것처럼 당시 일본의 중앙정부도 지방의 사무라이들을 이용하면서 한편으로는 그들이 확보한 자치권과 무력을 일정 부분 인정해주었다. 중앙정부와 지방 사무라이들의 이해관계가 맞아떨어진 측면이 있었던 것이다. 문제는 바로 이런 상황에서 천황과 문신귀족들이 편을 갈라 싸우게 되었다는 점이다.

　당시 천황이었던 도바 천황(鳥羽天皇)은 자신의 아들인 스토쿠 천황(崇德天皇)을 냉대하였다. 전해오는 이야기에 따르면, 도바 천황의 할아버지 시라카와 천황(白河天皇)은 여성 편력이 심했던 인물로, 손자인 도바 천황의 아내, 즉 손자며느리와 관계를 맺어 스토쿠 천황이 태어났다는 소문이 돌았다. 사실이라면 충격적이고 문란하기 그지없는 일인데, 도바 천황이 이런 소문을 믿어서인지 자식인 스토쿠 천황을 멀리하고 자리에서 물러나게 했다. 스토쿠 천황의 뒤를 이은 고노에 천황(近衛天皇)이 요절하자 도바 천황은 스토쿠 천황의 아들이 아닌 자신의 또 다른 아들이자 스토쿠 천황의 이복동생 고시라카와 천황(後白河天皇)을 옹립한 뒤에 사망했다. 도바 천황이 스토쿠 천황을 얼마나 미워했던지 자신의 임종 자리에도 오지 못하게 했다고 한다.

　스토쿠 천황은 자신의 아들이 정당한 후계자라 주장하며 고시라카와 천황과 대립했다. 그러나 양쪽 모두 독자적 군사력을 보유하지 못해 지방에서 사무라이들을 소집해 전투를 할 수밖에 없는 딱한 상황이었다.

권력을 쟁취하고도 새 시대를 열지 못한 다이라 가문

당시 일본의 사무라이들은 크게 두 파로 나뉘었다. 한쪽은 '다이라(平)' 또는 '헤이'라고 읽는 다이라 가문으로, 헤이 가문이라는 의미에서 '헤이케(平家)'라고 불린다. 다른 한쪽은 '미나모토(源)' 또는 '겐'이라고 읽는 미나모토 가문으로, 미나모토씨라는 의미에서 '겐지(源氏)'라고 불린다.

두 가문의 선조는 모두 천황의 자손이었다. 당시 황족의 수가 지나치게 늘어나자 일부 왕자들에게 성(姓)을 내려 황족에서 분가시키는 제도가 시행되었는데, 이렇게 성을 받은 집안이 다이라 가문과 미나모토 가문의 기원이 되었다. 이들은 여러 세대를 거치면서 중앙을 떠나 지방으로 내려가 무력을 기반으로 세력을 넓혔는데, 신분이 낮은 무사들 사이에서 천황의 혈통을 이은 고귀한 신분으로 대접받으면서 점차 사무라이 계층의 중심 세력이 되었다.

증조할아버지 시라카와 천황과 아버지 도바 천황의 업보로 형제지간인 스토쿠 천황과 고시라카와 천황이 목숨을 건 전투를 시작했을 때 미나모토 가문 대부분은 스토쿠 천황 편에, 다이라 가문과 일부 미나모토 가문은 고시라카와 천황 편에 섰다. 이때 다이라 가문의 대표는 기요모리(平清盛)였고 일부 미나모토 가문의 대표는 요시토모(源義朝)였다. 전투 결과 동생인 고시라카와 천황 편이 승리하여 천황의 대를 잇게 되었고 스토쿠 천황 편이었던 사무라이들은 목숨을 잃었다. 이것이 1156년에 있었던 '호겐의 난(保元の乱)'이다.

고시라카와 천황 편에 서서 싸움을 승리로 이끈 다이라노 기요모리*는 그 공로로 조정에 진출하여 출세가도를 달리게 된다. 이전까지는 문신만이 오를 수 있었던 높은 벼슬자리를 사무라이 출신인 기요모리가 차지한 것은 당시 많은 사람을 크게 놀라게 한 엄청난 사건이었다.

'호겐의 난'이 불러온 변화는 단순히 누가 이겼느냐의 문제가 아니었다. 신분상 미천하다고 여겨지던 사무라이들이 천황과 귀족을 대신해 전투에 나섰을 뿐 아니라, 패배한 천황과 귀족들을 체포하고 심지어 처형하는 역할까지 맡게 되었다. 사무라이에게 천황이나 귀족은 감히 얼굴조차 마주하기 어려운 존재였는데, 이 사건을 계기로 그들을 심판하고 생사를 결정할 수도 있게 된 것이다. 아마 사무라이들은 천황과 귀족들도 결국 자신들과 다를 바 없는 인간이라고 느꼈을 것이다.

그런데 '호겐의 난'이 끝난 후 논공행상에서 갈등이 빚어졌다. 전투에서 가장 큰 공을 세운 이는 다이라노 기요모리와 미나모토노 요시토모였는데, 기요모리가 정4위 관직을 얻은 반면 미나모토노 요시토모는 정5위 관직에 머물렀기 때문이다. 미나모토 가문은 공정하지 못하다고 생각했다.

3년 후인 1159년 벌어진 '헤이지의 난(平治の乱)'은 표면적으로는 고시라카와 천황과 그 아들 니조 천황(二条天皇) 사이의 갈등에서 비롯되었지만 그 배경에는 이러한 논공행상을 둘러싼 두 가문 간의 갈등이 있었다. '호겐의 난'이 천황과 귀족들의 싸움에 사무라이들이 끌려 들어간 성격이었다면

* '다이라노'의 '노(の)'는 한국어의 '~의'와 같은 역할을 하는 말로, 성과 이름의 중간에 들어간다. '다이라(가문)의 기요모리'라는 뜻이다. '미나모토노 요시토모'의 '노'도 같은 의미로 이해하면 된다.

'헤이지의 난'은 천황들의 갈등은 부차적이고 다이라노 기요모리와 미나모토노 요시토모라는 두 가문의 수장 간 갈등이 중심이었다. 이제 사무라이들이 스스로 갈등의 주체가 될 정도로 세력이 커진 것이다.

전쟁 결과 니조 천황 측이 승리하고 다이라 가문이 권력을 장악하였다. 패배한 미나모토 가문의 요시토모는 성인이 된 아들들과 함께 죽임을 당했다. 그러나 당시 열세 살이었던 요리토모(源賴朝)와 갓난아이였던 요시쓰네(源義経)는 죽음을 면하고 먼 곳으로 유배되었다. 훗날 이들이 장성하여 아버지의 원수를 갚고 다이라 가문을 멸망시킨 사건이 잘 알려진 '겐페이전쟁(源平合戦)'이다.

호겐의 난과 헤이지의 난에서 연달아 승리한 다이라 가문의 수장 기요모리는 무신으로서는 절대로 오를 수 없었던 관직인 태정대신(太政大臣)에 올랐다. 기요모리의 딸은 천황의 비가 되어 불과 두 살의 나이로 즉위한 안토쿠 천황(安德天皇)을 낳았다. 기요모리의 외손자가 천황(安德天皇)이 된 사실은, 천황과 문신귀족 중심의 기존 체제를 그대로 유지한 채 무신인 다이라 가문이 그들의 권력을 대신했음을 잘 보여준다. 그런데 이때 다이라 가문이 한 가지 간과한 것이 있었다. 당시 일본의 경제력과 군사력의 실질적 중심이 이미 천황이나 귀족이 아니라 지방의 사무라이에게 있었다는 점이었다.

다이라 가문이 천황과 귀족 시스템을 부정하지 않은 것은 물론 신흥 세력인 지방의 사무라이들과 기존 세력인 중앙의 천황 및 문신귀족 세력 사이의 중간적 위치에서 균형을 잡아가며 일본을 통치하려는 의도였을 것이다.

선형도시 모형이 가르쳐주는 '확실한 선택'의 효과

조지 오웰(George Orwell)의 소설 《동물농장》은 동물들을 착취하는 인간을 쫓아내고 동물들 스스로 통치하는 세상을 만들었더니 돼지들이 인간을 대신하여 동물들을 착취하게 된다는 이야기다. 어쩌면 '헤이지의 난' 이후 다이라 가문이 다스리는 세상에서 살게 된 지방의 사무라이들도 《동물농장》 속 동물들이 돼지에게 느낀 것과 비슷한 감정을 느끼지 않았을까? 천황과 귀족의 세상이 무너지고 사무라이의 세상이 열릴 줄 알았는데 달라진 것은 아무것도 없었고 단지 권력이 천황과 귀족에서 다이라 가문으로 옮겨 갔을 뿐이었기 때문이다.

그런데 이때 지방의 사무라이들에게는 다이라 가문 외에도 선택지가 하나 더 있었는데 바로 미나모토 가문이었다. 미나모토 가문은 '호겐의 난'과 '헤이지의 난'을 거치면서 사실상 몰락했지만, 패배하여 죽임을 당한 미나모토노 요시토모의 어린 아들 요리토모가 어느새 성인으로 성장해 있었다. 천황이 거주하는 교토를 기준으로 동쪽, 현재의 도쿄와 요코하마 일대에 흩어져 있던 사무라이들은 미나모토노 요리토모를 중심으로 단결하여 1180년에 앞서 말한 '겐페이전쟁'을 일으켰다.

겐페이전쟁에서 다이라 가문을 멸망시키고 권력을 잡은 미나모토노 요리토모는 다이라 가문의 실수를 반복하지 않았다. 그는 교토의 천황과 귀족으로부터 멀리 떨어진, 오늘날 도쿄와 요코하마 인근의 가마쿠라에 정부를 세웠다. 이것이 일본 최초의 무사 정권인 가마쿠라 막부이다. 막부의 수장이 된 요리토모는 기존 문신귀족의 관직 대신 정이대장군(征夷大將軍)

이라는 무신의 직위를 받았다. 이는 사무라이들의 대표로서 단순히 천황의 신하로 머물지 않겠다는 의지를 드러낸 것이었다. 다이라 가문이 천황과 문신귀족 체제에 융화되어 지방 사무라이들의 이해를 외면했던 것과는 확연히 달랐다. 이렇게 천황과 귀족으로부터 거리를 두고 사무라이 정권이 독립적으로 국정을 운영하는 방식인 막부(일본어 발음은 바쿠후) 제도는 일본의 근대화가 이루어지는 메이지유신까지 거의 700년 가까이 유지된다.

경제학에 '선형도시 모형(linear city model)'이라는 이론이 있다. '선형도시'란 말 그대로 일직선으로 뻗은 도로를 따라 형성된 도시를 뜻한다. 중앙의 도로를 중심으로 양옆에 마을이 펼쳐진 구조다. 이제 이 도시에서 내가 가게를 열려고 한다고 해보자. 직선 도로 위 어디에 가게를 열어야 가장 좋을지를 따져보는 것이 바로 '선형도시 모형' 이론이다.

만일 내가 열 가게가 이 도시에서 특정 상품을 독점적으로 파는 가게라면 최선의 위치는 단연 도시의 정중앙이다. 가장 많은 사람이 가장 편리하게 이용할 수 있는 곳이기 때문이다. 하지만 만일 내 가게가 독점적이지 않고 다른 가게에서도 동일한 상품을 판다면 어떨까?

물론 여러 가지 가정에 따라 최선의 위치가 달라질 수 있지만 기본적으로 경제학적 계산을 통해 얻을 수 있는 결론은 상대방의 가게에서 최대한 멀리 떨어진 곳이 유리하다는 것이다. 즉 선형도시 모형에서 동일한 상품을 파는 두 가게가 영업을 한다면 한 가게는 맨 왼쪽에, 다른 가게는 맨 오른쪽에 자리 잡는 것이 합리적이다. 언뜻 생각하면 중간쯤에 가게를 여는 것이 좋아 보일 수 있다. 그러나 소비자 입장에서 중간 위치의 가게는 왼쪽 소비자에게도, 오른쪽 소비자에게도 멀게 느껴져 결국 아무도 만족시키지 못한다. 따라서 '나는 왼쪽에 거주하는 소비자들을 주고객으로 삼겠다.'라는 전략으로 맨 왼쪽에 가게를 열거나, 반대로 '나는 오른쪽에 거주하는 소비자들을 주고객으로 삼겠다.'라는 전략으로 맨 오른쪽에 가게를 여는 것이 최선이다. 이렇게 극단적 위치를 점유하는 가게가 충성도 높은 고객을 확보할 수 있다는 것이 선형도시 모형의 결론이다.

이런 선형도시 모형 이론은 정치인들의 행동을 분석하는 데도 유용하다. 현대 사회의 많은 정치인이 극우 또는 극좌의 입장을 취하고 중도 노선을 걷는 정치인이 거의 없는 것도 선형도시 모형으로 설명할 수 있다. 중도적 입장은 좌파나 우파 모두에게 외면받아 선거에서 승리하기 어렵기 때문이다.

다이라 가문은 천황과 문신귀족이 만들어놓은 기존 시스템에 사무라이들을 편입시켜 양쪽 모두를 어느 정도 만족시키는 전략을 구상했을 것이다. 당시 미나모토 가문이 멸문에 가까운 패망을 했으니 다이라 가문이 선형도시에서 독점적 지위를 확보한 셈이었고, 따라서 선형도시의 정중앙에 위치하는 것이 좋다고 판단했을지도 모른다. 문제는 미나모토의 어린 아들들이 유배지에서 성장하는 가운데 선형도시의 한쪽 끝에 자리 잡고 있던 지방 사무라이들의 불만이 커져가고 있었다는 점이다. 앞서 살펴본 것처럼, 그들은 무신의 시대가 열렸음에도 여전히 천황과 문신귀족 중심의 시스템이 그대로 유지되는 현실을 보며 사무라이로서 자기들의 생활은 나아진 것이 전혀 없다는 느낌을 받았다.

더욱이 다이라 가문에 대한 불만은 지방 사무라이들만의 것이 아니었다. 교토의 천황과 문신귀족들 또한 다이라 가문이 최고위 관직을 독점하고, 나아가 외손자를 불과 두 살에 천황으로 즉위시킨 것에 깊은 반감을 품었다. 어중간한 위치를 선택한 다이라 가문은 사무라이에게도 외면받고 천황과 귀족들에게도 외면받는 처지가 되었다. 이런 배경에서 미나모토노 요리토모가 성장해 확실하게 사무라이의 이해를 대변하겠다고 나서자 지방에 흩어져 있던 사무라이 세력이 그의 밑으로 모였고, 그 결과 겐페이전쟁의 승자는 미나모토 가문이 되었다.

현실에서 세세한 전략·전술보다 훨씬 중요한 것이 자신의 위치, 즉 포지션을 정하는 일이다. 다른 말로 표현하면, 어느 편에 설지를 결정하는 일이다. 포지션을 정할 때 사람들은 대개 양다리를 걸치며 어중간한 입장을 취하기 쉽다. 만일 그런 포지션이 가능하기만 하다면 그 또한 하나의 선택이 될 수 있다. 하지만 양다리를 걸치고 있다는 사실을 다른 사람들이 모를 리 없으며, 그런 사람은 결국 어느 쪽에서도 자기편으로 여기지 않는다. 실제 전투가 벌어져 한쪽이 이기고 다른 쪽이 졌을 때, 그런 사람은 승자의 편이 아니라 패자의 편으로 간주될 가능성이 높다. 전투에서 중립이란 있을 수 없기 때문이다. 아군이 아니면 모두 적군이 되는 것이다. 선형도시 모형 역시 오른쪽이든 왼쪽이든 한쪽을 선택해 최선을 다하는 것이 답인 경우가 많다. 다이라 가문은 이 원리를 알지 못한 채 천황과 사무라이 사이에서 어중간한 태도를 취하다가 멸망한 것이다.

군대의 최고 사령관이 맡는 임무는 일반 장교와 다르다. 일반 장교들이 병사들에게 총을 쏘는 방법을 가르치고 진지를 점검하는 등 세부 사항을 책임진다면 최고 사령관은 적과의 전투에서 아군이 어느 지점에 진지를 구축하고 어디에서 전투를 벌여야 하는지 큰 그림을 그리는 것이 임무다. 비즈니스에서도 최고 책임자라면 자사의 제품이 경쟁사 제품과 비교해 어떤 특장점을 가져야 유리한지를 판단해야 한다.

　그런데 요즘처럼 불확실성이 높은 세상에서 중요한 결정을 앞두고 확신이 없을 때 어중간한 결정, 곧 중간 포지션을 취하기 쉬운 것이 인간의 본성이다. 하지만 선형도시 모형 이론은 그럴수록 한쪽을 과감히 선택해 나아가는 것이 옳은 경우가 많다고 말한다. 양쪽을 동시에 신경 쓰다가 양쪽 모두에게 외면받을 수 있기 때문이다. 중요한 결정의 순간일수록 선형도시 모형 이론을 참고하여 확실하게 포지션을 정하는 결단이 필요하다.

제 22 장

크게 이기고도 비참한 최후를 맞는 까닭은?

| 미나모토노 요시쓰네의 '돌연변이 전략'과 균형으로의 회귀 |

일본 역사에서 가장 중대한 사건 몇 가지를 꼽을 때 반드시 빠지지 않고 포함되는 것이 앞 장에서 잠깐 언급한 겐페이전쟁이다. '겐(源)'씨 성을 가진 미나모토 가문과 '헤이(平)'씨 성을 가진 다이라 가문이라는 두 사무라이 집안이 일본 열도의 지배권을 놓고 1180년부터 1185년까지 벌인 전쟁이었다. 전쟁의 명칭인 '겐페이전쟁'은 두 가문의 성씨인 '源(겐)'과 '平(헤이)'에서 따온 것으로, 일본어 발음대로 '겐페이'라 불린다.

　일본어에서 '겐' 뒤에 '헤이'를 이어 말할 때 발음을 부드럽게 하기 위해서 '~페이'라고 발음하는데, 이는 우리말의 구개음화 현상과 비슷한 변화라고 볼 수 있다. 사실 일본어 발음이나 표기 방식이 좀 복잡한 것이, 하나의 한자를 놓고 중국식 발음으로도 읽고(음독) 일본어로 풀이해 읽기도 한다(훈독). 그래서 '겐페이전쟁'에서 음독인 겐(源)은 훈독하면 '미나모토'가 되며, 음독한 한자 헤이(平)는 훈독하면 '다이라'가 된다.

　그러므로 이하에서는 미나모토라는 이름이 나오면 겐(源)씨 성을 가진 사람이고 다이라라는 이름이 나오면 헤이(平)씨 성을 가진 사람이라는 점을 미리 생각하고 읽으면 좋겠다. 또한 미나모토 가문을 겐지(源氏), 즉 겐씨 성을 가진 사람들이라고 총칭하기도 하며, 다이라 가문을 헤이케(平家), 즉 헤이 가문의 사람들이라고도 자주 부르므로 겐지와 헤이케라는 용어가 각각 사무라이 가문을 일컫는다는 점도 알려드린다. 이 두 가문의 이름은 사실 일본 역사책을 읽다 보면 매우 자주 마주치게 된다. 일본 역사에 이

두 가문이 자주 등장하는 것은 일본에서 좀 유명한 사무라이 집안이라고 하면 대부분 이 두 가문의 후손이기 때문이다.

전장에서 큰 공을 세운 요시쓰네는 왜 비극적 최후를 맞았나?

1180년 당시 일본을 지배하던 세력은 다이라 가문, 즉 헤이케였다. 다이라 가문은 당시 수도 교토를 차지하고 일본의 서쪽 지방을 주로 다스리면서 중국과의 무역을 독점하여 재정적으로도 안정되어 있었다. 당시 다이라 가문의 수장이었던 다이라노 기요모리는 자신의 딸을 천황에게 시집보내 얻은 외손자를 불과 두 살에 천황으로 즉위시켰는데 바로 안토쿠 천황이다. 천황의 외조부이면서 군사권까지 독점했으니 당시 다이라 가문의 위세를 짐작할 만하다.

실제로 다이라 가문은 군사력, 인사권, 그리고 경제권을 모두 독점하고 있어 "헤이케가 아니면 사람도 아니다."라는 말이 널리 퍼질 정도였다고 한다. 그런 다이라 가문에 도전장을 내민 가문이 바로 미나모토 가문이다. 다이라 가문이 권력을 잡기까지 치른 두 차례의 큰 전투, 즉 호겐의 난과 헤이지의 난에서 다이라 가문이 겨룬 상대가 바로 미나모토 가문이었다. 두 가문은 오랜 앙숙 관계였던 것이다.

이 과정에서 다이라노 기요모리에게 패해 죽임을 당했던 미나모토노 요시토모는 아들을 많이 두었는데 장성한 아들들은 모두 아버지와 함께 목숨을 잃었지만 당시 열세 살이던 미나모토노 요리토모와 갓난아이였던 미나모토노 요시쓰네 등 몇몇 어린 아들은 죽음을 면하고 각각 먼 곳으로 유배되었다.

그런데 다이라 가문이 권력과 재물을 독점하자 일본 각지의 사무라이들이 불만을 가지게 되었다. 특히 다이라 가문의 본거지인 서쪽 교토 지방에 비해 차별을 받던 동쪽 지방, 지금의 도쿄 일대 사무라이들은 불만이 매우 컸다. 결국 일본 동부의 사무라이들이 모여 다이라 가문의 오랜 숙적이던 미나모토 가문의 적장자 미나모토노 요리토모를 대장으로 추대하고 다이라 가문과 전투를 시작하게 된다.

처음에는 다이라 가문이 동쪽으로 공격을 해왔지만 미나모토 가문이 이를 잘 방어한 뒤 서쪽으로 진격하여 세 번의 중요한 전투에서 승리함으로써 일본 전체를 차지하게 된다. 이 세 전투를 시간 순으로 적어보면 이치노타니 전투(一ノ谷の戰い, 1184년), 야시마 전투(屋島の戰い, 1185년), 단노우라 전투(壇ノ浦の戰い, 1185년)이다. 마지막 단노우라 전투에서 다이라군은 전멸하고 다이라 가문의 외손자였던 당시 일곱 살의 안토쿠 천황이 외할머니 품에 안긴 채 바다에 몸을 던져 죽음으로써 다이라 가문은 멸망하였다.

첫 전투인 이치노타니 전투는 현재의 고베시에서, 두 번째 전투인 야시마 전투는 현재의 시코쿠섬에서, 마지막 단노우라 전투는 혼슈와 규슈 사이의 시모노세키 앞바다에서 벌어진 해전이었다. 당시 다이라 가문은 본래 바다를 잘 아는 세력이었기에 그 근거지가 고베 항구와 시코쿠섬에 위치한 야시마 항구 그리고 단노우라 해변과 가까운 시모노세키 항구에 있었다. 그래서 서쪽으로 후퇴하면서도 배가 정박할 수 있는 곳을 전투 거점으로 삼았다. 반면 현재의 도쿄 지역을 거점으로 삼았던 미나모토 가문은 육군이 상대적으로 강했으며 서쪽으로 도주하는 다이라 가문을 끝까지 추격하여 겐페이전쟁을 종결시켰다.

이상이 겐페이전쟁의 대략이다. 이제 이 장의 주인공인 미나모토노 요시쓰네에 대해 이야기해보자. 앞에서 언급한 것처럼 겐페이전쟁에서 겐지 쪽, 즉 미나모토 가문의 대장은 생존하여 유배를 간 아들들 중 가장 연장자였던 요리토모였다. 그리고 요리토모보다 열두 살 어렸던 요시쓰네는 어린 아기였을 때 가문이 풍비박산 나서 절에 맡겨진 신세였다. 이렇게 절에서 성장한 요시쓰네는 형 요리토모가 겐페이전쟁을 시작하자 바로 형에게 달려갔다. 갓난아이 때 헤어진 형이었으니 서로 얼굴도 제대로 기억하지 못했겠지만 각자 유배지에서 설움을 받고 자랐을 테니 재상봉의 반가움이 실로 대단했으리라 짐작된다.

하지만 당시 일본은 다이라 가문이 지배하고 있었으며, 반란을 일으킨 미나모토 가문 입장에서 볼 때 승산이 큰 전쟁은 아니었다. 그럼에도 불구하고 세 번의 큰 전투에서 모두 승리하게 된 것은 사실 아우 요시쓰네의 영웅적 활약 덕분이었다. 먼저 첫 번째 전투인 이치노타니 전투가 벌어졌던 고베로 가보자. 고베는 항구를 중심으로 발달한 도시다. 남쪽으로는 바다가, 북쪽으로는 연속된 산줄기가 병풍처럼 늘어서 있으며, 그 사이 좁고 긴 해안선을 따라 도시가 형성되어 있다. 이 좁은 공간이 바로 겐페이전쟁의 무대였다.

당시 고베시를 차지하고 있던 다이라 가문은 남쪽의 바다와 북쪽의 높은 산은 방어할 필요가 없다고 판단했다. 다이라 가문은 해군력이 강한 것으로 유명했으니 미나모토 가문이 바다로 들어올 생각은 하지 못할 것이고 북쪽의 높은 산들은 사슴도 간신히 넘을까 말까 한다는 이야기가 있을 정도로 접근이 거의 불가능한 곳으로 알려져 있었기 때문이다. 혹시라도 북쪽 산 정상에 군대가 간신히 오른다 해도 고베시로 내려오는 길이 절벽에 가까운 낭떠러지라서 무사히 내려올 방법이 없었다. 그래서 다이라 군대는 고베시로 들어올 수 있는 동서의 두 관문만 방어했다. 남쪽의 바다와 북쪽의 가파른 절벽은 무방비 상태였다는 이야기이다.

이때 요시쓰네가 이끌던 미나모토 군대 일부가, 불가능하다고 여겼던 북쪽 산을 말을 타고 넘어 낭떠러지를 구르듯 내려와 기습을 했다. 전혀 예상하지 못한 방향에서 적이 나타나자 다이라 군대는 당황했고 순식간에 패배했다. 당시 요시쓰네는 "사슴이 가는 곳은 말도 충분히 갈 수 있다."라고 말하며 몸소 군사들을 이끌고 산을 넘었다고 한다. 지휘관이 위험을 무릅쓰고 낭떠러지를 내려가니 그 모습을 본 부하들도 따르지 않을 수 없었다.

두 번째 전투인 야시마 전투는 시코쿠섬 북쪽 바다에서 벌어졌다. 이미 항구에 강력한 해군을 배치하고 기다리던 다이라 군대를 미나모토 군대가 바다를 건너 공격해야 하는 아주 어려운 상황이었다. 이때도 요시쓰네는 기발한 전략을 썼다. 날씨가 좋지 않아 파도가 거센 날을 일부러 공격 날짜로 정해 다이라 군대가 방심한 틈을 노린 것이다. 그뿐 아니라 항구에서 멀리 떨어진 곳에 상륙하여 바다 쪽 방어만 신경 쓰던 다이라 군대의 뒤쪽에서 기습을 했다. 첫 전투에서도 기습에 당해 패배했던 다이라 군대는 그 교훈을 되새기지 못하고 다시 한 번 기습에 무너졌다.

마지막 전투인 단노우라 전투는 양상이 조금 달랐다. 양쪽 모두 배를 타고 싸우는 해전이었는데, 전투 초반에는 해군력이 강한 다이라 측이 우세

했다. 그런데 이때 요시쓰네가 전례 없는 명령을 내렸다. 다이라 측의 배를 조정하는 조타수와 노를 젓던 사공들을 향해 화살을 쏘라는 것이었다. 당시 사무라이들은 무장을 갖춘 적군만을 공격하고 비무장 민간인은 공격하지 않았다고 한다. 하지만 요시쓰네의 명령을 받은 미나모토 군대는 다이라 측의 비무장 조타수와 사공들을 공격했고 배 조정이 힘들어진 다이라 군대는 크게 흔들렸다. 그 틈을 타 반격에 나선 끝에 승부를 뒤집을 수 있었다.

결국 모두가 인정한 사실은 미나모토군이 다이라군을 무너뜨릴 수 있었던 것은 미나모토노 요시쓰네의 기발한 전략 덕분이라는 점이다. 다이라 군대는 요시쓰네가 이끄는 미나모토 군대가 번번이 생각지 못한 전략과 방법으로 공격해오는 바람에 속수무책으로 패배를 거듭했다. 하지만 미나모토 가문의 사무라이들은 뛰어난 지휘관 요시쓰네에 대해 강한 반감을 드러냈다고 한다. 결국 겐페이전쟁이 끝난 뒤, 미나모토 가문의 수장이자 형인 요리토모와 전장에서 큰 공을 세운 동생 요시쓰네의 관계는 점차 악화되었고, 결국 요시쓰네는 비극적인 최후를 맞게 되었다. 매번 승리를 거둔 지휘관에게 미나모토 가문의 사무라이들이 불만을 갖게 된 이유는 무엇일까?

돌연변이, 잠깐은 유용하지만 오래 두면 위험하다

형 요리토모가 동생이자 큰 공을 세운 무장 요시쓰네를 죽음으로 내몬 이유로는 여러 가지를 생각해볼 수 있다. 그중에서도 나는 특히 내부적 갈등에 주목하고자 한다. 우선 후방에 머물며 전투에 직접 나서지 않았던 형 요리토모가 매번 전투에서 큰 공을 세운 동생 요시쓰네의 명성을 질투했을 가능성도 배제할 수 없다. 부친의 원수를 갚겠다는 일념으로 홀로 절에서 무예를 수련하다가 형의 소식을 듣고는 반갑게 달려가 전투에 참여했던 요시쓰네는, 죽음을 앞두고 자신의 진심어린 마음을 담은 서신을 형에게 보내면서 살려줄 것을 간청했으나 형은 끝내 동생을 죽음으로 내몰았다. 이런 냉정하고도 잔혹한 결단에는 형제 간의 질투만이 아니라 미나모토 가문의 기반이었던 사무라이들의 정서가 반영되어 있었다고 볼 수 있다.

앞서 이야기했듯이 요시쓰네의 기발한 전략은 예상치 못한 시간과 방향에서 기습하거나 적 함대의 비무장 선원들을 화살로 공격하는 방식이었다. 전투에서 승리하기 위해 적군이 예상하지 못한 전략을 구사하는 것은 지휘관에게 필수로 요구되는 덕목이지만, 당시의 사무라이들은 단순히 승리만을 최우선으로 삼지는 않았던 듯하다. 평생 무예를 갈고 닦아온 사무라이에게, 적을 뒤에서 기습하는 것은 비겁한 행위였고 정정당당하게 정해진 시간과 장소에서 맞서 싸우는 것이 곧 '무사도'라는 인식이 있었던 것이다.

만일 사무라이가 아닌 일반 병사라면 어떤 수단을 써서든 승리하면 되었겠지만 무사도 정신을 삶의 기본으로 삼았던 사무라이들은 적을 뒤에서 기습하거나 비무장 선원을 공격하는 방식으로 승리를 취하는 요시쓰네를 존경할 수 없었을 것이다. 그런 방식으로 승리하면 사무라이 정신이 훼손될 뿐 아니라 마을에서 존경받던 자신들의 위상도 흔들리기 때문이다.

아무리 뛰어난 사무라이라 해도 잠은 자야 하는데, 그때 기습을 당한다면 논밭을 매던 농민들의 낫에도 목숨을 잃을 수 있다는 말이 된다. 이는 사무라이들이 결코 받아들일 수 없는 상황이었다. 그래서 요시쓰네의 지휘를 받던 무사들은 아마도 일종의 반칙으로 이겼다는 기분이 들었을 것이다. 말하자면, 요시쓰네의 방식은 규칙을 어기거나 편법으로 이기는 경기였고 스포츠 정신에 어긋나는 것이었다.

앞서도 언급한 영화 〈머니볼〉에는 평생 야구만 해온 기존의 야구단 직원들이 경제 및 통계 전문가에게 반발하며 불신을 드러내는 장면이 나온다. 경제와 통계를 전혀 이해하지 못하고 경험과 감으로만 판단해온 이른바 '야구' 전문가들로서는 경제 및 통계 전문가들이 들어와 성과를 내면 자신들은 졸지에 실업자가 될지도 모른다고 생각했을 것이다. 이들의 반발을 누르고 경제와 통계 분석이 채택되고 보편화될 수 있었던 것은 선수와 직원들에게 월급을 지급하는 구단주에게 구단 운영에 관한 절대적 권한이 주어졌기 때문이다. 생사여탈권을 쥔 구단주들이 경제 및 통계 분석의 우수함을 인식하고 평생 야구만 해온 전문가들의 반발을 눌러버렸던 것이다. 하지만 겐페이전쟁에서 미나모토노 요리토모는 그런 절대적인 권한을 갖지 못했다. 오히려 그는 노동자들에 의해 선출된 노조위원장에 가까운 입장이었다. 자신을 지지하는 사무라이들의 입장을 고려하지 않을 수 없는 위치였다는 뜻이다.

게임이론에서 안정적 상황을 '균형'이라 부른다는 것을 앞서 제15장에서 설명한 바 있다. 경제가 균형 상태에 있으면 구성원들로서는 다소 불만이 있더라도 미래가 예측 가능하므로 불안감이 거의 없는 상태에 놓이게 된다. 겐페이전쟁 당시 사무라이 계급은 일반 평민보다 뛰어난 전투 수행 능력을 바탕으로 지역사회의 보호자 역할을 자처했을 것이다. 또한 그런 능력과 역할에 맞는 대우를 받았을 것이고, 그러한 상황은 사무라이들에게는 상당히 만족스러운 균형 상태였을 것이다. 특히 미나모토 가문의 사무라이들은 막 다이라 가문을 멸망시킨 직후였기에 더 많은 토지와 재물을 얻을 수 있다는 기대가 있었을 것이다. 그런데 이런 만족스러운 균형을 흔들 잠재력을 가진 인물이 등장했으니 바로 자신들의 지휘관이면서 전투를 승리로 이끈 미나모토노 요시쓰네였다. 요시쓰네의 전략·전술은 기존 사무라이의 무사도에 어긋났을 뿐 아니라 사무라이가 무술 훈련을 받지 않은 농민의 기습에도 허망하게 쓰러질 수 있는 가능성까지 열어주는 비겁한 전략이었다.

이렇게 기존에 없던 새로운 전략의 등장을 게임이론에서는 '돌연변이 전략(mutation strategy)'이라고 부른다. 모든 균형은 돌연변이가 나타나지 않으면 계속 유지되는 안정성을 갖지만 돌연변이가 출현하면 기존의 균형이 깨질 가능성이 생긴다. 모든 균형에는 '끌림의 영역(basin of attraction)'이 존재하는데, 이는 일부 돌연변이가 나타나 현재의 균형에 교란이 생기더라도 이내 돌연변이가 사라지고 다시 원래의 균형으로 회귀하는 범위를 말한다. 그러나 돌연변이가 너무 강력하면 끌림의 영역을 벗어나는 상황이 발생할 수 있는데, 이 경우 기존의 균형은 파괴되고 새로운 균형으로 흘러가게 된다. 마치 미국 야구단들이 기존의 '야구 전문가'들이 주도하던 균형에서 '경제 및 통계 전문가'들이 이끄는 새로운 균형으로 이동했던 것처럼 말이다. 기존의 균형에서 이익을 누리던 기득권층으로서는 이런 돌연변이를 용납

하기 힘들다.

겐페이전쟁 당시의 사무라이들은 '비겁하고' '무사도에 맞지 않는' 요시쓰네라는 돌연변이를 몹시 경계했을 것이다. 유배되었다 돌아온 처지로 주변 사무라이들의 도움을 기반으로 미나모토 가문을 중흥시키려 했던 형 미나모토노 요리토모로서는 균형을 깨는 돌연변이 동생을 감싸다가 오히려 균형을 지키고자 하는 사무라이들의 반감을 사 자신의 목숨은 물론 가문의 지위도 위태로울 수 있다고 판단했을 것이다. 결국 그는 자신의 목숨과 미나모토 가문을 지키기 위해, 돌연변이 전략으로 큰 공을 세웠으나 사무라이들의 공공의 적이 된 동생 요시쓰네를 제거할 수밖에 없었을 것이다.

이와 비슷한 상황이 지금으로부터 약 400년 전 일본에서 다시 펼쳐졌다. '아시가루(足軽)'라는 경보병이 등장하여 큰 활약을 보였으나 이내 전쟁의 무대에서 퇴장하게 된 사건이다. 임진왜란이 일어나기 전 100여 년간 일본은 중앙정부가 붕괴하여 전국이 여러 개의 작은 나라로 쪼개져서 싸우는 센고쿠시대(戰國時代)를 겪었다. 일본 전역에서 거의 매일같이 이웃한 나라들끼리 전투가 벌어졌다. 이 혼란 속에서 새롭게 부상한 군대가 바로 '아시가루'였다. 일본어로 '아시'는 발, '가루'는 가볍다는 뜻으로, 문자 그대로 이들은 '가벼운 발'이라는 이름을 가진 경보병 부대였다.

아시가루의 구성원은 전통 사무라이가 아니었다. 사무라이라면 말을 타고 큰 칼과 창을 휘두르고 활을 다룰 줄 알아야 했지만, 아시가루는 그런 능력이 없었다. 일단 말을 타지 못했고 그저 빠르게 걸어서 이동하는 병사에 불과했다. 하지만 사무라이라는 신분이나 체면보다 전장에서 살아남는 게 우선이었던 센고쿠시대의 일본에서 아시가루들은 눈부신 활약을 했다.

가벼운 무기를 들고 말이 다닐 수 없는 좁고 험한 길로도 재빠르게 이동하며 적의 후방을 공격할 수 있었기 때문이다. 이렇게 아시가루가 점차 센고쿠시대 무사들의 중심 전력으로 부상할 수 있었던 데에는 조총의 도입이 결정적 역할을 했다.

조총이라는 새로운 무기가 들어왔을 때, 말을 타고 창과 칼을 휘두르던 사무라이들이 새 무기의 사용법을 배우는 것보다는 신분이 낮고 무기 다루는 기술이 부족했던 아시가루에게 조총 다루는 법을 가르치는 편이 훨씬 합리적으로 여겨졌다. 말을 타고 창과 칼을 다루려면 오랜 훈련이 필요하지만, 조총 쏘는 방법을 배우는 데는 시간이 그리 많이 필요하지 않기 때문이다. 마치 논산 훈련소에서 하루만 배우면 소총을 다룰 수 있는 것과 비슷한 이치였다.

조총으로 무장한 아시가루는 센고쿠시대의 중요한 전투원이 되었으며 임진왜란 당시 조선을 침공할 때에도 이들이 선봉에 섰다. 충주 탄금대 전투에서 신립(申砬) 장군의 기마부대를 조총으로 몰살시킨 것도 아시가루였다. 임진왜란뿐 아니라 일본 국내 전투에서도 미천한 신분의 아시가루들이 조총을 이용해 신분 높은 사무라이의 기병대를 무너뜨린 사례가 많았다. 아시가루는 전쟁의 질서를 뒤흔든 강력한 돌연변이였던 것이다.

그런데 센고쿠시대와 임진왜란이 종결되고 도쿠가와 이에야스가 일본에에도 막부를 세운 뒤, 더 이상 전국이 쪼개져 싸울 필요가 없는 세상이 되자 아시가루의 위상은 점차 약화되었다. 조총 또한 주력 무기에서 점차 비켜나게 되었다. 당장의 승리를 위해 아시가루나 조총을 적극 활용했던 일본 사무라이들은 상황이 달라지자 이들을 사무라이 정신과 어울리지 않는 존재로 여기며 점차 변방으로 밀어냈다. 역시 전투는 무사도 정신에 입각해 오랫동안 마음과 몸을 단련한 사무라이들이 제대로 된 사무라이 검을 사용해서 해야 한다는 생각이 있었던 것이다. 수십 년 동안 무술을 연마한 사무라이를 어제까지 농민이었던 아시가루가 조총으로 멀리서 맞추어 쓰러뜨리는 상황을 사무라이들은 용납할 수 없었다. 사무라이 입장에서 보면 아시가루나 조총은 균형을 위협하는 불안한 돌연변이었고 균형을 지키려면 제거해야 하는 대상이었다.

시대를 지나치게 앞서간 탓에 능력을 온전히 펼치지 못한 인물을 흔히 '비운의 영웅'이라 부른다. 일본 역사에서 그런 의미로 가장 안타깝게 여겨지는 인물이 바로 미나모토노 요시쓰네이다. 그는 불우한 어린 시절을 보낸 뒤 어렵사리 큰 공을 세우고도 형에게 버림받은 비극의 주인공이었다. 그래서 일본에서는 요시쓰네가 실제로는 죽지 않고 몽골로 건너가 칭기즈칸이 되었다는 황당한 전설까지 전해진다.

이처럼 뛰어난 영웅은 때로 시대를 너무 앞서간 나머지 균형을 지키려는 기득권층에게 불안한 돌연변이로 인식되어 비참한 최후를 맞는 운명이 되기 쉽다. 균형을 근본적으로 뒤흔들면 역사에 남는 위대한 영웅이 되지만 균형이란 본질적으로 깨기 어려운 것임을 잘 인식할 필요가 있다.

조선시대에 가장 격렬했던 전쟁은 무엇이었을까? 임진왜란이나 병자호란이었을까? 내가 보기에 그보다 더 치열했던 전쟁이 있었으니 바로 당파 싸움이다. 전란의 와중에도 안전한 곳에서 목숨을 부지했던 수많은 고위 공직자가 당파 싸움의 희생양이 되어 멸문지화를 당해 본인은 물론 가족까지 몰살되는 일이 조선 역사에서 무수히 일어났기 때문이다. 그리고 그런 조선의 당파 싸움에 가장 뚜렷한 흔적을 남긴 인물이 송시열(宋時烈)이라는 데는 아마도 큰 이견이 없을 것이다.

분열이 분열을 낳은 조선의 당쟁

　조선의 당파에 대해 먼저 알아보자. 조선의 정치 세력은 흔히 사림파와 훈구파로 분류된다. 고려가 멸망하고 조선이 건국되자 일부 고려의 충신들은 두 임금을 섬길 수 없다며 조선 조정이 내리는 벼슬을 거부하고 낙향했는데 이들의 후손이 훗날 사림파가 된다. 반면 태조 이성계를 추종하며 조선을 건국한 공신 세력은 훈구파를 형성했고 당연히 사림파를 견제한다. 하지만 성종이 훈구파를 견제하기 위해 사림파를 조금씩 등용하면서 사림파도 점차 정계에 진출해 벼슬자리에 오르기 시작하였다. 이후 연산군 시기부터 중종·명종 대에 이르기까지 많은 사림이 권력층과 대립하다가 무오·갑자·기묘·을사 사화(士禍) 등 네 번의 사화로 죽어갔다. 그럼에도 불구하고 사림은 완전히 꺾이지 않았고 선조 때에 이르러 마침내 훈구파를 몰아내고 조정의 주도권을 장악하게 된다.

하지만 이런 사림은 정권을 잡자마자 분열하였고 결국 동인(東人)과 서인(西人)으로 나뉘게 된다. 결론부터 말하면 동인과 서인의 오랜 대립 속에서 최후의 승자가 되는 쪽은 서인이다. 바로 오늘 이야기의 주인공인 송시열이 속했던 당파다. 서인이 승리한 데에는 여러 가지 이유가 있겠지만 그중 가장 중요한 한 가지를 들자면 동인이 또다시 분열했기 때문이다.

사림파가 동인과 서인으로 갈라진 시기는 선조 때이며, 동인은 다시 북인과 남인으로 분열된다. 우리가 잘 아는 이순신 장군을 천거한 명재상 류성룡은 남인 계열이었다. 류성룡 또한 임진왜란 때 큰 공을 세운 인물이지만, 전쟁 이후 광해군이 즉위할 무렵 조정을 장악한 쪽은 북인이었다. 북인은 집권 후 곧바로 대북(大北)과 소북(小北)으로 또 분열되었고, 이후 대북은 다시 육북(肉北)·골북(骨北)·중북(中北)으로, 소북은 청소북(淸小北)·탁소북(濁小北)으로 갈라지는 등 내부 분열이 심화되었다.

서인을 주축으로 하여 일어난 인조반정으로 광해군이 폐위되면서 북인은 역사 속으로 사라지고 다시는 복귀하지 못하게 된다. 그 이후에는 서인이 여당, 동인에서 갈라져 살아남은 남인이 야당 역할을 하며 치열하게 대립하다가 죽고 죽이는 상황이 전개된다. 그 와중에 남인은 다시 서인 배척 문제에 대해 강경파인 청남(淸南)과 비교적 온건파인 탁남(濁南)으로 분열되었다.

동인이 이렇게 사분오열하는 동안 신기하게도 서인은 단일 대오를 유지하며 단합했고 이러한 결속력은 서인이 동인을 이기고 오랫동안 정권을 유지하는 핵심 요인이 되었다. 서인의 중심에서 오랫동안 세력을 이끌었던 인물이 바로 송시열이다. 하지만 선조 대부터 광해군, 인조, 효종, 현종 대에 이르기까지 단일 대오를 유지하던 서인도 숙종 대에 이르러 결국 노론(老論)과 소론(少論)으로 분열된다. 노론은 송시열이, 소론은 윤증(尹拯)이 이끌게 되는데, 윤증은 송시열의 친구인 윤선거(尹宣擧)의 아들이자 송시열이 가르치고 아끼던 수제자였다. 존경하는 스승과 아끼던 제자가 갈라져서 결국에는 인신공격성 발언까지 주고받는 극심한 파벌 싸움으로 번지게 된 배경에는 소설 못지않게 복잡한 이야기가 숨어 있다. 그 싸움이 바로 1681년의 '회니시비(懷尼是非)'다. '회니'란 송시열의 거주지 회덕(懷德)과 윤증의 거주지 이성(尼城)의 이름에서 유래했다고 전한다.

 1631년 무렵, 송시열이 젊었을 때 스승 김집(金集) 문하에서 함께 공부하던 이들 중에 세 살 어린 윤선거(尹宣擧)와 열 살 어린 윤휴(尹鑴)가 있었다. 그중 윤휴는 열아홉 살의 나이로 처음 그 서당에 들어왔고, 10년 연장자였던 선배 송시열과 3일간 치열한 토론을 벌였다고 한다. 이때 송시열은 윤휴의 학문에 감탄해 "삼십 년 나의 독서가 참으로 가소롭다."라며 칭찬했다고 한다. 이처럼 송시열, 윤선거, 윤휴는 당대 조선의 유학을 이끌던 천재들이었다. 사실 윤휴는 외가 쪽으로 남인 계열이고 남인 스승의 문하에서 수학했음에도 불구하고 서인이었던 송시열과 친했다 하니 젊은 시절에는 송시열이나 윤휴 모두 당파에 연연하지 않고 함께 학문을 닦는 데 매진하였던 것 같다.

 그렇지만 두 사람의 관계는 점차 멀어지게 된다. 윤휴가 송시열이 종교적 신념과도 같이 믿고 따르던 주자의 성리학에 대해 오류가 있다는 주장을 펼치기 시작했기 때문이다. 예컨대, 공자의 말씀을 주자가 해석해놓은 일부 대목에 대하여 윤휴는 주자가 오해한 부분이 있다고 주장한 것이다. 지금도 그렇지만 고전 같은 텍스트나 어떤 현상을 두고 학자들마다 상이한 의견을 갖는 것은 당연할 뿐 아니라 학문 발전을 위해 필수불가결한 일이다. 하지만 주자의 해석을 마치 신앙과도 같이 섬기던 송시열은 윤휴의 주장을 받아들일 수 없었고 그를 설득하여 주자가 옳다는 생각으로 이끌려 했다. 하지만 윤휴는 "공은 어째서 주자만이 공자의 뜻을 알고 나는 알지 못한다고 생각하는가?"라고 반문하며 맞섰다고 한다.

송시열로서는 도저히 받아들일 수 없는 답변이었기에 그는 윤휴를 '사문난적(斯文亂賊)'이라 칭하며 공개적으로 배척했다. 사문난적이란, 교황이 어떤 신자의 행동이 가톨릭 교리에 맞지 않으면 그를 파문하듯 어떤 선비의 행동이 유교의 가르침에 맞지 않을 때 유교의 도를 어지럽혔다 하여 배척하는 것을 가리킨다. 주자의 해석이 틀릴 수도 있다는 주장 하나로 윤휴는 사문난적의 낙인이 찍힌 것이다. 이후 1680년 '경신환국(庚申換局)'이라는 사건이 벌어져 남인들이 대거 숙청될 때, 윤휴는 벼슬도 하지 않고 조정의 일에도 관여하지 않아 사건 자체와는 무관했음에도 불구하고 억울하게 사약을 받고 죽는다.

'회니시비'의 전말: 스승과 제자가 서로 등을 돌리다

윤휴는 어차피 남인이었기에 송시열을 비롯한 서인들 입장에서는 그의 죽음 자체가 특별히 문제 될 것은 없었다. 어떤 말도 안 되는 이유라도 동원해 반대파를 숙청하는 것이 당시의 당파 싸움이었기 때문이다. 그런데 문제는, 동문수학했으며 송시열과 같은 서인인 윤선거가 남인 윤휴의 편을 들었다는 것이다. 송시열로서는 주자의 성리학을 부정하는 남인의 태도도 문제지만, 서인인 윤선거가 그런 윤휴를 옹호하는 것을 훨씬 더 심각하게 여겼을 것이다. 서인의 핵심 인물이 주자의 성리학에 의심을 품은 셈이기 때문이다. 이런 상황에서 가장 입장이 곤란했던 사람은 윤선거의 아들이자 송시열의 제자였던 윤증이었을 것이다. 아버지와 스승의 불화 속에서 어느 한쪽 편도 들 수 없었고 겉으로는 아무 일 없는 듯 행동했지만 마음고생이 무척 심했으리라는 짐작이 가능하다.

  아무튼 송시열은 윤휴의 주장에도 일리가 있다고 한 윤선거를 몰아붙이며 애매하게 말하지 말고 주자와 윤휴 중 누가 옳은지 명확히 밝힐 것을 강하게 요구했다. 결국 윤선거는 그렇게 둘 중 하나를 선택해야 한다면 그래도 주자가 옳다고 답할 수밖에 없었다. 논쟁은 이렇게 일단락된 듯 보였다. 그러던 중 윤선거가 병으로 사망했고 장례가 치러졌다. 이때 윤휴가 조문의 뜻을 담은 제문(祭文)을 아들 편에 윤증에게 보냈다. 교통수단이 발달하지 않았던 때이니 아마 노인들이 먼 곳으로 직접 문상 가기가 어려워 글을 지어 보낸 듯하다. 윤증으로서는 남인인 윤휴의 제문을 받는 것에 대해 고민이 되었겠으나, 아버지와 윤휴의 우정을 고려해 거절하지 못하고 받았다고 한다.

  이 사실을 알게 된 송시열은 크게 분노했다. 생전에 윤선거가, 주자가 옳다고 말해 갈등을 봉합했음에도 실제로는 윤휴와 여전히 가까운 관계였다는 것이 제문을 통해 드러났다고 봤기 때문이다. 이후 윤선거의 묘갈명(비석에 새기는 글)을 짓는 과정에서 갈등은 더욱 심화되었다. 윤증이 스승 송시열에게 아버지의 묘갈명을 부탁했는데, 송시열이 지은 글의 일부 표현을 두고 윤증이 이견을 제시하며 수정을 요청한 것이다. 이를 스승의 권위에 대한 도전으로 받아들인 송시열은 윤증에게 절교를 선언하는 편지를 보냈고, 윤증 또한 송시열과 사제 관계를 단절하며 등을 돌렸다.

사실 학자라면 자신과 다른 견해를 가진 사람이라도 사상의 자유를 인정하고 그런 견해도 가능하다며 받아들이는 것이 옳다. 하지만 게임이론의 전략적 측면에서 보면 좀 다르다. 게임이론에서는 나와 다른 생각을 가진 사람이 적이라면 그 차이를 빌미 삼아 적극적으로 공격하는 것도 분명 하나의 효과적인 전략일 수 있다. 옳고 그름의 문제가 아니라 유리하고 불리함의 문제인 것이다. 서인 송시열이 남인 윤휴를 사문난적으로 규정하여 공격하고, 같은 서인임에도 윤선거를 압박해 난처한 입장에 처하게 한 것은 전략적으로 보면 현명한 선택일 수도 있다. 하지만 송시열의 그다음 행동, 즉 이미 세상을 떠난 윤선거를 향한 비난은 전략적인 판단에서 나온 것이라 보기 어렵다. 그것은 냉정하고 논리적인 비판이라기보다 감정이 섞인 인신공격에 가까웠다. 특히 윤선거의 묘갈명에 병자호란 때의 행적을 다시 언급한 것은 학문적 논쟁의 차원을 넘어선 감정적 비난이었다.

병자호란 당시 인조는 원래 강화도로 피신하려다 청나라 군대가 빠른 속도로 남하하는 바람에 길이 막혀 남한산성으로 피신했다. 이후 약 45일간 고립된 채 남한산성에서 버티다가 결국 항복하고 삼전도의 굴욕을 당한 사건은 한국인이라면 모두가 잘 아는 역사다. 하지만 당시 강화도 역시 함락되었다는 사실은 의외로 잘 알려져 있지 않다. 청나라 군대는 해군력이 약해 강화도 침공은 불가능할 것이라는 고정관념을 깨고 작은 배를 타고 강화도에 상륙해 순식간에 점령했다. 바닷물의 수위가 얕아지면 조선의 거대한 수군 함선은 강화도 근처로 올 수 없다는 점을 간파하고 썰물 때 작은 배를 이용해 강화도로 먼저 건너갔던 것이다.

그 무렵 윤선거는 아내와 함께 강화도에 있었다. 청나라 군대가 들이닥치자 친구들은 싸우다 모두 전사했고, 아내는 치욕을 당하기 전에 차라리 죽겠다며 자결했다. 원칙적으로는 윤선거도 이들과 함께 죽음을 택했어야 마땅하다고 볼 수도 있지만 그는 몰래 강화도를 빠져나와 남한산성으로 향했다. 그의 명분은 남한산성에 계신 아버지를 모시고 함께 성을 지키다가 죽겠다는 것이었다. 탈출 과정에서 윤선거는 청군의 눈을 피하기 위해 노비로 위장했으며 이름도 선복(宣卜)으로 바꿨다고 한다. 선복은 당시 노비들이 흔히 쓰던 이름이었다. 하지만 윤선거가 남한산성에 도착했을 때는 이미 인조가 항복하여 삼전도의 굴욕을 겪은 후였다.

윤선거는 강화도에서 도망쳐 살아남은 자신의 행동을 평생 부끄럽게 생각해 벼슬에도 나가지 않고 재혼도 하지 않고 살았다고 한다. 그에게 이 일은 지울 수 없는 삶의 오점이자 깊은 상처였던 것 같다. 하지만 같은 서인이며 친구였던 송시열은 이 행적에 대해 아버지를 모시기 위해 탈출한 것은 효를 저버리지 못한 옳은 행동이라고 두둔했다고 한다. 그런데 막상 윤선거가 죽고 아들 윤증이 윤휴의 제문을 받는 것을 보고 나서는 강화도 행적을 뒤늦게 언급하며 "비겁한 노비 선복의 무리"라는 식으로 이미 망자가 된 윤선거의 생을 비하했던 것이다. 예나 지금이나 상대를 비판할 수도 있고 공격할 수도 있지만 상대가 개인적으로 그리고 가족사적으로 가장 힘들어 하는 부분을, 그것도 상대가 사망한 후에 공격하는 것은 도를 넘는 일이라고 생각된다.

돌아가신 아버지와 생전에 다소 불화가 있었음에도 불구하고 스승 송시열에게 깍듯이 예의를 갖추어 대하던 윤증도 이 시점에서는 더 이상 참을 수 없었다. 송시열이 강화도에서의 일까지 거론하며 아버지 윤선거를 비난하자 윤증도 강하게 반발하며 스승에게 맞섰던 것이다. 스승과 제자 사이에 벌어진 이 치열한 갈등이 바로 '회니시비'라 불리는 역사적 논쟁이다. 이 논쟁은 단순한 인물 간 불화가 아니라 사제 간 예와 도리, 유학의 정통성을 둘러싼 갈등 그리고 인간적인 감정이 복잡하게 뒤얽힌 사건이었다.

이 사건을 계기로 서인은 내부적으로 갈라져 송시열을 두둔하는 세력은 노론, 송시열이 지나쳤다며 윤증을 옹호하는 세력은 소론으로 나뉘게 된다. 오랜 기간 동인이 사분오열하는 것을 지켜보며 한마음 한뜻으로 뭉쳐 동인들을 제압하고 승자가 되었던 서인들이 처음으로 분열하는 순간이었다. 이후 조선의 당파 싸움은 남인과 손을 잡은 소론과 송시열을 이어받은 노론이 대립하여 싸우는 양상으로 전개된다. 18세기 영조와 정조 대에 이르러, 영조가 탕평비를 세우며 당파를 초월한 정치를 선언했지만 사도세자 사건을 계기로 노론이 권력을 장악하게 되었고 이에 맞서 소론과 남인이 연합했다. 정조는 이러한 상황에서 가까스로 왕위를 계승하며 노론 중심 정국을 조심스레 이끌어갔다.

송시열 자신도 회니시비의 여파 속에서 그로부터 8년 후인 1689년에 사약을 받고 생을 마감한다. 회니시비를 계기로 서인이 노론과 소론으로 분열하고 스승과 제자가 인신공격에 가까운 논쟁을 벌이면서 내부 갈등이 격화하자 이 상황을 지켜보던 국왕 숙종은 서인들에 대한 신뢰를 잃기 시작한다. 이 틈을 타 남인 세력은 궁중에서 영향력을 확대하였고 남인 출신인 장희빈을 이용하여 숙종의 마음을 자신들 쪽으로 돌리는 데 성공한다. 남인은 소론과는 일정 부분 협력 관계를 유지했지만 노론에 대한 반감은 이전부터 매우 강했기에 이들을 대거 숙청했고 그 중심에 있던 송시열도 이때 죽임을 당한다.

회니시비의 시작은 윤선거가 사망한 1669년으로 거슬러 올라가지만 송시열과 윤증 사이의 갈등이 본격적으로 표면화된 시점은 1681년으로 알려져 있다. 하지만 회니시비의 원인 제공자였던 윤휴는 1680년에 이미 서인들에 의해 사약을 받고 사망했고, 윤선거 역시 그보다 12년 전인 1669년에 세상을 떠난 상태였다. 요컨대 사건의 원인을 제공한 두 당사자가 모두 세상에 없던 때에 스승과 제자였던 송시열과 윤증이 싸웠다는 이야기다. 갈등을 조용히 묻고 갈 수는 없었던 것일까? 특히 송시열이 고인이 된 친구 윤선거를 향한 인신공격적 비방만큼은 자제했다면 어땠을까? 윤증도 스승을 정면으로 공격하지는 않았을지도 모른다.

아마도 송시열의 입장에서는, 생전에 윤휴와의 관계를 끊었다고 믿었던 친구 윤선거가 실제로는 여전히 윤휴의 사상에 일정 부분 공감하고 있었다는 사실을 알게 되어 깊은 배신감을 느꼈던 듯하다. 그래서 분노에 휩싸여 이성을 잃은 것이 아닐까. 30년여 년 전 병자호란 때의 일을 다시 끄집어내어 이미 세상을 떠난 친구에게 인신공격성 비난을 가한 것을 보면 말이다. 그 결과 윤증을 중심으로 한 서인들이 소론으로 분열되었고 노론의 입장에서도 회니시비는 상당히 치명적인 결과를 가져왔다. 노론과 소론의 분열은 이후 조선 정치에서 되풀이되는 격렬한 당쟁의 단초가 되었고, 그로 인해 많은 서인이 정치적 탄압과 숙청을 겪는 비극으로 이어졌다.

흥분한 상태에서는 절대 하지 말아야 할 일

'회니시비' 하면 연상되는 또 다른 사건이 있다. 마이크로소프트의 빌 게이츠가 '넷스케이프(Netscape)'라는 인터넷 브라우저를 시장에서 몰아내기 위해 1994년부터 벌였던, 전쟁을 방불케 할 정도로 치열했던 경쟁이다. 당시 마이크로소프트는 윈도우 운영체제를 통해 전 세계 개인용 컴퓨터 시장의 90% 이상을 점유하며 막대한 이윤을 얻고 있었다. 그런데 인터넷이라는 신기술이 급속히 확산되면서 인터넷 접속 도구인 브라우저의 중요성이 급격히 커졌고, 넷스케이프가 출시 직후 시장의 약 80%를 점유하며 널리 쓰였다. 사실 마이크로소프트를 포함하여 그 누구도 인터넷이 그렇게 빠르게 대중화될 것이라고는 미처 예상하지 못했기에 이러한 변화는 업계 전체에 큰 충격이었다.

이는 빌 게이츠가 송시열과 같은 입장에 놓인 것이라고 비유해볼 수 있다. 마이크로소프트가 송시열의 서인처럼 시장을 장악하고 있던 상황에서 '넷스케이프'라는 작은 회사의 브라우저가 등장해 폭발적 인기를 누리게 된 것이다. 많은 이들이 넷스케이프를 단지 윈도우 위에 떠 있는 하나의 아이콘으로 여겼을지 모르지만 컴퓨터 시장을 지배하던 빌 게이츠는 그 작은 넷스케이프가 점점 자라 결국 윈도우의 지위를 위협할 수도 있다고 감지한 것 같다. 마치 주자가 항상 옳은 것은 아니라는 윤휴의 작은 주장이 성리학을 절대시하던 서인의 사상 체계에 틈을 내어 서인이라는 큰 둑을 무너뜨릴 수도 있다고 송시열이 우려했던 것처럼 말이다.

결국 빌 게이츠의 마이크로소프트는 1994년 넷스케이프가 출시되어 빠르게 시장을 장악하자 이듬해인 1995년 자체 인터넷 브라우저 '인터넷 익스플로러(Internet Explorer)'를 출시한다. 그러나 많은 사용자가 이미 넷스케이프에 익숙해져 있었기에 새삼 인터넷 익스플로러로 바꿀 이유는 없었다. 이 상황은 빌 게이츠에게 윈도우 사업의 미래를 위협하는 큰 문제로 인식되었다. 결국 빌 게이츠는 컴퓨터 제조업체, 인터넷 서비스 제공업체, 반도체 기업 등 관련 업체 전반에 압력을 행사하기 시작한다. 인터넷 익스플로러를 쓰지 않으면 윈도우 공급을 제한하겠다며 압박한 것이다.

그 결과 3년이 지난 1998년에는 넷스케이프의 시장점유율이 급격히 떨어졌고 대다수 사람은 어느새 인터넷 익스플로러를 사용하고 있었다. 얼마 후 넷스케이프는 경쟁에서 밀려나 다른 기업에 인수되면서 시장에서 점차 사라졌다. 이는 마치 송시열이 윤휴 사상의 위험성을 미리 감지하고 그 확산을 막기 위해 친구 윤선거까지 비난하며 강하게 대응한 것과 유사하다. 그 결과 윤휴의 사상은 조선의 주류 성리학 질서에서 철저히 배척되었다.

하지만 송시열의 과도한 윤휴 견제는 당시 국왕 숙종으로 하여금 서인으로부터 마음을 떠나게 했다. 그리하여 소론과 남인이 적으로 돌아서자 서인의 영수였던 송시열 자신이 사약을 받고 말았다. 마이크로소프트도 넷스케이프를 몰아내고 인터넷 익스플로러로 대체시키는 과정에서 미국 연방거래위원회(FTC)의 주의를 끌게 되었고 결국 반독점 소송에 휘말려 법원으로부터 독점금지법 위반 판결을 받는다. 빌 게이츠 회장이 사내 이메일을 통해 넷스케이프를 지지하거나 마이크로소프트에 협력하지 않는 기업들을 압박하고 불이익을 주라고 지시한 정황이 공개되면서 법원 판단에 결정적 영향을 미쳤다.

물론 송시열과 빌 게이츠의 행동이 전적으로 잘못되었다고만은 말할 수 없다. 누가 뭐라고 해도 조선 후기는 여전히 서인의 노론이 장악하고 있었고, 현재 우리의 컴퓨터에도 대부분 윈도우와 인터넷 익스플로러가 깔려 있다. 하지만 송시열이 윤선거를 비난하는 과정에는 감정적 요소가 분명히 작용했다. 빌 게이츠 또한 넷스케이프에 대한 적대감과 경계심이 지나쳐 신중함이 결여되었던 것이 사실이다.

아무리 전략적 판단 능력을 갖춘 사람이라도 감정에 휘말리면 평소처럼 냉정하고 합리적인 결정을 내리기가 쉽지 않다. 더욱이 송시열이나 빌 게이츠처럼 국가와 시장을 좌지우지할 만큼 성공의 정점에 선 사람이라면 자신의 결정에 누구나 따라야 한다는 자만심이 평소의 조심스러움을 밀어냈을 가능성이 있다.

역사를 돌아보면 권력을 쥐었을 때 오히려 초심으로 돌아가 그 겸손함을 유지하는 것만큼 어려운 일도 없는 듯하다. 하지만 냉정한 계산 끝에 인정사정없는 선택을 하는 것보다 권력자가 더 피해야 할 것은 흥분한 상태에서 이성을 잃고 중요한 결정을 내리는 일이다. 좋은 전략을 생각해내는 두뇌보다 더 중요한 자질은 어떤 상황에서도 의사결정자 자신이 침착함을 유지하는 것이다. 만약 감정이 격해진 상태라면 결정을 미루고 마음을 가라앉히는 것이 먼저다.

제 24 장

위기를 돌파하는 힘, 천재성일까? 경험일까?

| 명장의 총명한 아들이 참패한 이유 |

부모라면 누구나 자기 자녀가 더 좋은 학교에 진학하고 더 좋은 직장에 취업하기를 바란다. 그런 마음 때문인지 대부분의 부모는 자녀의 능력을 실제보다 높게 평가하는 경향이 있는 것 같다. 하지만 2,300년 전 중국에는 이와는 정반대로 자기 자녀의 실력 부족을 주변에 강력하게 주장한 부모가 있었다.

아버지 덕분에 강력해졌으나
아들 때문에 몰살당한 조나라 군대

때는 중국의 전국시대. 춘추시대를 지나 수많은 나라로 분열되었던 중국 대륙이 점차 소수의 강국으로 재편되던 시기다. 그러다 전국시대 말기에는 연(燕), 위(魏), 제(齊), 조(趙), 진(秦), 초(楚), 한(韓)의 일곱 나라만 남았는데 바로 이를 '전국칠웅(戰國七雄)'이라 불렀다. 잘 알려진 대로 다른 여섯 나라를 차례로 멸망시키고 전국시대의 막을 내린 인물이 진나라의 첫 황제, 진시황이다. '황제'라는 칭호에서도 알 수 있듯 진나라는 중국 역사상 최초의 통일 왕조를 열었다.

　당연한 일이지만 진나라가 진시황 때 갑자기 강해진 것은 아니다. 진나라는 법가 사상에 기초하여 법과 제도를 정비함으로써 부국강병을 이루었고 이를 바탕으로 다른 여섯 나라를 압도하는 강대국으로 성장했다. 특히 진시황의 증조할아버지인 소양왕(昭襄王) 시기에 진나라는 주변 국가들을 군사적으로 크게 제압하며 패권을 굳혔다. 진시황의 중국 통일은 사실 증조할아버지인 소양왕의 업적 위에서 가능했던 것이다.

소양왕은 일단 진나라와 군사력이 대등하던 초나라를 공격해 크게 이기고 넓은 땅을 빼앗았다. 중국에서 '단오절(端午節)'이 생긴 이유 가운데 하나가 초나라의 시인이자 충신이었던 굴원(屈原)이 강물에 몸을 던져 자결한 일을 기리기 위함이라 전해진다. 이 굴원이 초나라 왕에게 진나라의 책략에 속지 말라고 충언했으나 오히려 모함을 받아 유배를 당하자 나라의 앞날을 걱정하며 강물에 몸을 던진 것이 바로 이때의 일이다. 크게 영토를 잃은 초나라는 다시 진나라와 대등한 위치를 회복하지 못했고 결국 진시황에 의해 멸망한다.

소양왕은 그 밖에도 진나라와 인접한 한(韓)나라와 위(魏)나라의 땅도 크게 빼앗았다. 하지만 상대적으로 힘이 약했던 한나라나 위나라 뒤에는 강력한 군사력을 가진 조(趙)나라가 있었다. 남쪽에서 초나라가 진나라와 맞설 힘이 있었다면 북쪽에서는 조나라가 진나라와 대등하게 겨루어볼 힘을 갖추고 있었다. 당시 조나라에는 인상여(藺相如)라는 명재상과 염파(廉頗)와 조사(趙奢) 같은 뛰어난 장수가 있어 진나라도 함부로 할 수 없는 강대국이었다.

기원전 270년 진나라가 조나라를 침공했다가 조사 장군이 이끄는 조나라 군대에 크게 패한 적이 있었다. 당시 진나라 대군이 조나라 땅을 침입했지만 총사령관 조사 장군은 전투를 피한 채 한 달 동안 진나라 군대에서 멀리 떨어진 곳에 튼튼한 성을 쌓고 방어만 했다. 그는 자신의 전략에 대해

왈가왈부하지 말라는 엄명을 내렸다. 한 부하 장수가 국토가 적군에게 유린당하는데 성에만 틀어박혀 있는 것은 옳지 않다며 지금이라도 성을 나서 진나라를 공격하자고 건의했더니 바로 사형에 처했다고 한다. 이렇게 겁을 집어먹은 듯 꼼짝하지 않는 조나라의 총사령관을 본 진나라 군대는 마음껏 조나라의 서쪽 지역을 약탈했다. 바로 그때 조사 장군은 조나라 군사들의 무거운 갑옷을 벗기고 가벼운 차림으로 출격하라고 명했다. 빠른 기동력으로 방심한 진나라 군대를 급습하기 위함이었다. 갑작스러운 습격을 받은 진나라 군대는 큰 타격을 입고 후퇴했다고 한다. 이렇듯 조나라는 최강대국이던 진나라에도 쉽지 않은 상대였다.

그런데 조사 장군이 사망한 뒤, 기원전 262년에서 기원전 260년에 걸쳐 다시 진나라가 조나라를 침공했을 때 조나라는 크게 패하여 돌이킬 수 없는 피해를 입고 강대국의 지위를 영원히 잃게 된다. 그때 벌어진 전투가 바로 장평대전(長平大戰)이다. 이때 조나라 군대는 수십만 명의 병력이 몰살당하는 참패를 당했다. 장평대전 초기 조나라의 총사령관은 역전의 노장 염파 장군이었다. 그런데 염파 장군은 앞서의 조사 장군처럼 오랜 시간 방어에만 치중하며 진나라의 공격을 막기만 할 뿐 적극적으로 적을 조나라에서 쫓아내려 하지 않았다. 그의 작전은 오직 진나라 군대가 지쳐 돌아가기를 기다리는 것뿐이었다.

이때 조나라의 왕은 효성왕(孝成王)이었는데 염파 장군이 방어만 하며 공격에 나서지 않아 전쟁이 길어지자 더는 기다릴 수 없었다. 결국 효성왕은 수년 전 진나라를 상대로 큰 승리를 거둔 조사 장군의 아들인 젊은 장수 조괄(趙括)을 새로운 총사령관으로 삼아 진나라 군대를 공격하고자 했다.

조괄은 명장 조사를 아버지로 둔 덕분인지 아주 총명한 젊은이였다. 병법을 깊이 연구해 아버지인 조사와 병법을 논하면 오히려 아버지가 조괄에게 밀릴 정도였다고 한다. 그러나 조사는 조괄을 한 번도 칭찬하지 않았다. 어느 날 조괄의 어머니가 그 까닭을 묻자 조사가 말하기를, "전쟁이란 사람이 죽는 곳이오. 그러나 아들 괄은 이를 너무 쉽게 말하고 있어요. 조나라가 괄을 장수로 삼지 않으면 그만이겠으나, 만약 기어이 그를 장수로 세운다면 조나라의 군대를 무너지게 할 것이오."라고 답했다고 한다. 또한 당시 조나라의 명재상 인상여도 효성왕에게 간언하기를, "왕께서 명성만으로 조괄을 쓰려고 하시는데, 이는 아교로 슬(瑟, 거문고)의 발을 붙이고 슬을 연주하려는 것과 같습니다. 조괄은 그저 그 부친이 전한 책만 읽었을 뿐 임기응변을 모릅니다."라고 하였다. 이 일화에서 '교주고슬(膠柱鼓瑟)'이라는 고사성어가 유래하였다고 한다.

'교주(膠柱)'는 기러기발을 아교로 붙인다는 뜻이고, '고슬(鼓瑟)'은 거문고를 탄다는 뜻이다. 거문고 연주자는 거문고를 탈 때 줄을 팽팽하게 고정하는 기러기발이라는 부품을 이리저리 옮겨 소리를 조율한 뒤 연주를 한다. 그런데 '교주고슬'이란 연주 전에 기러기발을 아교로 붙여 고정한 채 연주한다는 말이다. 만약 그 위치가 가장 좋은 소리를 내는 곳이라면 다행이지만 특정 위치가 천년만년 최적의 소리를 낼 수는 없다. 날마다 달라지는 온도와 습도에 따라 음색은 늘 변하기 마련이므로 기러기발을 고정하는 것은 어리석은 일이다. 책으로만 전쟁을 배운 조괄은 현실 전투에서 임기응변을 발휘하지 못할 것이라 여긴 인상여는, 그를 두고 마치 기러기발을 아교로 붙여 옮기지 못하는 연주자처럼 처음 계획만 고집하다가 상황이 바뀌면 크게 패할 사람으로 우려했던 것이다.

더 흥미로운 것은 이미 죽은 아버지 조사가 생전에 아들에게 내린 평가를 기억하는 조괄의 어머니도 아들의 임명을 반대했다는 사실이다. 그녀는 조나라 효성왕에게 아들을 총사령관으로 세우지 말아달라고 간청했으며, 만약 꼭 임명하려 한다면 한 가지 조건이 있다고 말했다. 조괄이 참패하더라도 자신과 가족이 조괄 때문에 처벌을 받는 일은 없게 해달라는 것이었다. 효성왕은 잘 알겠다고 답하고는 자신의 뜻대로 염파 장군을 해임하고 총사령관 자리에 조괄을 앉혔다.

역사 기록에 따르면 조나라의 재상 인상여와 조괄의 어머니는 조괄의 총사령관 임명에 반대한 반면, 임명에 동의한 사람들도 있었다. 바로 적국인 진나라였다. 방어만 고집하는 염파 장군 때문에 시간만 흐르고 전쟁이 지지부진해지자 진나라는 첩자를 보내 "진나라는 염파가 조나라 총사령관이라서 다행이라 생각하지만 혹시라도 지략이 뛰어난 조괄이 총사령관이 될까 크게 걱정하고 있다."라는 소문을 퍼뜨렸다고 한다. 이 소문을 들은 조나라 효성왕이 염파를 해임하고 조괄을 총사령관에 임명하게 되었다는 것이다. 한편 진나라는 조괄이 조나라 군대를 지휘하게 되자 전장의 경험이 많았던 역전의 노장 백기(白起) 장군을 비밀리에 총사령관으로 임명했다. 조나라는 진나라가 지휘관을 교체했다는 사실을 알지 못한 채, 조괄이 지휘하는 군대와 노련한 백기의 군대가 맞서게 되었다.

총사령관에 임명된 조괄은 진나라를 공격할 마음을 품고 있었는데, 백기가 적은 수의 군사로 슬쩍 공격하다가 도망쳤다. 이를 본 조괄은 대군을 거느리고 추격했으나 진나라의 매복에 걸려 포위되고 말았다. 조나라 군대가 워낙 대군이었기에 진나라 군대가 곧바로 승리할 수는 없었지만 백기는 보급로를 끊고 장평에서 46일간 조나라 군대를 포위했다. 결국 식량이 떨어진 조나라 군대는 이판사판이라는 심정으로 진나라 군대의 포위를 뚫고 도망하려다가 실패했다. 총사령관 조괄은 전사하고 조나라 40만 군사들은 모두 포로로 잡혔다. 진나라는 이 40만 포로를 모두 죽였다고 하는데 이것이 사실이라면 조나라의 거의 모든 젊은 남성이 하루아침에 사라진 셈이다.

장평대전에서 대패한 조나라는 국력이 크게 약화되고 위기를 맞았으나 진나라의 세력이 너무 커질 것을 우려한 다른 나라들이 군대를 보내 지원해준 덕분에 나라의 멸망은 간신히 피했다고 한다. 그러나 이 패배로 조나라는 약소국으로 전락했고 결국 진나라 진시황에 의해 멸망하게 된다.

전하는 이야기에 따르면 조괄의 아버지 조사는 생전에 다른 장수들에게 조롱을 당한 적이 있었다. 그는 진나라와 싸우려면 20만 명 이상의 군사가 필요하다고 주장하며, 그보다 적은 병력으로는 절대 전쟁터에 나가지 않았다는 것이다. 이 모습을 본 다른 장수들은 자신들이면 3만 명 정도로 승리할 수 있는데 조사 장군은 겁이 많다며 비웃었다고 한다. 하지만 조사는 상대가 약한 나라라면 몰라도 진나라 같은 강대국의 정예군을 소수 병력으로 상대하는 것은 너무 경솔한 일이라고 했다 하니 아주 신중한 사람이었음에 틀림없다. 문제는 아들 조괄은 이런 아버지의 신중함을 물려받지 못했다는 점이다. 결국 조괄은 조나라의 대군을 몰살당하게 했을 뿐 아니라 자신도 전사하고 말았다. 어쨌든 조나라 효성왕은 약속대로 조괄의 모친에게 책임을 묻지 않았다고 한다.

모든 천재가 나폴레옹이나 잔다르크인 것은 아니다

이제 '천재성'과 '경험'이라는 문제를 한번 생각해보자. 마케도니아의 알렉산드로스 대왕이나 프랑스의 나폴레옹은 불과 20대에 군대의 총사령관이 되어 누구도 예상치 못한 승리를 거두며 큰 공을 세웠다. 중국 역사에도 유사한 예가 있는데, 바로 당나라의 이세민이다. 그는 20세 무렵부터 군사를 이끌고 중국 전역을 누비며 연전연승을 거두어 당나라 건국의 주역이 되었다. 이런 사례들을 보면, 군사 분야에도 이른바 '천재'가 존재한다는 사실을 인정하지 않을 수 없다. 하지만 당신이 한 나라의 왕이라면 평범한 수준의 능력과 경험을 갖춘 노장(老將)을 제치고 천재성이 보인다는 이유로 20대 젊은이에게 국가의 모든 병력을 맡길 수 있겠는가? 과연 그것이 현명한 선택일까?

조괄의 총사령관 임명을 그의 부모가 반대했고 재상인 인상여도 반대했듯 20대 젊은 장수가 아무리 천재성을 보인다 해도 그에게 총사령관직을 맡기는 것은 현명하지 못한 선택일 수 있다. 물론 그 인물이 알렉산드로스 대왕 같은 영웅이라면 너무나 좋은 기회를 놓치는 셈이 되겠지만, 확률적으로 볼 때 아무리 머리가 뛰어나도 전쟁 경험이 부족한 장군은 패할 가능성이 높다. 경험이 부족하면 임기응변의 능력 또한 떨어질 수밖에 없는데 전쟁터에서 가장 필요한 것이 바로 그런 임기응변이기 때문이다.

세상에는 책에도 나오지 않고 선생님도 가르쳐주지 않는 황당한 일들이 참 많다. 내가 교수가 되고 나서 경험한 한 사례를 소개해보겠다. 여러 학과의 이해관계가 걸린 중요한 문제가 있었는데, 이와 관련한 최종 결정을 내리기 위해 대학 측에서 위원회를 구성한다는 발표가 있었다. 그런데 그 중요한 위원회를 추첨으로 구성한다는 것이었다. 물론 아무나 참여할 수 있는 것은 아니고, 참여를 원하는 교수들의 신청을 받은 뒤 그중에서 정해진 인원을 추첨으로 뽑아 위원회를 꾸리는 방식이었다. 나는 우리 과의 이해를 고려해 학과에 우호적인 교수들에게 신청을 권유했고 그 결과 신청자의 절반 이상이 우리 과와 가까운 교수들이었다. 공정하게 추첨이 이루어진다면 위원회의 절반 이상이 우리 과의 입장에 공감하는 인물들로 채워질 가능성이 컸다. 실제로 추첨 결과도 그러했다.

그런데 이후 벌어진 상황은 매우 뜻밖이었다. 최종 위원회 명단에 우리 과에 우호적인 교수들이 거의 보이지 않았던 것이다. 이유를 알아보니, 추첨에서 선발된 교수들이 모두 마지막 단계에서 스스로 위원직을 포기했기 때문이었다. 그 배경에는 추첨 결과를 알리는 일을 맡은 담당 교수가 우리 과의 입장과는 반대편에 선 인물이라는 사정이 있었다. 그 교수는 해당 교수들에게 전화를 걸어 추첨에서 뽑혔음을 알리면서 "이 위원회는 업무가 많아 당분간 해외 학회도 나갈 수 없고, 위원회 결정 때문에 동료 교수들의 원망을 살 수도 있을 텐데 그래도 꼭 하시겠습니까?"라고 물었다는 것이다. 그렇지 않아도 연구와 학회 등으로 분주한 교수들이니 아차 싶었을 것이고, 그래서 "그게 사실이라면 저는 위원회 활동을 하기 어렵겠습니다."라면서 포기했다는 것이었다. 그 담당 교수가 자신과 가까운 교수들에게 했을 이야기는 뻔히 짐작이 간다. "아무 책임도 없고 금방 끝나는 마음 편한 위원회이니 잠깐만 시간 내면 됩니다. 회의 수당도 두둑이 드리겠습니다."라고 했을 것이다.

이 경험을 통해 나는 이 세상이 교과서에서 배운 게임이론보다 훨씬 더 복잡하고 예측 불가능하다는 사실을 깨달았다. 내가 기발한 전략을 고민하는 지금 이 순간에 상대 역시 새로운 전략을 준비하고 있을 것이기 때문이다. 그런 일을 경험한 뒤로는 같은 상황에서 우리 과에 우호적인 교수들에게, 담당 교수가 무슨 말을 하든 겁먹지 말고 반드시 위원직을 수락하라고 당부했고 이후로는 추첨에서 뽑힌 교수가 위원직을 포기하는 일은 겪지 않았다. 경험에서 배운 교훈이었다. 똑똑했지만 경험이 전혀 없었던 어린 장수 조괄이 몰랐던 것이 바로 이런 점이 아니었을까 싶다.

경제학에서는 사람을 움직이려면 인센티브가 필요하다고 말한다. 나 역시 학생들을 가르칠 때 그렇게 설명한다. 이는 신상필벌(信賞必罰), 즉 잘하면 상을 주고 잘못이 있으면 반드시 벌을 내린다는 원칙과도 통한다. 상벌이 공정하게 집행되면 세상을 더 바른 방향으로 바꿀 수 있다는 의미이다. 그러나 정말 그럴까?

미국의 어떤 경찰서장이 범인 체포율을 높이면 지역사회가 더 안전해질 것이라 생각하고 체포 건수에 따라 보너스를 지급하기로 하였다. 경제학 교과서에 나오는 전형적인 인센티브 설계였다. 예상대로 범인 체포율은 크게 올랐다. 하지만 이상하게도 체포율은 높아지는데 살인 사건은 줄지 않고 오히려 크게 늘어났다. 결국 이 제도는 얼마 가지 못하고 폐지되었다.

이유는 간단하다. 경찰들이 범인 체포율을 높이는 가장 쉬운 방법은 교통규칙 위반을 단속하는 것이었다. 그래서 음주 운전, 신호 위반은 물론, 헤드라이트가 꺼진 채 달리는 자전거까지 단속해 하루에도 몇 건씩 체포 실적을 올렸다. 반면 살인범 한 명을 잡으려면 열흘 이상 걸리니, 경찰들은 살인 사건 수사보다 경범죄 단속에만 나선 것이다.

또 다른 사례도 있다. 미국 오클라호마주의 감리교 종단이 각 교회의 목사들에게 교인 수에 비례하여 인센티브를 지급하겠다고 발표했다. 신자들이 교회로 오기를 그저 기다릴 것이 아니라 목사들이 적극적으로 포교 활동을 해서 감리교 신자를 늘리려는 의도였다. 이 또한 제대로 된 인센티브 제도라고 생각된다. 하지만 시행 결과, 종단은 많은 돈을 지불했지만 어쩐 일인지 오클라호마주의 감리교 교인 수는 늘지 않았다. 각 교회 목사들이 어디서 새로운 신자들을 끌어왔는지를 생각해보면 금세 답이 나온다. A마을 감리교회 목사가 A마을 장로교회 신자를 데려오는 일은 매우 어렵다. 교회를 다니지 않는 무신론자를 교회로 이끄는 것도 많은 노력이 필요하다. 하지만 비교적 쉬운 방법이 있는데 바로 이웃 B마을의 감리교회 신자를 A마을의 감리교회로 끌어오는 것이었다. 그래서 목사들은 비종교인을 새로 개종시키려 하기보다는 다른 감리교회 신자들을 설득해 자기 교회로 데려왔고 그 결과 인센티브는 챙겼으나 오클라호마주 전체의 감리교 신자 수는 늘지 않은 것이다. 결국 기존의 감리교회들끼리 같은 신자들을 놓고 뺏고 뺏기는 싸움을 한 데 불과했던 것이다.

아마 잘못된 인센티브 사례 중에서 가장 유명한 이야기는 러시아 군대와 벼룩 이야기일 것이다. 병사들의 건강과 위생에 관심이 많았던 한 러시아 장군은 병사들 몸에 벼룩이 많이 기생하는 것을 보고 이를 제거할 방법을 고민했다. 그가 내놓은 해법은 벼룩 한 마리를 잡아 올 때마다 예컨대 10원을 지급하는 것이었다. 병사들이 돈을 벌기 위해 벼룩을 많이 잡아 오면 위생 상황이 개선되고 병사들의 건강도 나아져 군대의 전투력도 높아질 것이라는 매우 논리적인 생각에서였다. 하지만 결과는 전혀 달랐다. 돈을 더 벌고 싶었던 병사들이 자기 몸에서 벼룩을 키우기 시작한 것이다. 벼룩을 일부러 길러 장군에게 내놓으면 그만큼 이익이 된다는 계산을 했기 때문이다. 결국 벼룩을 줄이려던 인센티브 제도가 오히려 더 많은 벼룩을 퍼뜨리게 되었다는 이야기다.

알렉산드로스 대왕이나 나폴레옹, 그리고 당태종 이세민처럼 20대에 이미 거대한 영토를 정복한 군사 천재들은, 아마도 교과서에 나오지 않는 이런 돌발 상황까지 미리 예측할 수 있었던 것인지도 모른다. 경험하기 전에 스스로 깨우치는 것이 바로 천재의 특징이니까 말이다. 하지만 대다수 사람들은 직접 경험해보지 않고는 도저히 알 수가 없는 상대방의 기발한 행동을 미리 알아내기가 어렵다.

게임이론 수업에서는 이미 정해진 전략과 전술들을 모두가 미리 알고 있다는 가정하에 계산을 한다. 예를 들어 가위바위보 게임에서 상대가 낼 수 있는 것은 가위, 바위, 보, 이렇게 세 가지뿐이라고 전제하고 분석하는 것이다. 그런데 현실에서 내가 가위를 내고 상대방이 보를 내서 분명히 내가 이겼는데, 상대방이 갑자기 자신은 보를 낸 것이 아니라 사실 바위를 냈고 그러니 자기가 이겼다고 우긴다면 어떻게 될까? 게임이론 수업에서는 상대방의 이런 돌발 행동에 대해 전혀 배우지 않는다. 하지만 큰돈이 걸린 게임이라면 실제로 보를 내고도 바위를 냈다고 우기는 사람이 반드시 있을 것이다. 혹은 내가 게임에서 딴 큰돈을 주머니에 넣고 집으로 가는 길에 상대가 내 뒤를 쫓아와 폭력을 써서 돈을 빼앗을 수도 있다. 모두 경제학 교과서에는 나오지 않는 일들이다. 만일 현실에서 이런 경험을 해본 사람이라면 가

위바위보 게임에서 이기려는 노력도 노력이지만, 정확한 판정을 해줄 심판과 집까지 안전하게 데려다줄 경호원부터 섭외할 것이다.

물론 어떤 국가의 왕 입장에서 전쟁이 참패 직전, 소위 '이판사판' 상태에 처해 있다면 이야기는 달라진다. 그런 경우라면 행운에 매달리는 심정으로 기발한 아이디어를 가진 천재적인 젊은 군인을 총사령관에 임명할 수도 있다. 사실 나폴레옹이 26세에 프랑스군의 총사령관이 된 것도 프랑스대혁명이라는 특수한 상황 덕분이었다. 당시 고참 장교들은 대부분 귀족 출신 왕당파라 망명하거나 처형되었고, 따라서 평민으로 구성된 혁명군을 이끌 적임자가 없었기에 '이판사판'이라는 심정으로 나폴레옹에게 군을 맡긴 것이다.

잔다르크(Jeanne d'Arc)의 사례도 비슷하다. 당시 프랑스는 영국군에 거듭 패하여 국토 대부분을 잃고 샤를 7세(Charles VII)의 왕위조차 위태로운 상태였다. 이때 어린 소녀 잔다르크가 신의 계시를 받았다며 오를레앙을 구해야 한다고 주장한다. 샤를 7세는 지푸라기라도 잡는 심정으로 잔다르크의 말에 따라 오를레앙으로 군대를 파견했고, 이를 계기로 전세를 뒤집을 수 있었던 것이다.

최후의 안간힘은 많은 경우 실패로 끝나지만 나폴레옹이나 잔다르크처럼 간혹 성공하는 경우도 있다. 하지만 '경험'이야말로 위기 상황에서 가장 중요한 것이 아닐까? 어차피 모두가 죽을 수밖에 없는 절박한 상황이 아닌 이상, '천재성'만 믿고 경험이 부족한 사람을 지휘관으로 임명하는 것은 확률적으로 옳은 전략이 될 수 없다. 이 세상의 수많은 돌발 상황을 모두 생각하는 것은, 아무리 천재적인 두뇌를 가진 사람이라 해도 어느 정도 경험이 쌓이지 않고는 불가능하기 때문이다.

제25장

적수 없는 초강대국에서 내부 갈등이 커지는 이유는?

| 강대국의 고뇌와 '최적통화지역' 이론 |

로마를 공포에 떨게 했던 카르타고의 명장 한니발(Hannibal Barca)이 마침내 기원전 183년에 생을 마감했다. 로마와 카르타고가 지중해의 패권을 놓고 세 차례 벌인 포에니전쟁(Bella Punica, Punic Wars)에서 한니발 장군의 뛰어난 전략으로 로마는 패배를 거듭하며 멸망 직전까지 내몰렸다. 그러나 귀족과 평민 그리고 이탈리아 동맹 도시들이 일치단결하여 버틴 끝에 최종 승리를 거둘 수 있었다.

    포에니전쟁에서 승리한 로마는 더 이상 주변에 적수가 없는 유일한 초강대국이 되었다. 하지만 초강대국이 된 로마는 곧 로마인들끼리 싸우는 내전에 휘말렸고, 그 혼란은 결국 기원전 44년 카이사르가 원로원에서 암살당하는 비극으로 이어졌다. 어째서 로마인들은 서로를 죽이는 내전을 겪게 되었을까?

갈등은 오히려 전쟁에서 승리한 후부터 시작되었다?!

지중해를 장악한 로마는 이집트와 시리아 같은 나라의 드넓은 농토에서 전쟁포로들을 노예로 부리며 대규모 농업을 할 수 있게 되었고, 그 결과 곡물과 생필품 가격이 크게 내려갔다. 그런데 일부 권력층과 부유층을 제외하면 로마 시민 대부분은 소규모 자작농이었다. 이들은 자신의 토지와 가족을 지키기 위해 한니발과 목숨을 걸고 싸웠지만, 전쟁에서 승리한 뒤에는 오히려 해외의 대규모 농장에서 노예들에 의해 생산되어 로마로 수입된 값싼 농산물과 경쟁해야 하는 처지에 놓였다. 가격 경쟁력이 없었던 로마의 소농들은 수입이 줄면서 점차 토지를 잃었고 어린 자녀들이 굶주리는 상황에까지 내몰렸다. 이는 마치 자유무역협정(FTA)으로 세계 각지에서 값싼 상품이 대거 수입되며 미국의 블루칼라 계층이 타격을 입은 것과 유사한 상황이었다.

로마 평민들이 직면한 이러한 문제를 가장 먼저 간파한 사람은 로마 최고의 명문 귀족 가문 출신의 그라쿠스 형제(Gracchi)였다. 형인 티베리우스 그라쿠스(Tiberius Gracchus)는 생계가 어려워진 로마의 평민들을 위해 복지 개혁을 주장한다. 그리하여 귀족들이 소유한 농지를 회수하여 평민에게 나눠 주는 법안이 통과되었다. 그러나 이 개혁은 기득권층의 거센 반발을 불러왔고, 결국 티베리우스는 대낮에 사람들이 모인 자리에서 원로원 측에 의해 몽둥이로 맞아 죽었다. 당시 티베리우스는 호민관이라는 높은 관직을 맡고 있었는데, 고위 공무원조차 공개적인 집단 폭행을 당해 살해될 만큼 당시의 정치적 갈등은 매우 심각했다.

하지만 티베리우스의 노력으로 원로원도 소규모 자작농이었던 평민들의 경제적 몰락을 해결해야 한다는 문제의식을 가지게 되었고, 평민들의 생계를 돕는 여러 정책이 도입되었다. 로마 시민에게는 시중보다 저렴한 가격에 주식(主食)인 밀을 살 수 있도록 하여 생계를 보장하는 정책이 실시되었고, 징병제 대신 모병제도 시행되었다. 징병제는 모든 남성 시민이 교대로 군복무를 하는 제도였기에, 생계가 어려운 가정에서 가장이 징집되면 가족들이 생활고에 시달렸다. 그러나 모병제가 시행되면서 원하는 남성이 월급을 받고 직업군인이 될 수 있는 길이 열렸고, 농지를 잃고 실업자 신세가 되었던 시민들이 군 복무를 통해 생활의 기반을 마련할 수 있었다.

그러나 로마의 문제는 여기서 끝나지 않았다. 당시 로마는 이탈리아 반도의 한 도시국가에 불과했다. 다만 포에니전쟁에서 한니발을 이기고자 이탈리아의 다른 도시들과 동맹을 맺어 함께 싸웠을 뿐이었다. 한니발에게 거듭 패배를 당해 막대한 사상자가 발생했음에도 동맹은 깨지지 않았고 한니발 장군도 이런 로마와 동맹 도시들의 끈끈한 결속에 깜짝 놀랐다고 한다.

그런데 막상 포에니전쟁에서 승리하고 나자 상황이 달라졌다. 동맹 도시들도 똑같이 싸웠지만 승리의 전리품은 로마가 독차지했기 때문이다. 로마는 시칠리아 등 새로 편입된 속주에서 나오는 막대한 부와 권력을 차지했으나 이탈리아의 다른 도시들은 혜택을 얻지 못했다. 또한 재정적으로 풍부해진 로마가 징병제를 없애고 모병제를 도입한 반면, 로마의 동맹 도시들에서는 여전히 강제로 군복무를 하는 징병제가 계속되고 있었다. 동맹 도시 군인들은 군 복무 시기에 가족의 생계를 걱정할 수밖에 없었는데 같은 부대에서 싸우는 로마 군인들은 직업군인으로서 봉급을 받고 가족을 부양할 수 있었으니 동맹 도시 군인들 입장에서는 불공평하다고 느낄 수밖에 없었다.

그라쿠스 형제 중 동생이었던 가이우스 그라쿠스(Gaius Gracchus)는 로마인만 특권을 누려서는 안 되며 목숨을 걸고 같이 싸워준 동맹 도시들에도 권리를 나누어 주어야 한다고 주장했다. 그러나 이 주장에 대해 심지어 로마의 가난한 평민들조차 분노하였다. 동맹 도시와 권리를 나누면 자신들의 몫이 줄어든다고 여겼기 때문이다. 결국 로마 내부의 갈등이 무력 사태로 번지자 가이우스는 자결로 생을 마감한다.

동맹 도시들에 희망을 주었던 가이우스 그라쿠스가 이렇게 죽은 뒤에도 문제는 해결되지 않았고 결국 기원전 91년 동맹시전쟁(Bellum Sociale, Social War)이 발발한다. 동맹시들은 로마군에 맞먹는 전투력을 발휘했으며 실제로 로마의 최고사령관인 집정관 루푸스(Publius Rutilius Lupus)가 전투 중 전사할 정도로 로마도 큰 피해를 입었다. 어제까지 같은 부대에서 함께 싸우던 동맹시 군대와 로마군은 전력 면에서도 거의 대등했기에 양측의 싸움은 쉽게 우열을 가릴 수 없었다.

다행히도 동맹시전쟁은 완전한 파멸로 치닫지는 않고 약 3년 만에 종결되었다. 로마가 동맹시에 로마 시민권을 주기로 결정했기 때문이다. 가이우스 그라쿠스를 희생시키면서까지 동맹시에 로마 시민권을 주는 것을 거부했던 로마인들도, 실제로 전쟁이 일어나자 마음을 바꾸었다. 이때 이탈리아의 모든 도시에 로마 시민권을 주기로 결정한 로마의 집정관이 루키우스 율리우스 카이사르(Lucius Julius Caesar)라는 인물인데, 우리가 잘 아는 율리우스 카이사르(줄리어스 시저, Gaius Julius Caesar)의 아저씨뻘 되는 사람이다.

대한민국처럼 약소국의 역사를 경험한 국민들은 강대국을 부러워하기 쉽다. 하지만 강대국은 강대국 나름의 고충이 있다. 적군과의 전투에서 힘을 합해 함께 싸운 동맹국은 물론이고 한때 적이었지만 이제는 항복한 다른 나라들까지도 배려해야 하는 것이 강대국의 책무이기 때문이다. 이 배려에는 머나먼 동맹국에서 전쟁이 벌어졌을 때 자국의 젊은이들을 파병해 돕는 일도 포함된다. 그 과정에서 전사자가 발생하더라도 말이다. 미국 여행을 가보면, 아무리 작은 마을일지라도 전쟁터에서 전사한 마을 출신 젊은이들의 명단이 잘 보존되어 있는 것을 쉽게 볼 수 있다. 물론 남북전쟁처럼 내전에서 사망한 이들의 이름도 있지만, 1950년 한국전쟁에 참전했다가 희생된 젊은이의 이름도 몇 개쯤 찾아볼 수 있다. 인구가 수만 명에 불과한 작은 마을에도 머나먼 타국의 전쟁에서 희생된 청년이 있다는 사실을 떠올리면, 강대국 노릇도 참 쉽지 않다는 생각이 든다.

더욱이 강대국의 역할은 단순히 '참전'에 그치지 않는다. 전 세계를 지배하는 위치에 오른 이상, 각지의 우수한 인재를 고루 등용하는 것 또한 강대국의 책무다. 로마 역시 지중해와 유럽 전역에서 인재를 받아들여, 자국의 인재에만 의존할 때보다 경제력과 군사력을 한층 발전시킬 수 있었다. 오늘날의 초강대국 미국도 장학금을 제공하며 해외의 우수 인재들을 불러들여 자국 대학에서 육성하고 있다. 다른 나라의 인재를 배제한다면 수십 년 안에 경제력과 군사력이 약화되어 초강대국의 지위를 위협받을 수 있다는 현실적 고려가 깔려 있는 것이다. 그런데 이렇게 전 세계 인재를 끌어들여 그 능력을 독점한다면 강대국으로서는 결과적으로 큰 이익이 아닌가? 로마나 미국의 시민들이 이런 정책을 반대할 이유가 있을까?

2017년 하버드대학 신입생 중 백인의 비율은 약 49.2%[*]로, 400년 가까운 하버드대학 역사상 처음으로 백인이 과반 이하가 되었다. 2020년 기준 미국 전체 인구에서 아시아인의 비율은 약 7.2%[**]에 불과했지만 하버드대

- [*] "For the first time ever, most of the new Harvard class isn't white" (2017. 8. 7). ⟨https://www.usatoday.com⟩.
- [**] AAPI Data (2022. 6).

학 신입생 중 아시아계 비율은 약 29%*에 달했다. 현재 마이크로소프트, 구글, IBM의 CEO가 모두 인도계이고 엔비디아를 비롯한 반도체 기업의 CEO 중에는 대만계가 많으며, 일론 머스크(Elon Musk)도 남아프리카공화국 출신이다. 이렇듯 전 세계의 우수 인재들이 미국으로 모여들고 있기에 미국은 계속해서 세계 최강대국의 지위를 유지할 수 있는 것이다.

그러나 다른 시각도 존재한다. 조상 대대로 미국인이고 자신의 할아버지가 1·2차 세계대전에서 목숨 걸고 싸워 자유 진영을 지켜냈다고 믿는 미국인들의 입장에서는, 하버드대학과 같은 명문대에 자기 자녀가 아닌, 외국계 출신이 더 많은 비중을 차지하는 현실에 분노를 느낄 수도 있다. 하버드대학에서 백인이 소수가 된다는 것은 미래 미국 사회의 중요한 직책을 백인이 아닌 이들이 맡을 가능성이 높다는 뜻이며, 따라서 백인은 그들의 지시에 따를 수밖에 없다는 의미이기도 하다. 누구라도 이런 변화를 순순히 받아들이기는 결코 쉽지 않을 것이다.

죽고 죽이는 참극을 반복한 후
마침내 로마제국이 오래도록 번영할 수 있었던 이유

동맹시전쟁을 치른 후 이탈리아 동맹시 시민들이 로마 시민권을 부여받았지만, 그 이후에도 로마는 죽고 죽이는 참극을 반복했다. 그중 한 사례가 로마 정치인 술피키우스(Publius Sulpicius Rufus)가 제안한 선거 관련 법률

* The Harvard Crimson Freshman Survey (2017).

문제를 두고 벌어진 갈등이다.

고대 로마는 선거를 통해 중요한 공직자를 뽑았는데, 당시 35개의 선거구가 있었다. 새로 시민권을 얻은 이탈리아인들은 자신의 도시, 이를테면 나폴리에서 직접 투표할 수 있는 것이 아니라 로마의 35개 선거구 중 하나에 등록해 투표해야 했다. 문제는 새롭게 로마 시민이 된 동맹시 시민의 수가 기존 로마 시민보다 훨씬 많았다는 점이다. 만약 이들을 35개 선거구에 골고루 배치한다면, 기존 로마 시민은 모든 선거구에서 소수가 되어 자신들의 대표를 선출하기 어려워질 위험이 있었다. 이에 로마 원로원은 기존 시민들의 기득권을 지키기 위해 새로운 시민들을 8개 선거구에만 배정하기로 했다. 즉, 동맹시 시민들이 아무리 뜻을 모아도 35개 지역구 중 8개만 차지할 수 있도록 한 것이다. 법적으로는 로마 시민이 되었지만 원래 로마 시민과 비교해 엄청난 차별을 받게 된 셈이었다.

술피키우스는 이런 원로원의 정책에 반대하여 새로운 로마 시민들을 35개 선거구에 골고루 배정하는 법안을 만들어 통과시켰다. 이 개혁을 지지한 이는 로마의 유명한 장군 가이우스 마리우스(Gaius Marius)였다. 그러나 개혁 추진 과정에서 폭력 사태가 벌어지자, 로마의 또 다른 장군 술라(Cornelius Sulla)가 군대를 이끌고 로마로 진군해 도시를 점령했다. 그 결과 술피키우스는 체포되어 참수되었고 마리우스는 가까스로 도망쳤다. 이후 마리우스가 잠시 권력을 되찾았으나 곧 세상을 떠났고 뒤이어 술라가 본격적으로 권력을 장악했다. 술라가 집권한 후에는 술피키우스와 마리우스를 지지했던 공직자들이 무자비하게 숙청당했고 선거법도 원래대로 되돌아가 새로 시민권을 얻은 로마인들은 다시 8개 구에서만 투표할 수 있게 되었다. 또한 마리우스파가 로마 시민들에게 주식인 밀을 무상으로 배급하던 정책은 시가(市價)의 절반 정도 가격에 구입하도록 바뀌었다. 이처럼 상반된 정치 세력이 번갈아 권력을 잡으면서 법과 제도가 하루아침에 뒤바뀌었고, 단순한 법과 제도의 변화를 넘어 반대 세력을 무자비하게 숙청하는 일이 반복되었다.

세계를 지배하게 된 로마인들은 더는 자신들에게 대적할 상대가 없어진 후에도 왜 평화를 누리지 못하고 서로가 서로를 무참히 학살하는 비극을 반복했을까? 그 잔혹한 내전에는 권력을 잡으려는 개인적 욕망도 작용했겠지만, 무엇보다도 자신들이 지배하게 된 식민지 사람들에게 로마 시민의 권리를 얼마나 나누어 줄지를 두고 로마인들끼리 의견이 갈렸기 때문이다.

로마 시민권의 확대를 지지하던 카이사르 집안 출신 율리우스 카이사르는 갈리아 지방을 정복하면서 그곳의 우수한 인재들에게도 로마 시민권을 주려 했다. 그렇지만 이런 정책은 기득권을 놓지 않으려는 원로원과의 심각한 대립을 불러왔다. 로마 원로원은 조상들이 한니발과 목숨 걸고 싸워 지켜낸 로마의 특권을 갈리아 지방의 이른바 '야만인'들과 나누기를 원치 않았던 것이다. 이런 갈등은 결국 카이사르의 독재에 대한 반발과 맞물려, 원로원 일파가 카이사르를 암살하는 비극으로 이어졌다.

요즘은 우리나라에도 외국인이 많이 살고 있다. 이는 아마도 한국이 약소국에서 벗어났다는 반증일 것이다. 그만큼 외국인 선거권이나 외국인에 대한 의료보험 적용 문제를 둘러싼 격렬한 논쟁이 일기도 한다. 대학에도 외국인 학생이 크게 늘었다. 문제는 찬반 양쪽의 주장 모두 일리가 있다는 점이다.

강대국이 아닌 대한민국에서조차 이런 논쟁이 벌어지는 것을 보면, 옛 로마나 오늘날 미국 같은 초강대국에서 외국인을 어떻게 대우할 것인가는 훨씬 더 첨예한 갈등을 불러왔을 것임을 짐작할 수 있다. 그런 점에서, 로마 시민권을 어디까지 부여하고 그 권리를 어디까지 인정할지를 두고 대립하다가 카이사르 암살 같은 사건으로까지 이어졌다는 사실은 이제 그리 놀랍지 않다. 현재 유사한 갈등 상황이 미국을 비롯해 전 세계 곳곳에서 일어나고 있기 때문이다.

우리가 잘 알고 있듯이 카이사르는 비록 원로원에 의해 죽었지만 그의 양아들 옥타비아누스는 원로원과의 싸움에서 승리하여 황제의 자리에 올랐고, 그때부터 로마는 전 세계 곳곳의 유능한 인재들에게 시민권을 부여하는 시스템을 확립시킨다. 이는 한니발을 이긴 뒤 거의 150년에 걸친 내전과 갈등 끝에 간신히 얻어낸 결실이었다. 로마는 이런 제도를 바탕으로 카이사르 암살 이후 500년 이상 번영을 누리게 된다.

물론 이 번영의 밑바탕에는 기존의 로마인들이 한때 자신들이 지배했던 갈리아인이나 시리아인들 밑에서 일하는, 괴이하다면 괴이한 상황을 받아들였다는 사실이 있었다. 이는 결코 쉽지 않은 일이었다. 만일 로마가 카이사르의 구상과는 달리 로마인에게만 특권을 한정하는 정책을 고집했다면 제2, 제3의 동맹시전쟁이 일어나지 않았을까. 또한 우수한 외부 인재를 등용하지 못한 탓에 로마제국은 오래 지속되지 못하고 사라졌을 수도 있다.

로마와 비교할 만한 중국의 제국들, 이를테면 당나라, 송나라, 명나라는 대체로 200~300년 정도 지속하다가 쇠퇴했다. 반면 로마제국은 앞서 언급했듯 카이사르 사망 이후에도 500년을 지속했고 동로마제국까지 포함하면 1,500년을 이어간 셈이다. 이러한 차이를 만든 중요한 요인 가운데 하나가 바로 출신에 구애받지 않는 인재 등용이었다고 할 수 있다.

초강대국 미국은 과연 로마의 길을 걸을 것인가?

1999년 노벨 경제학상을 수상한 로버트 먼델(Robert Mundell) 교수는 '최적 통화지역(optimum currency area)' 이론으로 잘 알려져 있다. 이 이론에 따르면 여러 나라가 동일한 통화를 사용하면 환율 변동이나 관세 변동에 따른 불확실성을 걱정하지 않고 경제생활을 할 수 있으므로 경제적 효율성이 높아진다. 하지만 먼델 교수는 그렇다고 해서 통화의 범위를 무작정 확대할 수는 없다고 강조했다. 동일한 통화를 공유하려면 사용자들 사이에 '우리는 남이 아니다.'라는 의식이 있어야 하기 때문이다. 예컨대 미국인들이 '캐나다와 멕시코, 중국 때문에 우리가 힘들다.'라고 생각하는 한, 이 나라들과는 결코 동일한 통화를 쓰는 하나의 경제공동체로 묶일 수 없다. 이런 이유로 인해 먼델 교수는 FTA 같은 경제 협력이 기대만큼 긍정적 효과를 내기보다는 갈등과 부작용을 키울 수 있다고 지적했다.

어쨌든 여러 나라가 동일 통화를 사용하면 경제 발전에 도움이 된다는 사실 자체는 대부분의 경제학자가 동의하는 바이다. 이는 더 넓은 지역에서 우수한 인재를 차별 없이 등용할 때 국가나 조직이 더욱 발전할 것이라는 생각과도 통한다. 하지만 공용 통화나 차별 없는 인재 등용이 심각한 내부 갈등을 불러온다면 차라리 발전을 포기하는 편이 낫다는 것이 먼델 교수의 결론이다. 어느 국가, 어느 조직이든 내부 갈등으로 순식간에 무너질 수 있기 때문이다.

여기서 한번 살펴볼 만한 나라가 청나라다. 잘 알다시피 청나라는 만주 여진족이 세운 나라다. 그런데 1636년 청이 건국될 무렵 여진족의 인구는 약 30만 명에 불과했던 반면, 중국 본토에 거주하는 한족 인구는 약 1억 명에 달했을 것으로 추정된다. 당연히 청은 여진족만으로 나라를 운영할 수 없었고 다른 민족의 인재를 등용해야 했다. 우선 청나라는 몽골인들을 자신들과 동등한 지위로 인정했고, 황제가 몽골 여인을 왕비로 맞기도 했다. 한족 인재들 역시 관료로 기용했지만, 여진족 관료와 한족 관료 비율을 원칙적으로 50대 50으로 유지하고 특히 장관과 같은 고위직에서는 한족의 비율을 20% 정도로 제한했다. 기회를 부여하면서도 어느 정도 차별을 두었던 셈이다. 그러나 이런 절충적 정책 덕분이었는지 청나라 통치 기간 동안 여진족과 한족 사이의 갈등을 비교적 최소화할 수 있었던 것으로 보인다.

그러나 30만 명의 만주족보다 훨씬 많은 1억 명의 한족에서 나온 인재들을 충분히 활용하지 못한 점은 청나라의 발전을 더디게 만든 요인이 되었을 가능성이 있다. 나는 이런 점이 훗날 청일전쟁에서 청나라가 일본에 패한 원인 중 하나이지 않았을까 생각한다. 청나라 말기에 이홍장(李鴻章) 같은 한족 인재를 중용해 서구화를 추진하는 양무운동(洋務運動)을 벌이기도 했지만, 이미 앞서 서구화를 이룬 일본과의 경쟁에서는 뒤처질 수밖에 없었다.

로마는 그라쿠스 형제의 죽음, 동맹시전쟁, 카이사르의 암살 등을 겪으며 타국에 로마 시민권과 같은 특권을 허용할지 말지를 두고 오랫동안 갈등했다. 현재의 초강대국 미국의 고민도 크게 다르지 않아 보인다. 도널드 트럼프(Donald J. Trump)를 대통령으로 선택한 미국 유권자들의 마음은, 2,200년 전 동맹시에 로마 시민권을 부여할지 말지를 두고 찬반으로 갈렸던 로마 시민의 마음과 일맥상통하는 듯하다. 20세기 냉전 시기, 미국과 손을 잡고 소련과 맞섰던 서유럽, 캐나다, 멕시코, 일본, 한국 등과의 동맹관계를 트럼프 대통령은 인정하지 않는다는 인상을 주기 때문이다.

그렇지만 한편으로는, 로마의 내전 사례에서 보았듯 미국 내의 의견 대립도 분명히 이해가 가는 측면이 있다. 미국의 발전을 위해 미국인이 특권을 내려놓고 미국인이 아닌 사람들에게도 동일한 권리를 주어야 한다는 논리는, 머리로는 이해가 될지 몰라도 마음으로는 받아들이기가 어려울 것이다. 이제 겨우 250여 년의 역사를 가진 미국이 기득권을 포기하고 로마제국처럼 또 다른 500년 강대국의 길로 갈지, 아니면 당장의 국민 만족을 우선시하고 장기적 국가 발전은 어느 정도 희생하는 길로 갈지 기로에 서 있다고 생각된다.

뛰어난 리더라면 어느 쪽을 선택하든, 로마처럼 유혈 사태가 반복되는 내전 상황은 피하면서도 신속하고 분명한 결정을 내려야 할 것이다. 기득권을 지키려는 계산과 내부 갈등에만 몰두했던 로마 원로원처럼 무능해서는 안 된다. 물론 인간의 역사를 돌아보면 피 흘리지 않고 아름다운 합의로 모두가 납득하는 결과를 얻은 사례는 좀처럼 찾아보기 힘들다. 그럼에도 불구하고 미국과 그 동맹국들이 로마의 전철을 밟지 않기를 바랄 수밖에 없다.

제 26 장

리더십의 본질은
무엇인가?

| '코디네이션 게임'으로 분석한 정도전과 이방원의 리더십 |

한국 역사 인물 중 가장 존경하는 사람이 누구냐고 물었을 때 '정도전'이라고 답하는 경우가 많다. 나로서는 조금 놀라운 일이다.

　경제학자가 많이 받는 비판 중 하나가 사람의 의도나 마음은 보지 않고 결과만으로 판단한다는 것이다. 솔직히 맞는 말이다. 경제학자는 의도나 마음은 보지 않는다. 오히려 의도나 마음을 본다고 말하는 사람은 신뢰하지 않는다. 왜냐하면 경제학의 대전제는 객관적으로 측정할 수 있는 수치만을 가지고 인간을 분석하는 것이기 때문이다. 경제학자도 사람의 의도나 마음을 보고 싶다. 그러나 그것은 눈에 보이지 않는다. 보이지 않는 것으로 어떻게 사람을 평가할 수 있겠는가? 그래서 경제학자는 눈에 확실히 보이는 결과로만 사람을 평가한다. 경제학은 결과론적인 학문인 것이다.

　이런 관점에서 볼 때 정도전은 패배자다. 정도전을 옹호하는 사람들은 정도전이 구상한 이상적 정치 시스템, 즉 왕의 권한을 신하들이 견제하는 체제가 정도전이 죽고 난 후 조선의 정치 시스템으로 구현되었다고 말한다. 그래서 본인은 죽었지만 사실은 정도전의 계획대로 조선이 운영되었으니 결과적으로 그가 승자라는 논리를 편다.

　그러나 정도전은 단순히 왕을 견제하는 수준을 넘어, 왕은 형식상의 통치자일 뿐 실제로는 유능한 신하들이 국가를 운영하는 방식, 말하자면 영국식 입헌군주제와 유사한 체제를 지향했던 것으로 알려져 있다. 하지만 왕이 마음만 먹으면 언제든 신하들을 숙청할 수 있었고 실제로 그런 일이

수없이 일어났던 조선의 역사는 정도전이 꿈꾸었던 방향과는 크게 달랐다. 오히려 정도전을 죽이고 왕위에 오른 태종 이방원이 정도전의 이상을 일부 수용해, 왕이 힘을 갖되 어느 정도 신하들의 견제를 받는 시스템을 만든 인물이라 할 수 있다.

리더는 '좋은 균형'으로의 이동을 위해 꼭 필요한 존재

경제학과 게임이론을 수십 년간 공부해온 내가 지금 이 시점에서 이 분야의 가장 부족한 부분 또는 취약점이 무엇이냐는 질문을 받는다면, 아마도 '리더십(leadership)에 대한 이론이 거의 없다'는 점을 꼽을 것 같다.

잘 알려져 있듯 경제학을 창시한 사람은 1776년 《국부론(*An Inquiry into the Nature and Causes of the Wealth of Nations*)》을 펴낸 애덤 스미스(Adam Smith)다. 그리고 경제학의 시발점이 된 책인 《국부론》에서 가장 유명한 개념이 '보이지 않는 손(invisible hand)'이다. 인간이 경제를 좌지우지하려고 하지 말고 보이지 않는 손, 즉 '자유로운 시장'에 맡기면 알아서 다 해결된다는 것이었다. 이와는 반대로 중앙정부가 경제의 모든 세부 사항을 직접 통제하고 결정해야 한다는 것이 공산주의 사상이었다. 이제 우리는 20세기에 있었던 자유시장경제와 공산주의 경제의 대결에서, '보이지 않는 손'이 결국 승리를 거두었다는 사실을 잘 알고 있다.

하지만 경제학이 보이지 않는 손을 신봉하면서 불가피하게 사라진 역할이 있으니 바로 지도자, 즉 '리더십'이다. 보이지 않는 손, 즉 시장은 인격을 지닌 존재가 아니다. 인간에게 시장을 맡기면 오히려 부정부패가 생길 수 있고, 그렇지 않더라도 인간의 지적 한계 때문에 오류가 발생할 수 있다는 것이 경제학의 결론이다. 그래서 경제학 교과서는 각 개인이 자신의 이득을 쫓아 최선을 다하면, 보이지 않는 손이 그 노력들을 모아 최고의 결과를 가져다준다고 설명한다.

그렇지만 나 자신도 오랫동안 여러 조직에서 경험해본 결과, 리더의 중요성은 아무리 강조해도 지나치지 않다는 생각이 든다. 그럼에도 불구하고 전통 경제학은 리더의 존재를 거의 고려하지 않았고, 이로 인해 경제학 내에서는 리더십에 관한 체계적인 이론이 사실상 부재하다고 해도 과언이 아니다. 경제학이라는 학문이 가진 큰 한계라고 생각한다. 다만 최근 들어 행동경제학 등을 통해 리더십 문제를 다루기 시작했다.

개인적으로 생각하기에, 경제학적으로 바라본 리더의 역할은 '새로운 균형으로의 이동'과 '시간의 단축'이다. 이를 잘 보여주는 것이 바로 게임이론의 '코디네이션 게임(coordination game)', 흔히 '윈-윈 게임(win-win game)'으로 알려진 상황이다.

예컨대 어떤 기업에 열 명의 직원이 같이 근무한다고 해보자. 현재 이들은 정각 6시에 퇴근한 후 저녁에 각각 부업을 하여 하루 10원을 번다. 그런데 만약 열 명이 모두 부업을 포기하고 회사에 남아 초과근무를 한다면 매일 20원의 보너스를 받을 수 있다고 가정해보자. 이때 열 명의 직원들은 부업을 계속하겠는가 아니면 회사에 남아 초과근무를 하여 보너스를 받겠는가?

문제는, 이런 상황이 코디네이션 게임이 되기 위해서는 한 가지 조건이 더 필요하다는 것이다. 즉 열 명이 모두 회사에 남아 같이 근무해야만 한다. 만약 열 명 중 아홉 명만 남고 한 명은 집으로 가버린다면 남은 아홉 명이 아무리 열심히 일해도 보너스를 받을 수 없다. 여기서 '코디네이션(coordination)'이란 상호 간 조정으로 보조를 맞춘다는 뜻이다. 앞의 예로 이야기하자면, 열 명이 동시에 보조를 맞추어 초과근무를 해야 성과가 난다는 것이다. 열 명이 합의해 부업을 포기하고 초과근무를 하면 20원을 벌 수 있으니 '윈-윈'이 된다. 이런 경우 무조건 열 명 모두 초과근무를 선택하리라 생각할 수 있겠지만 현실은 그렇지 않다. 열 명이 모두 남으려면 내가 남을 때 다른 아홉 명 또한 남으리라는 확신이 있어야 한다. 하지만 집안에 일이 있다든지 친구와 약속이 있다든지 하는 식의 어설픈 핑계를 대면서 조퇴하는 직원이 없으리라고 확신할 수 있겠는가? 이런 상황에서 확실한 10원을 포기하고 불확실한 20원을 택할 수 있겠는가?

게임이론을 포함한 경제학의 목적은 '사람들의 행동을 예측하는 것'이다. 그런데 앞서 설명한 코디네이션 상황을 주고 게임이론가에게 결과를 예측하라고 하면 나오는 답이 한 가지는 아니다. 왜냐하면 이 게임에는 두 가지 다른 결과가 모두 가능하기 때문이다. 하나는 열 명의 직원이 모두 남아 초과근무를 하고 각자 20원의 보너스를 받는 상황이다. 당연히 이런 윈-윈의 상황이 일어날 수 있으며, 경제학에서는 이를 '좋은 균형(good equilibrium)'이라 부른다. 하지만 또 다른 균형도 있다. 열 명 모두 초과근무를 하지 않고 퇴근해 부업을 해서 각자 10원을 버는 경우다. 이 경우를 '나쁜 균형(bad equilibrium)'이라고 한다. 아주 안타깝지만 현실에서는 이런 나쁜 균형이 생각보다 자주 발생한다.

언젠가 지인에게 들은 이야기다. 남들이 부러워하는 기업에 취업한 그는 불과 몇 달 만에 사표를 냈다고 한다. 이유는 이랬다. 근무를 시작하고 보니, 자신이 맡은 업무를 전임자는 일주일 걸려서 했는데 자신은 하루 만에 끝낼 수 있었다는 것이다. 그는 신입 직원의 열정을 담아 지시받은 일을 하루 만에 끝냈는데, 돌아온 것은 칭찬이 아니라 '주의'였다. 그렇게 열심히 일해 빨리 끝내버리면 윗사람들이 이 부서는 인원이 너무 많다며 감원을 지시할 수 있으니 슬슬 놀면서 적당히 하라는 것이었다. 업무 자체가 편한 점은 좋았지만 자신의 인생을 그렇게 보내고 싶지 않아 조금 더 도전적인 직장으로 옮기려고 한다는 이야기였다. 만일 그 신입 직원이 부서의 모든 선배를 설득해 우리 한번 힘을 합쳐 열심히 노력해보자고 설득했다면 어땠을까? 그렇게 해서 윈-윈의 성과를 낼 수 있었을까? 쉽지 않다고 생각된다.

이렇게 상관의 압력 때문에 일을 열심히 못하는 경우도 있겠지만 현실에서 더 자주 나타나는 것은 이른바 '닭이 먼저냐 달걀이 먼저냐' 하는 논쟁이다. 앞의 예에서 열 명의 직원 중 한 명은 생산 부서이고 또 다른 한 명은 영업 부서라고 해보자. 생산 부서가 좋은 제품을 만들고 영업 부서가 그 제품을 가지고 더 많은 주문을 받아 오면 회사 수입이 늘고 직원들이 받을 보너스도 커질 것이다. 그래서 영업 부서 직원이 생산 부서 직원에게 밤을 새더라도 좋은 제품을 만들어달라고 요구한다면 어떨까? 생산 직원이 반발하지 않을까? 내가 제품을 만들어도 영업 부서가 게으름을 피우며 주문을 받아 오지 못한다면 헛수고이므로 영업 부서가 주문을 먼저 받아 오면 그때 밤을 새워서라도 제품을 개발하겠다고 말이다. 그런데 영업 부서도 그 말을 받아들이기는 힘들다. 영업 부서가 주문을 받아 오려면 좋은 제품이 있어야 한다는 것이다. 영업 부서 직원은 아직 제품 개발도 안 된 상태에서 어떻게 영업을 뛸 수가 있겠느냐고 다시 반문할 것이다.

결국 코디네이션 게임에서 참가자들은 서로가 먼저 움직이라면서 일을 미루는 현상이 발생하게 된다. 달걀이 있어야 닭이 나오는 것이 아니냐는 주장과 닭이 있어야 달걀을 낳을 수 있다는 주장이 끊임없이 맞부딪치는 것이다.

내 생각에, 바로 이런 때 필요한 것이 리더의 존재다. 만일 열 명의 직원이 모두 동등한 지위가 아니라 그중 한 명이 '사장'이라는 리더라면 어떨까? 사장은 자신을 포함한 직원들에게 저녁에 회사에 남아 초과근무를 하라고 지시하거나 설득할 수 있다. 혹 일이 잘못되면 책임지고 최소한 10원의 보너스를 보장해줄 테니 부업은 포기하라고 말할 수도 있다. 이렇게 설득도 하고 최종적인 책임도 지면서 필요하다면 지시를 어긴 직원에게 징계까지 내릴 수 있는 리더가 존재한다면 조직은 나쁜 균형을 벗어나 좋은 균형으로 나아갈 가능성이 획기적으로 높아진다.

더군다나 탁월한 리더일수록 나쁜 균형에서 벗어나 좋은 균형으로 갈 수 있다고 설득하는 능력이 뛰어날 것이고 구성원들의 강한 신뢰를 바탕으로 단시간에 좋은 균형으로의 이동을 완수할 수 있을 것이다. 반대로 어설픈 리더는 엉뚱한 행동이나 우유부단함으로 좋은 균형으로의 이동을 더디게 만들거나 심지어 이동에 실패할 수도 있다.

다시 정도전의 경우를 생각해보자. 그가 내세운 '입헌군주제'와 유사한 정책과 사상은 좋은 균형에 해당한다. 만약 조선이 건국된 1392년에 정도전이 구상한 입헌군주제식 정치 체제가 한반도에서 실현되었다면, 이것은 1689년 세계 최초로 입헌군주제를 시행한 영국보다도 300년 가까이 앞서는 것이 된다. 어쩌면 산업혁명이 영국이 아닌 조선에서 시작되었을지도 모를 일이다.

그러나 정도전은 조선을 이런 좋은 균형으로 이끌지 못했다. 코디네이션에 실패한 지도자였다는 이야기다. 나쁜 균형에서 좋은 균형으로 옮겨 가는 일은 아무나 지도자 자리에 앉힌다고 가능한 것이 아니다. 경제학에서 가장 어려운 일이 바로 기존의 균형에서 벗어나는 일이다. 아무리 나쁜 균형이라 하더라도 그 균형이 지속되다 보면 그 안에서 나름대로 안정적이고 안락한 삶을 확보한 사람들이 생겨난다. 그들에게 더 좋은 균형이 있으니 변화를 받아들이고 개혁을 하자고 한들 그대로 따라주지는 않을 것이다. 좋은 균형으로 가자고 설득하는 리더의 능력과 인성에 대한 믿음이 없으면 절대 불가능한 일이다.

정도전의 코디네이션 게임은 왜 실패했나?

경제학이 지닌 또 하나의 특징은 지극히 현실적인 학문이라는 것이다. 정치나 행정 영역에서 아무리 좋은 정책을 내놓아도 경제학자가 반드시 먼저 점검하는 것은 '실현 가능성(feasibility)'이다. 경제학은 다른 무엇보다 우선 실현 가능성을 따져본다. 아무리 좋은 아이디어라도 실현 가능성이 없으면 검토를 중지하고 곧바로 폐기한다. 그렇다면 정도전이 내세운 '입헌군주제' 구상은 과연 당시 조선에서 실현 가능성이 있었을까?

이를 판단하기에 앞서, 먼저 1688년 명예혁명(Glorious Revolution)을 거쳐 1689년 권리장전(Bill of Rights)을 선포함으로써 역사상 최초로 입헌군주제를 확립한 영국의 발자취를 잠깐 살펴보자. 영국이 왕을 군림만 하는 존재로 만들고 의회가 실질적 힘을 갖도록 하는 입헌군주제에 도달하기까지는 크게 세 번의 혁명적 사건이 있었다.

첫 번째는 아주 먼 과거인 1215년 〈마그나 카르타(Magna Carta)〉의 선포였다. 이는 사자왕 리처드(Richard the Lionheart)의 동생이자 폭군으로 악명 높은 존 왕(John, King of England)의 횡포를 견디다 못한 귀족들이 왕의 권한을 제한하고자 만든 일종의 헌법이었다. 존 왕은 마음대로 전쟁을 벌이고 과도한 세금을 시도 때도 없이 거두었는데, 이런 상황에 반발한 영국 귀족들이 아무리 왕이라도 마음대로 할 수 없는 일들을 법으로 정한 것이다. 이는 영국에서 입헌군주제가 확립되기 무려 474년 전의 일이었다.

두 번째는 '청교도혁명'이라고도 불리는 '잉글랜드 내전'이다. 이 전쟁은 1642년에 시작되어 중간에 잠시 휴전의 시기를 거친 뒤 1651년이 되어서야 끝났다. 당시 영국의 국왕 찰스 1세(Charles I)가 왕권 강화를 명분으로 〈마그나 카르타〉를 위반하는 행위를 하자 국민과 의회가 무력 봉기해 국왕과 맞서 싸운 전쟁이었다. 이때 의회파 군대를 지휘한 인물은 귀족이 아닌, 평민 출신의 올리버 크롬웰(Oliver Cromwell) 장군이었다. 그는 평민으로 편성된 군대를 이끌고 찰스 1세를 패배시킨 뒤 재판을 거쳐 사형에 처했다. 이어 왕정을 폐지하고 스스로 호국경(Lord Protector)의 자리에 올라 국왕 없는 영국을 통치했다.

그러나 올리버 크롬웰이 사망한 후 왕당파가 다시 세를 회복하면서 1660년 처형당한 찰스 1세의 아들 찰스 2세(Charles II)가 왕위에 오르는 이른바 '왕정복고'가 이루어졌다. 하지만 찰스 2세가 후계자 없이 사망하자 그의 동생 제임스 2세(James II)가 왕위에 오른다. 제임스 2세는 국왕의 권한을 제약하는 당시 영국의 제도를 인정하지 않고 저항하다가 결국 자신의 딸 메리 2세(Mary II)와 그의 남편 윌리엄 3세(William III)에게 왕권을 넘기게 되는데 이것이 바로 세 번째 사건인 1688년의 '명예혁명'이다. 이 혁명은 왕당파인 제임스 2세의 군대가 전의를 잃고 항복함으로써 유혈사태 없이 이루어졌다는 의미에서 '명예'라는 이름이 붙었다. 비록 제임스 2세의 딸이었지만 스스로 입헌군주가 되어 실권이 없어도 만족한다고 선언한 메리 2세 부부를 영국 국민들은 열렬히 지지했다. 결국 1689년에 권리장전이 선포되고, 입헌군주로서 메리 2세와 윌리엄 3세가 공동 즉위하면서 세계 최초의 입헌군주 시스템이 확립되었다.

이처럼 영국에서 입헌군주제가 확립되기까지는 〈마그나 카르타〉로부터 계산하면 무려 474년, 청교도혁명으로부터 보더라도 최소 47년이라는 긴 세월이 걸렸다. 그 과정에서 수많은 전투가 벌어졌고 왕이 처형되었으며, 국왕 제도가 폐지되었다가 다시 부활하는 등 엄청난 혼란과 희생이 동반되었다.

물론 정도전이 자신의 사상을 펼치기 시작한 조선 초기 1390년대에는 그 누구도 영국 입헌군주제의 발전 과정을 알 수 없었다. 하지만 '정치'라는 것을 조금이라도 이해하는 사람이라면, 정도전이 꿈꾼 이상이 실현되려면 수십 년에서 길게는 수백 년에 이르는 혼란과 희생이 불가피하리라는 점은 충분히 예상할 수 있었을 것이다. 불과 열 살에 왕세자가 된 이방원의 막냇동생 이방석을 허수아비로 앞세워 곧바로 입헌군주제를 실행하려 했던 정도전의 시도가, 아무런 혼란과 갈등도 없이 실현되리라 믿은 사람은 정작 정도전 말고는 없었을 것으로 짐작된다.

한편, 정도전의 능력에 대해서도 나는 의문을 갖고 있다. 두 가지 점에서 그렇다. 첫째, 위화도 회군으로 이성계가 정권을 잡아 고려를 멸망시키고 조선을 건국한 시점에서 정도전은 다시 요동 정벌을 계획했다. 이는 단순한 소문이 아니었으며, 실제로 명나라가 이 소식을 입수하고 정도전의 소환을 요구했다. 만약 이때 정도전이 명나라에 갔다면 살아 돌아오기 어려웠을 것이다. 정도전은 병을 핑계로 끝내 가지 않았고, 대신 간 사신들이 일부 억류당하는 사태가 벌어졌다. 결국 입헌군주제 실현 가능성도 낮은 상황에서, 정권의 안정성을 뒤흔들 수 있는 명나라와의 관계까지 악화시킨 장본인이 바로 정도전이었다. 현실주의자인 경제학자의 입장에서 보면, 그는 실현 가능성이 거의 없는 두 가지 정책, 즉 입헌군주제와 요동 정벌을 동시에 추진하려 한 셈이니 이런 인물에게 권력을 준 것은 태조 이성계의 큰 실수였다고밖에 생각되지 않는다.

둘째, 정도전은 조선 개국 공신들의 사병을 혁파하는 정책, 즉 사병 보유를 금지하고 사병을 해산시키는 정책을 추진했다. 사실 사병 혁파 자체는 올바른 정책이었다. 다른 증거를 댈 필요도 없이, 왕자의 난을 일으켜 정도전을 제거한 이방원이 왕이 된 후 가장 먼저 단행한 것도 사병 혁파였다. 정도전의 정적이었던 이방원조차 사병 혁파의 필요성을 인정했다는 뜻이다. 문제는 이방원이 사병을 혁파했을 때에는 이방원에게 경쟁자가 없었다는 것이다. 이미 모든 권력을 장악한 상태였기 때문에 사병 혁파에 불만을 품은 공신이 있다 해도 저항할 방도가 없었다. 반면, 정도전에게는 이방원이라는 경쟁자가 존재하는 상황이었다. 사병 혁파 정책으로 정도전에게 불만을 품은 공신들은 당장 그 대안인 이방원에게 달려갔을 것이다. 섣부르게 사병 혁파를 추진할 것이 아니라, 먼저 경쟁자인 이방원의 존재를 정치적으로 정리한 뒤에 사병 혁파를 추진했어야 했다.

이방원은 가졌으나 정도전은 갖지 못한 것

1398년 이방원이 일으킨 제1차 왕자의 난에서 가장 중요한 인물은 당시 수도 한양에 많은 군대를 이끌고 주둔했던 25세의 장군 이숙번(李叔蕃)이다. 전해오는 이야기에 따르면, 정도전은 이숙번이 자신을 따르는 인물이라고 믿어 중요한 직책을 맡겼는데 사실 그는 이방원의 사람이었고 결국 정도전은 이숙번에게 배신당해 목숨을 잃었다고 한다. 개인적인 상상이지만, 아마도 이 젊은 장군은 이런저런 계산을 했을 것이다. 즉, 이방원이라는 리더의 코디네이션 게임을 따라 그의 균형에 맞출 것인지, 아니면 정도전이라는 리더의 코디네이션 게임을 따라 또 다른 균형에 맞출 것인지 말이다.

이숙번의 입장에서 볼 때, 이방원이 주도하는 코디네이션 게임은 결과가 명확해 보였을 것이다. 이방원의 코디네이션이 성공하면 삼국시대나 고려시대와 크게 다르지 않은, 이미 익숙한 절대 권력의 국왕 제도가 다시 확립될 것이고 자신은 이방원의 공신으로서 오랫동안 좋은 대우를 받으며 권력을 누릴 수 있을 것이라고 말이다. 반면, 정도전이 제시하는 코디네이션 게임은 불안하고 불투명해 보였을 것이다. 명목상의 왕을 세우고 신하들이 국정을 운영한다는 시스템은 머릿속에만 존재할 뿐, 당시 세계 어디에도 없던 새로운 제도였다. 대학의 정치학 세미나였다면 재미있는 연구 주제가 되었을지 모르지만 현실 정치에서는 듣도 보도 못한 급진적인 제도가 과연 실행될 수 있을지 그 '실현 가능성'을 받아들이기란 쉽지 않았을 것이다.

영국의 사례처럼 언젠가 입헌군주제가 확립된다 해도 그 과정에는 수많은 갈등과 다툼이 있을 터였다. 이숙번이 만약 정도전을 따랐다면 권력 싸움의 혼란 속에서 패해 목숨을 잃을 위험도 있었다. 더구나 정도전 개인의 능력과 위치 역시 불안감을 더하는 요인이었다. 그는 당시 이웃 대국(大國) 명나라가 볼모로 데려오고 싶어 하는 인물이었다. 그런 정도전이 형식적인 왕을 앞세우고 실권을 잡았을 때, 자신이 함께했다가 자칫 명나라에 끌려가는 일이 벌어질 수도 있었다.

따라서 불확실하고 언제 실현될지도 모르는 정도전의 코디네이션 게임보다는, 단번의 성공으로 권력과 부귀영화를 차지할 수 있는 이방원의 코디네이션 게임이 이숙번에게는 훨씬 더 매력적이었을 것이다. 앞서 제시한 '열 명의 직원이 근무하는 회사'의 비유로 말하자면, 이숙번은 자신이 부업을 포기하고 야근했을 때 정도전이 나머지 아홉 명을 설득해 모두 야근하게 만들 것이라는 확신을 가질 수 없었던 것이다.

코디네이션 게임을 적용하여 분석해본 뛰어난 리더십이란 결국 힘을 모아 노력하면 좋은 균형에 도달할 수 있음을 구성원들에게 설득하고 그 과정에서 신뢰를 이끌어내는 능력이라 하겠다. 동시에 실현 가능한 목표와 실현 불가능한 목표를 명확히 구분하여 좋은 균형으로 이동하는 과정에서 불필요한 잡음이나 돌발 상황이 발생하지 않도록 조율하는 능력이기도 하다. 그래야만 단시간에 무리 없이 좋은 균형에 도달할 수 있다. 이방원은 바로 그러한 능력과 감각을 갖고 있었으나 정도전은 갖지 못했던 것이다.